Auxiliando a humanidade a encontrar a Verdade

Obsessão e Desobsessão de A a Z

© 2010 — Conhecimento Editorial Ltda

Obsessão e Desobsessão de A a Z
Manoel Philomeno de Miranda
Coletânea de textos psicografados por
Divaldo Pereira Franco

Todos os direitos desta edição
reservados à
CONHECIMENTO EDITORIAL LTDA.
Rua Prof. Paulo Chaves, 276 - Vila Teixeira Marques
CEP 13480-970 — Limeira — SP
Fone/Fax: 19 3451-5440
www.edconhecimento.com.br
vendas@edconhecimento.com.br

Nos termos da lei que resguarda os direitos autorais, é proibida a reprodução total ou parcial, de qualquer forma ou por qualquer meio — eletrônico ou mecânico, inclusive por processos xerográficos, de fotocópia e de gravação —, sem permissão, por escrito, do Editor.

Organização: Sidnei Carvalho
Revisão: Monique Fonseca Carvalho
Projeto gráfico: Sérgio Carvalho
Ilustração da capa: Banco de imagens

ISBN 85-7618-209-2 — 1ª Edição - 2010

• Impresso no Brasil • Presita en Brazilo

Produzido no departamento gráfico de
CONHECIMENTO EDITORIAL LTDA
Fone: 19 3451-5440
e-mail: grafica@edconhecimento.com.br

Dados Internacionais de Catalogação na Publicação (CIP)
(Câmara Brasileira do Livro, SP, Brasil)

Manoel Philomeno de Miranda (Espírito)
Obsessão e Desobsessão de A a Z / aprendendo com Manoel Philomeno de Miranda; coletânea de textos psicografados por Divaldo Pereira Franco; organizado por Sidnei Carvalho – 1ª. edição –, Limeira, SP: Editora do Conhecimento, 2010.

ISBN 85-7618-209-2

1. Espiritismo 2. Espírito 3. Obsessão (espiritismo) I. Franco, Divaldo Pereira. II Carvalho, Sidnei. III Título.

10.09304   CDD – 133.930

Índice para catálogo sistemático:
1. Obsessão e desobsessão : Doutrina espírita 133.93

Obsessão e Desobsessão de A a Z
Aprendendo com Manoel Philomeno de Miranda

Coletânea de textos psicografados por
Divaldo Pereira Franco

Organizado por
Sidnei Carvalho

Ao grande "Mestre da desobsessão", Jesus de Nazaré, pelo exemplo deixado sobre como tratar nossos irmãos encarnados e desencarnados envolvidos nas teias da obsessão.

Ao amigo e irmão Manoel Philomeno de Miranda que nos intuiu e orientou para que esta obra chegasse ao público.

Ao companheiro Divaldo Pereira Franco que nos apoiou nesta empreitada de luz e que leva a doutrina espírita mundo afora, divulgando missionariamente seus postulados libertadores.

A Federação Espírita Brasileira, casa mater do espiritismo no Brasil, na pessoa do sr. Nestor César Masotti.

À minha esposa e aos meus filhos que sempre me apoiaram nas lides espirituais. Aos médiuns do Centro Espírita Francisco de Assis que colaboraram na elaboração deste trabalho e a Adão Nonato de Oliveira que muito tem me auxiliado nos caminhos do amor.

Sidnei Carvalho

Sumário

Prefácio 9
Introdução 11
A 13
B 42
C 49
D 80
E 110
F 138
G 153
H 155
I 162
J 176
K 179
L 182
M 190
N 207
O 209
P 221
Q 253
R 254
S 274
T 298
U 320
V 322

X 328
Z 330
Bibliografia 332

Prefácio

"Cheio de alegria" é a expressão com a qual Sidnei Carvalho se apresenta aos ouvintes e telespectadores dos programas que conduz, tanto no rádio quanto na tevê, e que tão bem o define. É que ele é assim mesmo... uma usina de energia, sempre a irradiar-se para aqueles que o veem nas telas das tevês, nas inúmeras palestras e variados eventos que promove, bem como para todos quantos se beneficiam das transmissões radiofônicas. Tal qual Saulo de Tarso, também teve ele sua estrada de Damasco, formando-se na escola do sofrimento pessoal e transformando-se em perfeito apóstolo do Cristo, cheio de alegria de servir sem cessar.

Nesse mister, tornou-se proficiente na condução de trabalhos mediúnicos dedicados à libertação de irmãos, encarnados e desencarnados, enleados nas teias das obsessões. Para isso e por isso, transformou-se em discípulo e pesquisador incansável, acercando-se dos mestres, tanto da esfera física quanto da espiritual, em busca constante de conhecimentos e fórmulas de melhor ajudar àqueles que integram as equipes de trabalhadores da mediunidade, nos trabalhos de desobsessão e nos de atendimento fraterno na casa espírita.

Dentre tantos luminares da Espiritualidade Maior, destaca-se a obra do iluminado irmão Manoel Philomeno de Miranda, examinada por Sidnei Carvalho com o olhar percuciente de quem busca ouro. Como nesta obra o ouro é abundante, o trabalho de Sidnei é bem-vindo por ser puro ouro, destinado a ser de grande valia. Nós o saudamos com entusiasmo e o recomendamos a todos que queiram instrumentar-se para melhor servir.

Parabéns, Sidnei! E que Deus o abençoe!

Adão Nonato de Oliveira

Introdução

Obsessão, flagelo destruidor de vidas que tem trazido aos seres humanos, através das eras, muitas dificuldades em suas caminhadas. Tais irmãos vivem, em sua maioria, quais títeres do mundo espiritual inferior em decorrência da incúria no que diz respeito à moralidade e à ética, essenciais no que concerne ao sucesso dos relacionamentos e das interações energéticas com os seres que compõem o Cosmo.

Mormente nesta hora profética que atravessa a humanidade da Terra, com o limiar do "ranger de dentes" preconizado por tantos luminares, quando a bondade do Pai possibilita a derradeira oportunidade aos calcetas da espiritualidade, avulta a necessidade da atuação de seres de boa vontade, cirineus modernos, na luminosa e bendita tarefa da desobsessão, portal luminoso que possibilita ao ser cansado, extenuado e sofrido, iniciar uma nova caminhada, mercê da infinita misericórdia divina.

Vivemos um momento ímpar, em que encarnados e desencarnados são chamados a trabalhar juntos para construir o novo mundo: a "Jerusalém renovada", o "mundo de regeneração" que nos foi prometido pelo amorável Rabi da Galileia, de maneira que a hora é de arregaçar as mangas, renunciar a si mesmo, pegar sua cruz e seguir o Mestre na grandiosa missão de trazer os filhos pródigos de volta à casa do Pai, de reconduzir as ovelhas perdidas ao redil do Pastor.

Nesta obra, de maneira simples e objetiva, trazemos aos seareiros da desobsessão e a todos que se interessam pelo estudo da espiritualidade, o produto de nossas singelas experiências no convívio com as mais variadas patologias e situações vividas por irmãos que, por invigilância, ignorância ou ilusão, se deixaram enredar na trama das obsessões. Quiçá a experiência real destes personagens possa servir de reflexão a todos nós, pequenos aprendizes da arte de servir, e alicerçar nossas tarefas dentro deste sagrado ministério que nos foi legado, ou seja, o de servir àqueles que, talvez, outrora nos serviram; de recambiar ao bem aqueles que, talvez, outrora tenhamos afastado dos retos caminhos da vida.

Quanto a nós, que vivemos **entre dois mundos**, e que observamos os **painéis da obsessão**, constituindo o panorama triste e doloroso daqueles que vivem a **loucura e obsessão**, só nos move o desejo de possibilitar aos nossos irmãos que estagiam **nas fronteiras da loucura**, aquilo que mais almejam, ou seja, o **reencontro com a vida**, livrando-se dos **tormentos da obsessão** em que foram envolvidos pelas **tramas do destino**. Nosso escopo é ver desatadas as amarras que prendem as criaturas a esses tristes processos, acarretando tantos **transtornos psiquiátricos e obsessivos**, vermos os **grilhões partidos** que jungiam obsidiados e obsessores **nos bastidores da obsessão**.

Nossa alegria é a de saber que deitamos humilde migalha na seara bendita, contribuindo para que muitos acordem a tempo de se colocar à direita do Cristo neste momento de definições planetárias e individuais.

Mãos à obra trabalhadores da última hora, obreiros do Senhor! Ele espera de cada um de nós o melhor que pudermos oferecer. Sigamos em frente nesta abençoada tarefa, sabedores de que nossa colaboração reverterá em bênçãos de luz e esperança para almas sofridas e tristes que nos serão encaminhadas e, que um dia, se tornarão também cuidadores de outros irmãos que jornadeiam universos afora em busca da felicidade.

Paz e Luz!

9 de fevereiro de 2010.

Manoel Philomeno de Miranda
(Psicografia de Sidnei Carvalho)

♦A♦

♦Aborto e obsessão♦

A obsessão é efeito, contingência natural da sintonia da mente endividada com as mentes das suas vítimas. Nela mesma, na paciente, nas zonas fisiológicas, estão as distonias psicofísicas já instaladas pela consciência culpada em forma de sintomas vários e desconexos que, no caso, constituem a histeria. (*Grilhões Partidos*, p. 137).

♦Aborto e obsessão - II♦

A pugna que se travava além dos olhos físicos fazia-se constrangedora. O espírito, que fora expulso violentamente do corpo, não se desligara da matriz uterina, influenciando com a mente vigorosa e revoltada o organismo que se negara a sustentá-lo. Utilizando-se do motivo, sentia-se injustamente repudiado, não obstante as reiteradas súplicas que fizera à futura mãe na ânsia de progredir através das engrenagens do corpo físico. Assenhoreando lentamente a criminosa pela incidência telepática, foi desenhando na tela mental e conseguiu, ao longo dos meses, desarticular o equilíbrio da razão de seu comportamento. Nesse particular, a consciência culpada foi rompendo a couraça da falsa justificativa para o crime hediondo, gerando os pródromos do arrependimento, que se transformaria no fio mágico para o intercâmbio mental. (*Nas Fronteiras da Loucura*, p. 52).

♦Aborto e obsessão - III♦

Julinda, imatura e desequilibrada, com viciações que a retinham em malhas de obsessões sutis, porque temesse, embora inconscientemente, a presença do antigo companheiro agora na condição de filho, não tergiversou em interromper o processo fetal, tombando em fundo fosso de desequilíbrio psíquico. O espírito, sentindo-se frustrado e porque anelasse pela ocasião que sabia de incalculável proveito, por ser ainda rebelde, deixou-se comburir pelo ódio, persistindo na vingança injustificável convertida em luta feroz, com o objetivo de eliminar o corpo da inditosa para aguardá-la depois do túmulo, onde prosseguem desforços de largo porte. (*Nas Fronteiras da Loucura*, p. 62).

♦Ação e reação e obsessão♦

Nossa irmã vem de um passado espiritual marcado por extravagâncias na área sexual e por outros abusos. Desde cedo experimentou a constrição pertinaz de algumas das suas vítimas, especialmente de um companheiro vilmente traído e apunhalado enquanto dormia, em um simulacro que ela preparou para dar ideia de um latrocínio. Passado despercebido o crime vergonhoso, não ficou, porém, esquecido por aquele que sofreu a sanha fratricida. Logo despertou no além-túmulo e Francis, o assassinado, buscou-a para o desforço, incendiado pelo ódio. Apesar de tê-la reencontrado ainda no corpo físico, não logrou vingar-se conforme desejava. Aguardou que ela retornasse à vida espiritual, onde, em pugna com outros adversários da invigilante, dilapidou-a por mais de uma trintena de anos em vampirização impiedosa e outras punições exaurintes. (*Painéis da Obsessão*, p. 56).

♦Acoplamento do obsessor♦

O espírito vingador encontrava-se colado ao doente como se estivesse acoplado da cabeça aos pés, desde o cérebro, descendo pela coluna vertebral em atitude mental exploradora de energias e em comando total da sua mente entorpecida e envolta em sucessivas camadas de campos vibratórios degenerativos. A expressão de fúria e de prazer ante a vitória do desforço desenhava uma fácies única, terrível. (*Entre Dois Mundos*, pp. 154 e 155).

◆Afastamento da proteção dos bons espíritos◆

Todos nos encontramos sob a misericórdia divina; espíritos superiores zelam por nós. Não obstante, a teimosa ignorância e sistemática rebeldia fazem com que as criaturas se afastem da proteção que lhes é ministrada, gerando campo vibratório que dificulta a captação dessa ajuda. Como os bons espíritos jamais abandonam os seus pupilos, são estes que, refratários ao amor e à humildade, cerceiam as possibilidades socorristas de que carecem. (*Loucura e Obsessão*, p. 31).

◆Afinidades dos desencarnantes◆

Consoante o homem vive e assim desencarna, experimentando as presenças espirituais com as quais afina e atrai. Da mesma forma os sentimentos cultivados se transformam em amarras constritoras ou asas de libertação. Sob qualquer hipótese, porém, a desencarnação é o momento grave para todos os espíritos. Nela se dá o desenfaixar dos liames retentivos na Terra para o prosseguimento da vida em novas experiências, continuação natural das que nos permitíamos viver. (*Painéis da Obsessão*, p. 164).

◆Afinidade com os obsessores◆

Certamente, alguns dos obreiros do Evangelho que se candidataram à renovação pessoal e à do planeta são endividados em relação à vida, portanto acessíveis aos seus inimigos em situação de perigo pela carga emocional que conduzem vinculada aos desajustes de conduta, correndo o risco de comprometer-se novamente, o que lhes significará prejuízo de alta monta pela perda da oportunidade especial de que desfrutam. (*Entre Dois Mundos*, p. 53).

◆Afinidade com os obsessores - II◆

Todos aqueles que se encontram em desalinho, em desatenção, estúrdios e frívolos, os gozadores que exploram sem nada oferecer, os maus e os viciados não necessitarão que lhes intentem prejudicar, pois já se encontram mergulhados no mal que cultivam, tornando-se receptivos aos fenômenos com os quais afinam. (*Loucura e Obsessão*, p. 123).

◆Afinidade e sintonia◆

Os dardos atirados pelas mentes agressivas e inamistosas são inevitáveis para aqueles contra quem são dirigidos. No entanto, a conexão somente se dará por identidade de sintonia, por afeição à afinidade em quem se manifestam. Por esse motivo, a obsessão sempre resulta das defecções morais do espírito em relação ao seu próximo e também desse infeliz e tresvariado, que não se permite desculpar e dar novas chances a quem lhe haja prejudicado. (*Tormentos da Obsessão*, p. 103).

◆Ajuda ao doutrinador◆

Ao amparo do nobre instrutor todo o cérebro do encarnado se fazia radioso à clarividência, dando a impressão de que o sangue conduzia poderosa substância luminosa a impregnar-se de cores suaves que inundavam de dentro para fora. (*Nos Bastidores da Obsessão*, p. 107).

◆Alcoolismo e obsessão◆

O alcoolismo adquiriu cidadania em nossa sociedade equivocada. Em quase todos os lares sofisticados existe o bar e nos mais modestos a bebida desta ou daquela qualidade para oferecer aos convidados, demonstrando a eles falsa consideração. Do ato social pernicioso à dependência alcoólica malévola há apenas uma pequena distância, que é a repetição do hábito. Associando a esse costume enfermiço espíritos doentes e infelizes que enxameiam na erraticidade inferior desejando prosseguir na viciação a que se entregaram, acercam-se do insensato e passam a utilizá-lo até a exaustão. (*Entre Dois Mundos*, pp. 211 e 212).

♦Alcoolismo e obsessão - II♦

Este paciente é alcoólatra inveterado, com um processo de cirrose hepática em desenvolvimento. Pode-se perceber o intumescimento da glândula mista com drenagem descontrolada de bílis que perturba o metabolismo geral. Adiciona-se ao distúrbio orgânico a obsessão de que padece em face da presença contínua e vingadora de antigo comparsa a quem enganou e temos um quadro de difícil recuperação. Apesar disso, envidaremos esforços para atenuar os efeitos do problema grave que ele não se apercebe, tentando inculcar-lhe a ideia de maior esforço na luta contra a bebida. Ele vai levado pelo adversário, tendo a vida física em pouco ampliada a benefício próprio. Observemos o que sucede nesta sua primeira consulta. Notamos que a entidade inimiga que a ele se imantava, sendo consciente do desforço que levava a cabo, ao perceber que o médico ia examiná-lo, deslocou-se agressiva e tentou influenciar o facultativo como a querer perturbá-lo na conclusão do diagnóstico. Porque este se encontrasse assessorado por operoso cooperador da equipe do doutor Dirceu, o celerado não encontrou ressonância no seu intento, e porque um enfermeiro de plantão fosse convocado à assistência espiritual ao cliente, aquele espírito rebelde e renitente no mal retirou-se, indisposto e blasfemador. (*Painéis da Obsessão*, pp. 245 e 246).

♦Alcoolismo e obsessão - III♦

O alcoolismo é, portanto, uma enfermidade que exige cuidadoso tratamento psiquiátrico. No entanto, porque ao desencarnar o alcoólatra não morre, permanecendo vitimado pelos seus vícios, quase sempre busca sintonia com personalidades frágeis ou de temperamentos rudes e violentos na Terra, deles se utilizando em processo obsessivo para dar prosseguimento ao infame consumo do álcool, agora aspirando os vapores e se beneficiando da ingestão realizada pelo seu parceiro-vítima, que mais rapidamente se exaure. Torna-se uma obsessão muito difícil de ser atendida convenientemente, considerando a perfeita identificação de interesses e prazeres entre o hóspede e o seu anfitrião. (*Trilhas da Libertação*, p.175).

◆Alienações mentais◆

As alienações mentais de qualquer espécie sempre decorrem dos gravames morais daqueles que delínquem na vida atual ou o fizeram em existência pregressa. As matrizes dos seus compromissos infelizes fixam-se no perispírito que as transfere para o corpo somático, dando lugar aos distúrbios de natureza orgânica, psicológica ou mental, ou se transformam em tomadas para a fixação dos plugues vibratórios dos seus adversários espirituais, aqueles que sofreram os prejuízos, a prepotência, o crime. Como ninguém foge de si mesmo e da própria consciência, a culpa gravada no cerne do ser faculta a sintonia com os adversários com os quais tem dívidas a acertar. (*Transtornos Psiquiátricos e Obsessivos*, pp. 54 e 55).

◆Alteração de comportamento para o bem◆

Somente quando houver uma alteração do comportamento mental e moral do enfermo, direcionado para o amor e para o bem e conseguindo sensibilizar aqueles que estejam na condição de perseguidores, é que ocorrerá a recuperação e os medicamentos auxiliarão na reorganização dos equipamentos cerebrais. Porque se trate de esforço de alta magnitude, a maioria dos doentes, além de estar aturdida pela consciência de culpa, embora sem identificar a causa, raramente de dispõe a esse magno empenho que, por outro lado, atrairia a atenção e o concurso edificante dos bons espíritos que trabalhariam para que fossem neutralizadas, e mesmo eliminadas, as energias deletérias absorvidas do hóspede indesejado. (*Reencontro com a Vida*, pp. 20 e 21).

◆Ambiente espiritual dos cemitérios◆

As cenas que têm lugar nas necrópoles sempre me são

pungentes. Espetáculos dolorosos de algozes e vítimas em pugnas intermináveis ao lado de afetos dedicados labutando por auxiliar no desprendimento dos seres amados; cuidadosos vigilantes do amor, socorrendo; mensageiros conduzindo correspondências dos que ficaram na Terra, que são depositadas nos mausoléus e tumbas como se fossem postas-restantes onde os destinatários vêm periodicamente para recolher notícias. Ao mesmo tempo, grupos de entidades nobres se revezam no labor iluminativo, orientando os que vagueiam errantes sem poderem se desprender do recinto. (*Trilhas da Libertação*, p. 308).

♦Ambiente ao redor do centro espírita♦

A algazarra continuava, a festa da crueldade fazia-se delirante para os infelizes que estorcegavam na luxúria e no despudor, enquanto os vapores fétidos e morbosos das suas emanações emprestavam o ar em volta da nobre sociedade. (*Sexo e Obsessão*, p. 292).

♦Ambiguidade e fascinação♦

Uma das primeiras atitudes do obsidiado ambíguo com as características a que nos reportamos é o desdém à oração por acreditar que dela não necessita e por duvidar da sua eficácia, menosprezando a sua utilidade. Exacerbado nos seus sentimentos infelizes, o paciente se autorealiza adotando uma atitude de falsa superioridade com a qual anestesia os centros da razão e deleita-se do estado em que se encontra. A largo prazo, porém, perde o controle sobre a vontade, que deixa de dirigir sob a injunção pertinaz, tornando-se ostensivamente agressivo e desfazendo a aparência, que cede lugar ao desequilíbrio que se instalou com forte penetração nos mecanismos nervosos. Nesse quadro de obsessão constritora encontram-se inumeráveis indivíduos hospedando adversários que vampirizam demoradamente até culminarem o desforço com os golpes largos das quedas na loucura, no crime ou no suicídio. (*Painéis da Obsessão*, pp. 211 e 212).

◆Ambiguidade mental e obsessão◆

Uma forma de obsessão perigosa é aquela que passa quase despercebida e se instala vagarosa e firmemente nos painéis mentais, estabelecendo comportamentos equivocados com aparência respeitável. Apresenta-se em pessoas que denotam grave postura e sabem conquistar outras pela facilidade de comunicação verbal, tornando-se afáveis e gentis desde que não tenham os seus caprichos e interesses contrariados. Dão impressões sociais que não correspondem ao seu estado real, por isso adotam comportamentos parasitas que os credenciam a supor méritos que não possuem. Interiormente, vivem sob conflitos que disfarçam com habilidade, daí nascendo, dessa dupla atitude para com a vida, situações neurotizantes que desarticulam o equilíbrio emocional, igualmente sob o bombardeio das farpas mentais destrutivas dos seus inimigos espirituais. São galantes em grupo e a sós taciturnos, idealistas. Na comunidade, aplicam teorias verbais que não demonstram em atos porque não creem nelas. São cordiais exteriormente, todavia, arrogantes e sem resistências para as lutas morais. Nesse clima psíquico que ressuma das experiências de vidas passadas, hospeda-se o agressor desencarnado que insufla maior dose de indiferença pelos problemas alheios, desbordando o egocentrismo que termina por aliená-los enquanto agasalham e vitalizam as paixões dissolventes. Esse tipo de perturbação espiritual é mais difícil de ser erradicado em razão de o paciente negar a sua situação de enfermo, antes se comprazendo nela, pois o narcisismo a que se entrega converte-se em autofascinação por valores que se atribui e está longe de possuí-los, anulando qualquer contribuição que lhe é oferecida. Somente a humildade, que dá a dimensão da pequenez e fraqueza humana ante a grandiosidade da vida, faculta uma visão legítima, através da qual se pode fazer uma justa avaliação de recursos, recorrendo à divindade pela prece ungida de amor, antídoto eficaz para os distúrbios obsessivos. (*Painéis da Obsessão*, pp. 210 e 211).

◆Amor e doutrinação◆

O amor é a força motriz do Universo: a única energia a que

ninguém opõe resistência; o refrigério para todas as ardências da alma; o apoio à fragilidade e o mais poderoso antídoto ao ódio. Mais do que palavras, a vibração amorosa do nosso Almiro confirmou os conceitos de paz e renovação propostos ao sofredor. A lógica e a razão constituem pilares para o discernimento, mas é o amor que confere segurança e harmonia a quem é dirigido. Quando vivenciarmos no cotidiano os postulados do amor em pensamentos, palavras e atos, facilmente atingiremos a meta que a evolução nos propõe: a sintonia com o Pai. Até esse momento lapidemos os sentimentos, corrijamos a mente, direcionemos a vontade no rumo do bem e lograremos a harmonia que nada perturba, assim como o conhecimento que tudo discerne e explica. (*Trilhas da Libertação*, pp. 88 e 89).

◆Amor e obsessão◆

Sempre que convidado ao ministério do socorro, aos espíritos enlouquecidos pelo ódio, pelo desejo de vingança e pela usurpação de energias dos encarnados, não posso fugir de reflexões em torno do amor e de como somos incoerentes em relação a ele. Alguns perseguidores informam que foram traídos enquanto amavam, que se vingam porque não receberam a resposta em relação ao amor que ofereceram, que foram abandonados enquanto se esfalfavam para demonstrar o sentimento nobre que possuíam. E tudo isso é paradoxal, porque o amor não se expressa dentro desse esquema de dar para receber, de negociar sentimentos. O amor é uma exteriorização de imensa ternura que mais beneficia aquele que o expressa do que a quem é dirigido. Quando se aguarda qualquer tipo de recompensa não se está experienciando o amor, mas o desejo, o interesse de fruir prazer, a necessidade de receber recompensa. Nesse caso o amor está atrelado ao egoísmo, que sempre exige e facilmente reage quando contrariado. Compreendesse o ser humano e se esforçasse para tornar realidade o sentimento de amor que felicita, mais facilmente se tornaria a jornada evolutiva, vencendo cada etapa do caminho sem se vincular negativamente ao passado por onde jornadeou. Não obstante, embora o ego de alguma forma saiba dessa realidade, impõe o capricho de se beneficiar antes de se oferecer ao bem, redundando muitas experiências afetivas em fracassos lamentáveis e complicações dolorosas em relação ao futuro. Eis por que o amor de Jesus é diretriz de segurança. Ele nada impõe e permanece aguardando aqueles que O queiram seguir, aos quais oferecerá a plenitude como decorrência do seu esforço de sublimação. (*Transtornos Psiquiátricos e Obsessivos*, pp. 69 e 70).

◆Amor e paciência◆

O amor, porém, e a paciência – acentuou com ênfase – assumem primazia em todos os processos socorristas, procurando amenizar a angústia e o desespero daqueles que enganaram a si mesmos e sofrem as lamentáveis consequências. (*Tormentos da Obsessão*, p. 40).

◆Amplitude da obsessão◆

Espíritos perversos, embrutecidos pelo sofrimento, sicários da sociedade que não se modificaram ante a derrocada pela morte, dando-se conta do prosseguimento da vida, continuam nas suas nefastas decisões de afligir e infelicitar, comprazendo-se em imiscuir-se nos grupos sociais fomentando dissensões, ódio e guerras, que lhes facultam embriaguez pelas energias que absorvem vampirescamente em infindáveis fenômenos de obsessão dolorosa. Dessa forma, o número de obsidiados é muito maior do que se pode imaginar. Não mensurada ou detectada com facilidade, a obsessão campeia desarvorada, arrebanhando multidões de vítimas que se deixam consumir num como noutro plano de vida. (*Trilhas da Libertação*, p. 8).

◆Amplitude da obsessão - II◆

Como se poderia pensar, não é apenas o ódio o fator causal das obsessões. Também não é somente na Terra que se manifestam os tormentos obsessivos. Além da sepultura, nas regiões pungentes e aflitivas de reajustamentos imperiosos e despertamentos inadiáveis das consciências, defrontam-se muitos verdugos e vítimas, começando ou dando prosseguimento aos nefandos banquetes de subjugação psíquica em luta intérmina de extermínio impossível. (*Nos Bastidores da Obsessão*, p. 24).

◆Análise das comunicações◆

As considerações salutares e o estudo interessado das comunicações pelos membros da equipe após os trabalhos mediúnicos oferecem significativos resultados para todos. Devem-se analisar o conteúdo das informações, acrescentar elucidações aos pontos nebulosos e confabular, objetivando maior soma de benefícios. Médiuns e doutrinadores, mais facilmente, são convidados a aduzir impressões, emoções experimentadas, que visem a maior benefício para a melhora de técnicas, aprendizagem e correções necessárias. Contando com a presença dos benfeitores no recinto, o intercâmbio intuitivo para o aprimoramento de todos ensejará excelente contribuição que enriquecerá de experiências a equipe interessada, que mais sensível se fará ao controle dos espíritos superiores. (*Grilhões Partidos*, p. 193).

◆Animismo e mediunidade◆

O animismo é hoje um assunto muito comentado quando as pessoas se referem às sessões mediúnicas. De tal forma, com as exceções naturais, veio a ser mais considerado que o fenômeno mediúnico. Diversos aprendizes e estudiosos espíritas enfocam-no com tal frequência, que quase passaram a ter uma sistemática prevenção contra o fenômeno mediúnico se este não for robusto, isto é, recheado de provas, de autenticidade, como afirmam, como se nessa área fosse possível colocar barreiras, fronteiras delimitadoras entre uma e outra ocorrência. Como efeito do exagero, belas florações mediúnicas em começo experimentam injustificáveis conflitos e passam a sofrer restrições, estiolando-as nos iniciantes ou bloqueando as possibilidades em desdobramento. Em todas as áreas do comportamento humano o excesso é sempre prejudicial. Muita exigência produz parcos resultados. Certamente não estimulamos a liberação dos conteúdos do inconsciente a pretexto de mediunidade. Mas, não estamos de acordo com as atitudes de castração do animismo, por cuja liberação também podemos alcançar o mediunismo de bom alvitre. Portanto, no início dos fenômenos de educação da mediunidade, os candidatos se precatem das ocorrências anímicas, porém não evitando as do intercâmbio espiritual. Muito judiciosas as observações do benfeitor, porquanto, a pretexto de não incorrer em erro, abandona a ação edificante, receando resultados negativos. Genericamente, o médium é todo aquele que se posiciona no meio e se torna intermediário de qualquer coisa. Do ponto de vista espírita, é aquele que possui aptidão para comunicar-se com os espíritos ou para servir de instrumento para a comunicação com as demais criaturas. Entregar-se de boa vontade durante as reuniões especializadas para educação e o intercâmbio mediúnico é dever de todo aquele que deseja canalizar suas forças parafísicas e faculdades espirituais. (*Trilhas da Libertação*, pp. 83 e 84).

◆Anjos caídos◆

Mentes mais poderosas, conhecedoras do mecanismo da evolução, embora profundamente vinculadas ao mal. Sucede que as inteligências cultivadas que se esquecem de Deus e do amor, simbolizadas na figuração do anjo caído, se ensoberbecem e pensam poder atuar na condição de pequenos deuses. Tornam-se entidades infinitamente infelizes que pululam nas regiões inferiores do planeta, atribuindo-se o controle de muitas vidas que delas, infelizmente, necessitam, assenhoreando a condução mental e interferindo no seu comportamento. (*Nas Fronteiras da Loucura*, p. 261).

◆Ante os obsidiados◆

Perante obsidiados aplique a paciência e a compreensão, a caridade da boa palavra e do passe, o gesto de simpatia e cordialidade. Todavia, a pretexto de bondade, não concorde com o erro a que ele se aferrora, nem com a preguiça mental em que se compraz ou mesmo com a rebeldia constante em que se encarcera. Ajude-o quanto possa; no entanto, insista para que ele se ajude. Contribuindo para com a ascensão do seu próprio espírito, ele pode auxiliar aquele outro ser que, ligado a ele por imposição da justiça divina, tem imperiosa necessidade de evoluir também. (*Nos Bastidores da Obsessão*, p. 41).

◆Antiguidade da obsessão◆

A obsessão é uma pandemia que permanece quase ignorada embora a sua virulência, para a qual, na sua terrível irrupção, ainda não cogitaram os homens de providenciar vacinas preventivas ou terapias curadoras. Tão antiga e remota quanto a própria existência terrestre – por decorrência das afinidades perturbadoras entre os homens –, que todos os guias religiosos se referiram a ela por variadas designações, sempre utilizando dos mesmos métodos para a sua erradicação tais: o amor, a piedade, a paciência e a caridade para com os envolvidos na terrível trama. (*Tormentos da Obsessão*, pp. 64 e 65).

◆Antiguidade da obsessão - II◆

É sempre com renovada alegria que recebemos companheiros dedicados ao estudo dessa grave epidemia que tem sido motivo de martírio para as criaturas humanas e até hoje ainda não combatida com a eficiência que merece. E parece-me bastante estranho por ser, talvez, a doença mais antiga da humanidade, em relação a outras tantas prejudiciais. Basta que nos recordemos que, em todos os períodos do pensamento histórico, a obsessão e suas sequelas tem-se apresentado ceifando a saúde física e mental dos indivíduos. Terrivelmente ignorada ou simplesmente desconsiderada, vem prosseguindo no seu triste fanal de vencer todos aqueles que lhe tombam nas malhas coercitivas. Portanto todos os esforços direcionados para a desmistificação e para o combate desse terrível mal devem ser envidados por todos que se encontram forrados pelos ideais superiores e que encontram na palavra de Jesus o direcionamento correto para a felicidade. (*Tormentos da Obsessão*, pp. 102 e 103).

◆Antimediunismo e animismo◆

Alguns alegam excesso de animismo, outros exageros no mediunismo, mais outros afirmam que esse período está superado e não falta quem diga serem tais serviços prejudiciais ao equilíbrio mental e emocional de pessoas nervosas de personalidade psicopata. Não nos parecem que estejam com razão. É verdade que o animismo medra em larga escala, cabendo, no entanto, ao estudioso da doutrina, ao invés de coibir, educar o sujeito, fazendo-o liberar-se das impressões profundas que lhe afloram do inconsciente nos momentos de transe, qual oportuna catarse que o auxiliará a recobrar a harmonia íntima. Outrossim, da mesma forma que muitos se afadigam em doutrinar os desencarnados, realizarão trabalho valioso doutrinando os companheiros do plano físico, portadores de mediunidade em fase atormentada. Os chamados excessos mediúnicos não são da responsabilidade das sessões, senão da desinformação dos experimentadores e de pessoas que se aventuram nas suas realizações desarmadas do conhecimento doutrinário e da vivência das suas execuções. (*Nas Fronteiras da Loucura*, p. 147).

◆Antimediunismo e obsessão◆

De tempos em tempos, amiudadas vezes, surgem movimentos antimediunistas entre respeitáveis estudiosos e obreiros da doutrina espírita que sofrem inspiração negativa. As entidades perversas que se veem desmascaradas e que têm desmanchadas as suas tramas e conluios nefastos através da mediunidade digna, combatem sistematicamente essa porta de serviços, tentando cerrá-la ora pela suspeita costumaz, ora pela desmoralização e vezes outras pela indiferença geral, desfrutando, então, esses inditosos de área livre para o comércio infeliz que estabelecem e o prosseguimento das ardilosas, quão inclementes, perseguições que promovem. (*Nas Fronteiras da Loucura*, p. 146).

◆Antros do mal – Função evolutiva◆

Deus permitia a existência dos redutos e antros do mal

construídos pelos espíritos inferiores porque eles ainda necessitavam desses aguilhões para despertar. O amor gera o amor e a agressão produz resposta equivalente. Há aquelas nobres entidades que se encarregam de métodos superiores e sutis em nome do amor. Há também aqueles mais rigorosos igualmente inspirados pelo amor para colimar os fins da felicidade. A joia esplende na montra luxuosa em estojo de veludo porque alguém a desentranhou do barro sujo e do revestimento grosseiro que lhe impedia o brilho. Foi a golpes fortes que lhe prepararam o campo para os detalhes finais, facultando a explosão de beleza. Façamos o melhor ao nosso alcance, onde formos. (*Loucura e Obsessão*, p. 141).

◆Aparelhos para regressão de memória◆

Acompanhemos alguns lances da sua última existência corporal que selecionamos para este momento. A um sinal, a fita gravada foi posta no aparelho e as imagens passaram a ser refletidas em uma tela de média proporção com uma peculiaridade especial: a de terceira dimensão. Era como se nos encontrássemos acompanhando os fatos no momento em que se sucediam. Simultaneamente às imagens vivas, captávamos os pensamentos de cada momento precedente e durante a ação nefasta que se irradiava da mente maldosa. Confesso que era a minha primeira experiência no setor de avaliação do passado em terapias de vida passada através de um equipamento tão sensível. Já conhecíamos o cinemascópio, as ideoplastias vivas, os clichês mentais que ressumavam dos depósitos profundos do perispírito, as evocações por indução telepática e as espontâneas, menos aquela técnica fascinante pela qual a vida retornava esfuziante e se podia penetrar no íntimo dos fatos que eram o emocional e o mental de cada personagem apresentada. As cenas sucediam em ritmo crescente, selecionadas conforme referido. O enfermo balbuciava defesas injustificáveis, passando do desespero convulsivo à revolta e à blasfêmia, para ir se aquietando desperto, conscientizando-se da gravidade dos atos praticados. (*Loucura e Obsessão*, p. 235).

◆Aparelhos utilizados na desobsessão◆

Chegando ao recinto da sessão especial, Ester foi colocada próxima aos pais, igualmente inconscientes sob o amparo do sono salutar. As atividades e os cuidados para o cometimento já haviam sido iniciados. A aparelhagem especializada para a assepsia psíquica do ambiente fora posta a funcionar, fazendo-nos lembrar dos aquecedores terrestres à base de resistências elétricas que produziam ondas especiais de calor e simultaneamente lâmpadas de emissão infravermelha e ultravioleta diluíam as construções mentais imperantes, vibriões resultantes das ideoplastias habituais de alguns dos membros tanto do círculo quanto da enferma. Percebi a delicada aparelhagem de som e imagem que era utilizada nos dias de trabalhos normais de socorro aos desencarnados para projetar os diálogos e as atividades fora dos muros de defesa da casa através de projetores sonoros com o objetivo de despertar alguns transeuntes da artéria em que se localizava a sociedade. O aparelho receptor de imagem dava conta de preciosas informações ao diretor espiritual, não apenas sobre os acontecimentos de imediata importância mas também de valioso recurso utilizado para a diagnose de muitas enfermidades dos candidatos que solicitavam orientações particulares para a saúde. Concomitantemente, ensejava maior percepção da aura dos consulentes, de cujo estudo decorriam as orientações para o comportamento moral e as atividades mais compatíveis a desdobrar. Engrenagens que lembravam secadores de cabelo eram aplicadas em operações de hipnose mais profunda, criando condicionamentos subliminais com a fixação de imagens positivas no inconsciente atormentado dos comunicantes em sofrimento, de modo a transformar essas induções ideoplásticas em vindouras edificações mentais conseguidas com o esforço dos próprios pacientes de verdadeiras sementes de vida nas paisagens turbilhonadas das mentes em tratamento. Pequenas caixas eram usadas para medir a intensidade vibratória para o cotejo dos resultados e para registros e impressões de dados num complexo e emaranhado mecanismo de precisão e utilidade incontestável. Na esfera espiritual procede-se à criação de sutis, delicadas e mui complexas elaborações para os elevados fins de progresso, e que muitos missionários da evolução trazem à Terra, transformando em utilidades para os impulsos da técnica da civilização e do desenvolvimento das criaturas humanas. (*Grilhões Partidos*, pp. 218 e 220).

♦Aparelhos utilizados na desobsessão - II♦

Ao adentrarmos, observamos a aparelhagem especializada que se encontrava colocada em pontos estratégicos do recinto banhado por suave claridade. Aqueles equipamentos eram muito delicados e sempre se encontravam dispostos nas salas de desobsessão das instituições espíritas sérias e responsáveis para serem utilizados em momentos próprios. (*Transtornos Psiquiátricos e Obsessivos*, p. 73).

♦Aparelhos utilizados na desobsessão - III♦

Logo após, doutor Ignácio utilizou um instrumento especial que se encontrava na sala e o aproximou da médium, aplicando a parte superior do mesmo sobre a cabeça do desencarnado, que se agitou em dolorosa agonia. O doutrinador, comovido, exorou o auxílio de Jesus em benefício do visitante enquanto lhe falava com bondade e compaixão. O aparelho tinha como finalidade trabalhar a construção mental externa e diluí-la, auxiliando o perispírito a recuperar a forma, o que certamente seria concluído mais tarde, quando da reencarnação do calceta. (*Transtornos Psiquiátricos e Obsessivos*, p. 83).

♦Aparelhos utilizados na desobsessão - IV♦

Instrumentos delicados de alta tecnologia são utilizados durante as manifestações mais vigorosas, de modo a realizar cirurgias nos enfermos espirituais vitimados por auto-obsessão ou que se tornaram portadores de implantes de células supersensíveis que os enlouquecem sob o comando exterior. (*Reencontro com a Vida*, p. 135).

◆Aprimoramento dos médiuns◆

Cada criatura emite as vibrações que lhes são próprias, cabendo-lhe o dever inadiável de aprimorar tais energias, colocando-se a serviço do bem operante. E esse precioso meio de alterar providencialmente as próprias forças é o conhecimento e a vivência do Evangelho de Jesus em toda a sua eloquência. Portanto, é de essencial relevância a ajuda dos companheiros na realização da caridade moral e espiritual, particularmente nos socorros aos obsidiados que pululam em agonia por toda parte, aguardando por nós. (*Tramas do Destino*, p. 229).

◆Armadilhas reencarnatórias◆

A anestesia da memória, quando por ocasião do processo reencarnacionista, as facilidades propiciadas pelo prazer exaustivo e as tendências inatas para a manutenção dos instintos agressivos ou primários constituem armadilhas que retêm incontável número de indivíduos ainda não despertos para a sua realidade de espíritos imortais e que preferem ignorar o sacrifício, o equilíbrio e o dever, transitando na breve experiência da carne pelos torpes expedientes do gozo alucinado e do crime do qual esperam os lucros da cobiça. (*Reencontro com a Vida*, p. 88).

◆Assédio aos médiuns◆

Quase sempre assediado pelas trevas, palavra que abarca os movimentos espirituais negativos que conspiram contra a felicidade dos homens, das mulheres e de muitos outros espíritos sofredores, está sempre vigiado e tentado por circunstâncias perversas numa crucificação contínua. Nada obstante mantenha-se em clima de dever retamente cumprido, de vigilância e serviço operante, os seus dedicados mentores não impedem que experimente vicissitudes, incompreensões e sórdidas calúnias, e, desse modo, mais você se aprimorará e se enobrecerá. (*Entre Dois Mundos*, p. 186).

♦Assepsia do local de trabalhos espirituais♦

As equipes encarregadas de conduzir os pacientes para outro espaço movimentaram-se com agilidade, mas sem precipitação e, em brevíssimo tempo, especialistas em assepsia psíquica utilizaram aparelhagem adequada para a limpeza da psicosfera e consequente eliminação de vibriões mentais e de ideoplastias mórbidas, restituindo ao recinto a saudável harmonia necessária para a execução do serviço que logo teve lugar. (*Entre Dois Mundos*, p. 188).

♦Assepsia mental♦

Torna-se urgente, portanto, a necessidade de uma assepsia mental profunda praticada pelo ser humano quando portador de conteúdos perturbadores – e quase todos os homens e mulheres terrestres encontram-se comprometidos com a retaguarda atual ou recuada – para que as suas exteriorizações sejam de qualidade salutar, não permitindo a hospedagem mental de adversários espirituais ou de trêfegos e ociosos que pululam na erraticidade inferior. Dinamizando as suas aspirações e tornando-as realidade, o indivíduo deve e pode alterar o seu mapa de compromissos morais, passando a cultivar programas de edificação íntima através de leituras, de conversações nobres, de reflexões bem direcionadas e de ações benfazejas, passando a irradiar pensamentos bons que defenderão a usina mental de invasões de formas ideoplásticas exteriores, de incursões vingativas e de induções prejudiciais. Assim procedendo, adquire valor para os enfrentamentos que decorrem das leis da vida que são inevitáveis porque fazem parte da estrutura do ser, convidando todos a se alinharem no equilíbrio e na valorização do espírito em detrimento das loucuras e paixões asselvajadas que, por enquanto, ainda predominam na natureza animal. (*Reencontro com a Vida*, p. 79).

♦Assepsia perispiritual♦

Da mesma forma que a indumentária carnal experimentou

complexas transformações após a ocorrência da morte, as fixações defluentes de igual maneira diluem-se e desintegram-se, liberando o espírito dos condicionamentos prejudiciais a que se encontra exposto. Para que se fixem nele as novas experiências e o pensamento direcionado para outras faixas vibratórias (pelas quais se vitalizará), diminui a densidade do invólucro perispiritual, facultando a permanência nas regiões mais elevadas, onde predominam o trabalho e a harmonia. Nesse ínterim, lidadores da educação moral passam a contribuir, no mundo espiritual, com técnicas especiais de anulação das forças grosseiras vitalizadas, enquanto as emoções de beleza e de aspiração superior de natureza íntima substituirão aquelas que o asfixiavam, submetendo-o à desdita. Naturalmente, esse processo transformador se opera ao longo do tempo e através do concurso do paciente e dos agentes encarregados da sua libertação. Nesse comenos, sucedem, compreensivelmente, alguns incidentes que resultam da mente viciada que antes se comprazia nos deleites morbosos, sustentando o círculo pestoso das sensações grosseiras que reaparecem, gerando conflitos. O interesse, porém, na autocura e na permanência das atitudes mentais saudáveis em torno dos desejos nobres, reergue o desfalecente, impulsionando-o ao prosseguimento do recurso terapêutico em uso. (*Reencontro com a Vida*, pp. 274 e 275).

♦Ataques dos obsessores♦

É imprescindível a consciente e responsável cooperação dos médiuns de psicofonia e dos doutrinadores. Isso porque sabemos que esses irmãos agressivos são, em si mesmos, enfermos morais e na sua ignorância, quando se sentem rechaçados nos seus planos de desforra, voltam-se contra aqueles que se fazem intermediários dos benefícios que se recusam, investindo contra eles e tentando criar embaraços graves para desanimá-los no prosseguimento das tarefas. A absorção dos seus fluidos, apesar da ajuda dos mentores, gera mal-estar, indisposição física e emocional e algumas confusões mentais, que são benéficas para os médiuns pois se liberam, desse modo, de dívidas perturbadoras ao sofrerem quando praticam o bem.

No entanto, a falta de esclarecimento de alguns desses companheiros (muitos dos quais se recusam a atender os espíritos atormentados gostando de privar da convivência apenas dos anjos) dá a impressão de retrocesso mediúnico quando convidados a essa atividade, crendo, erradamente, que só deveriam contatar com os mentores. Não se dão conta que se esse fosse o raciocínio dos guias espirituais, o que seria de todos nós, os que nos encontramos na retaguarda?! Era muito lógica a argumentação da dedicada servidora da mediunidade. (*Transtornos Psiquiátricos e Obsessivos*, pp. 62 e 63).

◆Ataque indireto – Obsessores◆

Não obstante, a forma como os irmãos infelizes do além-túmulo agem em relação às suas vítimas também investem, simultaneamente, contra os que lhes distendem mãos amigas, provocando a irrupção de problemas no lar, no trabalho e na rua, com o objetivo de descoroçoar o ânimo desses abnegados agentes da caridade e do amor. Atiram-lhes petardos mentais pretendendo penetrar a fortaleza interior, inspiram desânimo, empestam a psicosfera de que se nutrem os lidadores da solidariedade, utilizam-se de pessoas frívolas que lhes servem de instrumentos dóceis, despertam sentimentos contraditórios, açulam paixões. Tudo fazem por instalar a dúvida e criar áreas de atrito, impondo, quando possível, sucessões de acontecimentos desagradáveis. Programam conversações doentias e telecomandam comentários deprimentes, tais como: "todo aquele que se envolve com a prática do bem somente recebe ingratidão", "enquanto se trabalha no programa da caridade, as coisas dão para trás", "embora ajudando com dedicação, não se recebe ajuda" e "os maus progridem e os bons, interessados na melhora e progresso dos seus irmãos, sofrem incompreensivelmente". (*Tramas do Destino*, pp. 105 e 106).

◆Ataques aos médiuns◆

Há uma ideia falsa entre as criaturas humanas a respeito da ação de socorro desta natureza, pois provoca a ira dos perseguidores, que se voltam então contra os médiuns de desobsessão. Existe algum fundamento nessa tese? Consideremos, respondeu com gentileza, a falta de lógica da questão. Equivaleria a concluir que a prática do bem faz mal porque acarreta consequências lamentáveis. É certo que, percebendo a valiosa contribuição dos médiuns nos fenômenos de libertação das obsessões, os espíritos odientos voltam-se contra eles, tentando perturbá-los a fim de interromper a atividade abençoada. É claro que isso sempre ocorre, no entanto somente será perturbador para o intermediário se ele não se acautelar, utilizando os recursos valiosos da oração, da conduta saudável, dos pensamentos e conversações salutares e da ação da caridade, que lhe constituirão elementos imunológicos da alma, precatando-o de qualquer mal. Sofrer pelo bem que se faz constitui mecanismo elevado de resgate de dívidas que ficaram na retaguarda esperando momento próprio para se manifestar. Se não se expressarem por esse intermédio, expressar-se-ão através de outros fenômenos de igual ou maior gravidade, pois somente acontece a cada um aquilo que é de melhor para o seu desenvolvimento espiritual, do contrário, onde encontraríamos a justiça do amor? Não procedem, portanto, essas informações que, de algum modo, se generalizam entre alguns companheiros sem esclarecimento sobre a realidade espiritual. A prática do bem, em qualquer expressão com a qual se apresente, fortalece e dignifica o seu agente, gera simpatia dos espíritos nobres que passam a assisti-lo, como é natural, entre os quais os guias espirituais dos socorridos. Quanto mais se entreguem os médiuns sérios e devotados ao ministério da caridade, mais se encontrarão em sintonia com as esferas elevadas, haurindo energias benéficas para o desenvolvimento moral em cujo programa se encontram inscritos. (*Transtornos Psiquiátricos e Obsessivos*, p. 93).

◆Ataques aos médiuns - II◆

É inevitável que espíritos perversos igualmente sofredores (embora disso não se deem conta) tentem seduzir algum dos médiuns, aquele que seja o mais fraco, ou se comuniquem com o objetivo de gerar discussões infrutíferas através das quais são hábeis em tomar o tempo útil, ou até mesmo que tentem enganar os menos experientes. Dispostos a combater os excelentes recursos de socorro aos infelizes bem como desejosos de manter a ignorância em torno do mundo espiritual onde se encontram, em desdita, a fim de atrair mais incautos, tudo investem contra a mediunidade e as reuniões sérias, organizando armadilhas e forjando planos contínuos de agressão com os propósitos nefastos que os caracterizam. (*Reencontro com a Vida*, p. 193).

◆Atavismo – Sexo◆

As legiões de espíritos viciosos e dependentes dos fluidos degenerativos das sensações perversas sincronizam suas mentes nesses comportamentos doentios, passando a sofrer as injunções morbosas e devastadoras. A cada dia, mais difícil se torna a saúde sexual das pessoas em razão desses e de outros fatores que procedem de reencarnações transatas, nas quais se comprometeram com os usos indevidos da função sexual ou utilizaram-se do sexo para fins ignóbeis. (*Sexo e Obsessão*, pp. 191 e 192).

◆Atendimento fraterno◆

A atividade reunia duas equipes: uma constituída por entidades generosas e trabalhadoras e a outra pelos companheiros que militavam na casa espírita. Haviam recebido treinamento espírita e psicológico e, periodicamente, eram reavaliados e reciclados de modo que pudessem cooperar com bondade e discernimento doutrinário em favor dos muitos sofredores que buscavam orientação. O mentor espiritual da atividade também anotou os dados da consulente e entregou-os a um membro da equipe de visitadores desencarnados a fim de que oferecesse a assistência conveniente à dama. A função do atendimento fraterno na casa espírita não é a de resolver os problemas das pessoas que vão em busca de socorro, mas de orientá-las à luz da doutrina espírita para que cada uma encontre por si mesma a melhor solução. Enquanto dialogavam, o espírito responsável pelo atendente aplicou em ambos energia refazente e calmamente, que os tranquilizou. Ali estávamos em um ambulatório de emergência espiritual para atendimento dos sofredores e desafortunados da Terra, sem complexidades nem exigências descabidas pelas quais o amor, a vera fraternidade, a compaixão e a caridade davam as mãos em tentativas felizes de bem servir. Quando a luz do mundo maior clarear nossas mentes e pudermos compreender que morte é libertação, ela será bem-vinda e não significará nem tragédia nem motivo de aflição. (*Sexo e Obsessão*, pp. 110, 114, 118 e 120).

♦Atendimento fraterno - II♦

Em outra sala de menor proporção encontravam-se os atendentes fraternos, cada qual sentado ao lado de uma pequena mesa com uma cadeira em frente, onde se acomodaria o visitante. Destacando uma senhora simpática e jovial que se encontrava concentrada e aureolada por uma suave luz de tonalidade azul e assessorada por um atento benfeitor espiritual, informou-nos que a paciente seria encaminhada para ele em razão da sua sensibilidade mediúnica. Por enquanto estava na sala de espera aguardando ser chamada. (*Transtornos Psiquiátricos e Obsessivos*, p. 264).

♦Atividades – Obsessores♦

Os transtornos depressivos e do pânico assolam com índices terríveis de incidência, assim como os desvarios sexuais, a toxicomania, a violência, a degradação dos costumes, as ambições desmedidas e as paixões asselvajadas, impondo-nos cuidados especiais no trato com as suas vítimas. Nem todos aqueles que se enredam nessas tramas danosas parecem dispostos a libertar-se, reagindo muitas vezes com violência e rebeldia. Em outras ocasiões, amolentados pelo vício, deixam-se arrastar pelas vigorosas redes da dependência. Em todos esses casos encontramos graves processos obsessivos, nos quais espíritos enfermos locupletam-se aspirando e usurpando as energias dos obsidiados e levando-os à exaustão de forças. Outras ocorrências, por indução desses parasitas espirituais, também desencadeiam o mecanismo perturbador a fim de que sejam atendidos nos hábitos mórbidos que transferiram da Terra para o além. Ainda podemos anotar uma outra classe de ocorrência, que é aquela que deflui da vingança do desencarnado ao encontrar aquele que o houvera infelicitado e, destituído de sentimentos dignos, compraz-se no desforço, empurrando-o para o calabouço da viciação. (*Entre Dois Mundos*, pp. 52 e 53).

◆Aura do obsidiado◆

A cliente encontrava-se bastante nervosa e envolta em uma nuvem escura, resultante das ideias cultivadas e do intercâmbio psíquico mantido com os comensais desencarnados que a acompanhavam. Alguns deles deram entrada com a hospedeira mental na saleta onde a aguardava a entidade orientadora. (*Loucura e Obsessão*, p. 33).

◆Autismo◆

Assomando à consciência todas as lembranças do passado, vive nesse mundo agora sob a injunção da culpa que o vergasta, procurando se esconder e se apagar de modo a não ser reconduzido aos lugares de horror de onde foi arrancado pelo amor que lhe favoreceu a reparação noutras circunstâncias. Expiar o mal que se fez, para logo depois repará-lo, é o impositivo da justiça divina ao alcance de todos nós. Larga, como efeito, se faz a expiação. (*Loucura e Obsessão*, p. 89).

◆Autismo e auto-obsessão◆

Tecnicamente, estamos diante de um vigoroso processo de auto-obsessão por abandono consciente da vida e dos interesses objetivos. Quando o indivíduo mantém intensa vida mental em ações criminosas, as quais oculta com habilidade, e se mascara para o cotidiano, a duplicidade de comportamento lhe faz cruel transtorno, que então ele carpe, silenciosamente. O delito, que é ignorado pelas demais pessoas, é conhecido pelo delinquente que o vitaliza com permanentes construções psíquicas, destruindo a polivalência das ideias que terminam por sintetizar-se numa fixação mórbida, que lentamente empareda o seu autor. Passam desconhecidos pelo mundo esses gravames que o eu consciente sepulta nos depósitos da memória profunda sem que eles se aniquilem, ali permanecendo em gérmen que irradia ondas destruidoras envolvendo o criminoso. Às vezes irrompem como estados depressivos graves e noutras surgem como complexos de culpa com fundamento real para eles mesmos, que se tornam desconfiados e acreditam estar sendo perseguidos e fazem quadros de torpes alienações, caindo nas malhas da loucura ou no abismo do suicídio, artifícios que buscam para aniquilar os dramas tormentosos que os esfacelam interiormente. As cenas hediondas que fixaram retornam implacáveis e cada vez mais nítidas, sem que quaisquer novas paisagens se sobreponham. (*Loucura e Obsessão*, pp. 84 e 85).

◆Autismo e infância◆

Inúmeros casos de autismo, quando detectados na primeira infância, procedem de graves compromissos negativos com a retaguarda espiritual do ser, que renasce com as marcas correspondentes no perispírito, o qual se encarrega de imprimir as deficiências que lhe são necessárias para o refazimento. Outrossim, aqueles que padeceram nas suas mãos cruéis acompanham-no, dificultando a sua recuperação e gerando situações críticas e mui dolorosas, ameaçando-o com impropérios e vibrações deletérias que ele não sabe decodificar, mas registra na tela mental, e então foge da realidade para o seu mundo de sombras, quando não se torna agressivo, intempestivo, silencioso e rude. (*Sexo e Obsessão*, p. 55).

◆Autismo e obsessão◆

Há muitos espíritos que, através da alienação mental (autismo), buscaram fugir de suas vítimas e apagar as lembranças que os acicataram, produzindo um mundo interior agitado ante uma exteriorização apática, quase sem vida. O modelador biológico imprime, automaticamente, nas delicadas engrenagens do cérebro e do sistema nervoso o que necessita para progredir:

asas para a liberdade ou presídio para a reeducação. Como se vê, a obsessão não é, neste caso, fator responsável pela loucura. A autopunição gerou o quadro de resgate para o infrator da lei. Aqueles inimigos desencarnados que se acercam dele pioram a expiação, mas é o espírito calceta que impõe os sofrimentos, sabendo que eles serão benéficos para a sua redenção. Entre os auto-obsidiados encontramos também os narcisistas, que abrem as portas da mente a parasitoses espirituais muito sérias, em decorrência da conduta passada. Outros mais, indivíduos culpados, são promotores das psicogêneses que irão propelir a organização física a produzir a casa mental mais conforme às suas necessidades expiatórias. (*Loucura e Obsessão*, pp. 89 e 90).

◆Autocompaixão e rebeldia◆

Vitimado em si mesmo pela autocompaixão ou pela rebeldia sistemática, desconsidera as orientações enobrecedoras que lhe são direcionadas, acolhendo as insinuações doentias e perversas que consegue captar. (*Tormentos da Obsessão*, p. 68).

◆Autodestruição◆

Há em todos os indivíduos uma tendência para a autocompaixão, para a autodestruição e para a vingança contra os outros em desforço inconsciente por ocorrências que lhes são desagradáveis. Ante a impossibilidade de assumir exteriormente essa realidade, transformam tal aptidão em doenças, estimulando a degenerescência das células que aceleram a sua multiplicação formando tumores cancerígenos, matando as defesas imunológicas e abrindo-se às infecções e às contaminações que perturbam a maquinaria orgânica e fomentam a instalação das enfermidades. (*Trilhas da Libertação*, p. 16).

◆Auto-hipnose e ideoplastias◆

A hipnose e a auto-hipnose por fixação degenerativa funcionam em larga escala nas duas faixas vibratórias da vida: no corpo ou fora dele. Em nossa esfera de ação com muito maior intensidade em razão dos processos mentais de sintonia e identificação moral entre os despojados do corpo somático. Aí estão diante dos nossos olhos muitos irmãos infelizes assumindo personificações mitológicas ridículas por auto-hipnose. Número largo, acreditando serem seres de exceção na ordem universal por efeito de autosugestão demorada desde a Terra, quando se permitiam construções mentais nesse campo. Outros ainda vitimados por zoantropias de diferentes procedências e, por fim, aqueles que se reconstruíram ideoplasticamente, incorporando os desvarios de poderes mentirosos que se atribuem possuir, seja como orixás na eterna ação protetora da natureza e dos homens, seja na de exus, supostamente criados para o mal, dotados de força para tal execução, se afundando cada vez mais no desgoverno até o momento em que funcionem as leis de correção e reequilíbrio que existem no cosmo. (*Loucura e Obsessão*, pp. 102 e 103).

◆Auto-obsessões◆

No capítulo das auto-obsessões aparece uma vasta gama de alienados, egoístas, narcisistas, hipocondríacos, exibicionistas etc, em cuja gênese da enfermidade se fixam complexas matrizes para a fascinação e a subjugação que procedem dos espíritos infelizes que são afins ou vinculam-se por processos cármicos redentores. (*Tramas do Destino*, p. 67).

◆Autópsia – Sofrimento do espírito◆

Devido às fortes vinculações com a matéria, experimentava as dores causadas pela autópsia que sofria. Embora contido por enfermeiros diligentes, sofreu cortes e serração, profundos golpes nos tecidos e costuras. Recordemos que se encontrava sob amparo, não ficando, todavia, isento à responsabilidade pelos erros que a juventude estroina lhe facultara. Em autópsias, muitos espíritos que se deixaram dominar pelos apetites grosseiros e se fixaram apenas no corpo, quando não fazem jus a assistência especializada, enlouquecem de dor, demorando sob os efeitos lentos do processo a que foram submetidos os seus despojos. (*Nas Fronteiras da Loucura*, p. 118).

♦Avaliação final das reuniões♦

Sugeriu, igualmente, uma breve avaliação das comunicações quando se fizesse oportuno, a fim de criar uma segura interação entre o psicoterapeuta dos desencarnados, os desencarnados e com os médiuns, cada qual explicando a sintomatologia emocional e física experimentada durante o transe, o que poderia contribuir para o melhor entendimento da comunicação e união entre todos. (*Transtornos Psiquiátricos e Obsessivos*, pp. 173 e 174).

◆B◆

◆Bases da obsessão◆

Atormentada por evocações fixadas nas telas sensíveis do pretérito, a mente encarnada se encontra ligada à desencarnada, sofrendo, a princípio, sutis desequilíbrios que depois se assenhoreiam da organização cerebral, gerando deplorável estágio de vampirização no qual vítima e verdugo se completam em conjugação dolorosa e prolongada. A etiologia das obsessões é complexa e profunda, pois se origina nos processos morais lamentáveis em que ambos os comparsas da aflição dementante se deixaram consumir pelas vibrações degenerescentes da criminalidade que passou, invariavelmente, ignorada da coletividade onde viveram como protagonistas do drama ou da tragicomédia em que se consumiram. Reencontrando-se, porém, sob o impositivo da lei inexorável da divina justiça que estabelece esteja o verdugo jugulado à vítima, pouco importando o tempo e a indumentária que os distancia ou os caracteriza, tem início o comércio mental (às vezes aos primeiros dias da concepção fetal) para crescer em comunhão acérrima no dia a dia da caminhada carnal, quando não precede à própria concepção. (*Nos Bastidores da Obsessão*, p. 30).

◆Bem e mediunidade◆

Não ignoramos que somente o bem possui a força indispensável para anular o mal. Por esta e por outras razões, a mediunidade é um instrumento que, colocado a serviço do amor, proporciona iluminação e sabedoria. Dignificada, torna-se escada de libertação; mal utilizada, converte-se em poço de sombras e abismo de perturbação. (*Trilhas da Libertação*, p. 72).

◆Bênção do esquecimento◆

Desperta-se, porém, na realidade além-túmulo, na dimensão psíquica onde esteve durante o trânsito carnal. A mente, que se fixou em determinados padrões de vivência, sintoniza, desde então, com essa faixa vibratória para onde é arrastado. Logo se rompem os vínculos carnais, aí se deparando com tudo quanto projetou. As ideias que foram exteriorizadas e mantidas tomam formas de acordo com os seus conteúdos e assaltam os seus autores, gerando pânico e dor. Outras vezes, se encapsulando nos circuitos do pensamento viciado, embora a consciência os reproche, acordam com os profundos sulcos do arrependimento e da queixa na memória, se excruciando com inúteis autopunições que agravam os desajustes emocionais. Nesses casos, somente a reencarnação pode ser útil, favorecendo com o esquecimento desses erros e a renovação do pensamento capaz de gerar novos hábitos saudáveis em que se arrimarão no futuro. (*Reencontro com a Vida*, p. 155).

◆Benefícios dos obsessores em contato com o médium◆

A um sinal sutil do mentor, o irmão Genézio Duarte passou a aplicar recursos fluídicos de desmagnetização nos centros coronário e cerebral de Manuel Alfredo, incorporado em Jonas. Aqueles largos minutos de intercâmbio psíquico e perispiritual com o médium, beneficiaram expressivamente o irmão, de forma alterada. Ajustado ao molde humano do companheiro encarnado e assimilando as energias benéficas do ambiente, passadas as reações mais fortes das evocações dos acontecimentos pretéritos, modificaram um tanto o aspecto e a agitação incontrolada, diminuindo ao mesmo tempo a ferocidade acumulada e as densas vibrações da auto-hipnose, bem como das induções negativas de que o mesmo fora vítima durante anos. O contágio do bem é de eficiência imediata, por isso a vida resulta de um ato de amor do nosso Pai. (*Nas Fronteiras da Loucura*, p. 259).

◆Benefícios aos obsessores no centro espírita◆

Participando das reuniões caridosas de intercâmbio com os sofredores desencarnados, o nosso amigo aprende a aquilatar o valor do amor nas operações de toda ordem. Percebe a não-viôlencia poderosa do amor, o resultado dos fluidos magnéticos manipulados pelos sentimentos dos que os orientam e, acima de tudo, a magia sublime da presença do Cristo inconsumpto pelos laços do intercâmbio através da oração. Tem constatado nos serviços entre as duas esferas da vida o resultado da excelência da fraternidade e a eficiência dos métodos da caridade cristã. De apurado senso de observação e profunda acuidade mental, compreende que utilizamos as mesmas técnicas, algumas das quais lhe são familiares, usando as mesmas expressões de energia aplicadas, porém, com finalidades amplas e diferentes das suas, abastecendo-nos nas fontes inexauríveis do amor divino. Diante dessas novas descobertas realizadas pelo seu espírito ávido, o panorama mental se modifica e altera-se a visão da realidade. Já experimenta a sede da libertação (embora reconheça a necessidade do tributo pesado do ressarcimento que os seus atos ora lhe impõem) com a urgência de que carece para sair do labirinto das paixões em que tem estado, em cujos sítios aspirava os miasmas do ódio, da alucinação e do desespero inominável. (*Nos Bastidores da Obsessão*, p. 226).

◆Bilateralidade da obsessão◆

Sem dúvida que, em todos os processos de resgate espiritual, continuou Petitinga, sempre existem dois envolvidos e aquele que foi vítima sempre se aproveita de qualquer oportunidade, sem compaixão, para desforrar-se de quem o prejudicou. A obsessão, por isso mesmo, é mais volumosa e sutil do que se conhece, mesmo nos estudos espiritistas atuais, porquanto, nem todos os quadros podem ser percebidos exteriormente, sendo muito comuns nos estágios do coma, da morte aparente e das degenerações cerebrais. (*Transtornos Psiquiátricos e Obsessivos*, p. 109).

◆Bioenergia◆

Seria ideal, isto sim, que se pudesse acrescentar ao tratamento convencional às terapias dos passes e da água fluidificada aos enfermos. Que as famílias permitissem, visto que, desse modo, se beneficiariam da bioenergia que lhes seria transmitida e que iria trabalhar a recomposição energética nos seus campos vibratórios. Vivemos num mundo único de vibrações, de ondas, de campos energéticos, eletromagnéticos, de gravitação, de forças quânticas fortes e fracas, diferenciando a potência na qual nós, os desencarnados, habitamos, e vós outros transitais. Somente existe uma realidade profunda que é a inicial de onde se derivam todas as outras expressões através de condensações de campos de energias que alcançam variações substanciais. Assim, nos unindo no mesmo objetivo, podemos contribuir em favor dos resultados terapêuticos saudáveis a benefício de todos. (*Transtornos Psiquiátricos e Obsessivos*, p. 91).

◆Biotipos – Loucura◆

São os sexólatras, os violentos, os exagerados, os dependentes de viciações de qualquer natureza, os pessimistas, os invejosos, os amargurados, os suspeitosos incondicionais, os ciumentos e os obsidiados que mais facilmente transpõem os limites da saúde mental. (*Nas Fronteiras da Loucura*, p. 10).

◆Boa conduta – Defesa contra obsessões◆

O indivíduo que ama a retidão de princípios e a executa firmado em propósitos de elevação moral, mesmo quando fustigado pela pertinácia dos irmãos desajustados e perversos de ambos os planos da vida, não se deixa afetar, permanecendo nas disposições abraçadas e fiel ao programa traçado. Pode experimentar alguma aflição, como é natural, mas robustece na oração, no prazer do serviço que realiza, nas leituras edificantes e na consciência pacificada. Simultaneamente, torna-se amparado pelos espíritos nobres, seus afeiçoados desencarnados, aqueles que foram beneficiados por sua bondade fraternal que acorrem a protegê-lo e sustentá-lo nas atividades que lhe dizem respeito. Jamais se curvam sob as forças tenebrosas do mal aqueles que se entregam a Deus, a Jesus e ao bem, nas fileiras do dever a que se apegam. (*Tormentos da Obsessão*, p. 104).

◆Bom médium◆

Assim sendo, quanto mais se dedique o instrumento mediúnico ao atendimento dos espíritos obsessores e dos sofredores em geral, mais fiéis serão as suas captações em relação aos nobres mentores do mais além. Recordemos o que nos ensina Allan Kardec referindo-se ao bom médium, que não é aquele que se comunica facilmente, mas aquele que é simpático aos bons espíritos e somente deles tem assistência. Ora bem, o médium que se entrega ao ministério da caridade sob os auspícios de Jesus e guiado pelos bons espíritos, é claro que, somente deles, tem a assistência, enquanto que todos os outros que por seu intermédio se comunicam, o fazem transitoriamente, não o influenciando de forma prejudicial. (*Transtornos Psiquiátricos e Obsessivos*, p. 94).

◆Bombardeio mental◆

Essa parasitose da alma tem as suas raízes fincadas no recesso do ser e nos campos energéticos, se comunicando com as delicadas tecelagens do córtex cerebral. Acreditam os modernos neurocientistas que aproximadamente vinte bilhões de neurônios respondem pela construção do córtex cerebral. Como diariamente morrem milhares deles, ei-los naturalmente substituídos por lípides e proteínas que se encarregam de formar as membranas celulares. Esse córtex cerebral sofre alterações constantes e consegue permanecer vinculado às ramificações neurais, em constante fluxo de modificações em número e em topografia, a fim de serem mantidas as neurocomunicações.

Todos esses equipamentos são alterados por contínuos campos magnéticos que se encontram no exterior. O que desconhecem esses estudiosos diz respeito ao bombardeio mental realizado pelos adversários do encarnado, que através de ressonâncias vibratórias alteram o magnetismo dos campos extracraniamos, culminando por acelerar a morte dos neurônios e perturbar a produção das monoaminas responsáveis pelas delicadas estruturas das células, produzindo distúrbios interiores de raciocínio, de memória, de sentimentos e de comportamento. (*Transtornos Psiquiátricos e Obsessivos*, pp. 86 e 87).

◆Bondade e respeito – Terapia na obsessão◆

O principal mister deve ser o de concentrar no enfermo desencarnado as atenções, tratando-o com bondade e respeito, mesmo que não se esteja de acordo com o que se faz. Conquistar o agente infeliz para a íntima renovação, porquanto toda ação má procede sempre de quem não está bem, por mais que escamoteie e disfarce os sentimentos e o próprio estado, é o primeiro passo definitivo. (*Nas Fronteiras da Loucura*, p. 24).

◆Brechas dos trabalhadores◆

Infelizmente, muitas pessoas ainda não compreenderam a maneira saudável de comportar-se em determinados lugares onde se apresentam. Mesmo quando são membros de instituições que deveriam preservar, tornam-se palradores, movediços e inquietos, olvidando as atitudes coerentes com as propostas que ali são apresentadas. Devem se transformar em realizações edificantes. Esse comportamento faculta a intromissão de espíritos irresponsáveis e ociosos que se misturam aos encarnados, gerando intercâmbio excitante de conversações levianas que derrapam, não raro, em maledicências, acusações e vulgaridades. O local reservado para estudos e discussões relevantes deve ser preservado de algazarra, especialmente se dedicado a questões espirituais, porquanto, tendo em vista o seu significado, para ele são conduzidos espíritos necessitados de orientação e de encaminhamento, de iluminação e de paz. Caso haja o silêncio que induz ao recolhimento interior, à meditação, à prece e aos pensamentos salutares, cria-se o clima psíquico próprio e saudável para o mister a que se propõem os seus organizadores. (*Entre Dois Mundos*, p. 168).

◆C◆

◆Caminho para a felicidade◆

Todo problema deve constituir um repto ao valor moral do homem, a fim de ser solucionado. Submeter-se passivamente a qualquer conjuntura de dor, ignorância e sombra, resulta de tácita covardia moral ante a luta, na qual todos devem investir e empenhar esforços para a superação das dificuldades e para a instauração dos triunfos que produzem seres ditosos. (*Tramas do Destino*, p. 66).

◆Caminho para a felicidade - II◆

Recomece mil vezes se for necessário! Inicialmente, não pense em termos de insucesso ou queda. Quando agasalhamos receios, partimos para o combate com parte dos equipamentos de luta apresentando falhas. Todavia, se o erro surgir e o delito vencer, retome o caminho, restaure a decisão e prossiga. A estrada percorrida pelo herói tem os sinais do cansaço e das pausas de quem lhe conquistou a distância, assim como a glória do santo guarda as marcas dos momentos difíceis que este atravessou. O importante, porém, não é a forma como foi atingida a vitória, se em frangalhos ou sem danos, pois ela, em si mesma, é que vale, por propiciar a conquista almejada. O bem começa no primeiro pensamento de amor tanto quanto a marcha mais larga se inicia no primeiro passo. Comece agora, avance a cada momento. O futuro é de Deus, que nos espera com paciência e amor. (*Loucura e Obsessão*, pp. 298 e 299).

♦Características dos obsessores♦

Frustração, revide, amargura, ciúme, inveja, ódio e todo um elenco de paixões infrenes caracterizam incontáveis seres em perturbação além do corpo somático que a morte não consumiu. A sós ou em grupos submetidos a organizações cruéis ou desarvorados, prosseguem vivos e pensantes, perseguindo os propósitos infelizes que abraçam ameaçadoramente. Com certeza, contrapondo-se a essas hordas asselvajadas, pululam os recursos do amor, alcançando-as e defendendo-as umas das outras assim como às criaturas em ignorância dessa realidade teimosamente desconsiderada ou posta em plano secundário na viagem ilusória do mundo sensorial. Como consequência, recorrendo à sua situação de seres invisíveis, muitos espíritos se aproveitam para realizar conúbios perturbadores com os indivíduos invigilantes, para executar planos nefastos e recorrer a expedientes malsãos, de forma que se refestelam nas sensações que neles predominam. Dessa forma, utilizam-se dos presunçosos e inadvertidos que pretendem manter contato com eles, sem estrutura moral e sem conhecimento próprio, iniciando processos de obsessão de longo curso e onde se comprazem. Todos aqueles, portanto, que desejam manter intercâmbio com os espíritos devem se equipar com valores morais e intelectuais de modo a se precatarem contra as surpresas e ciladas que lhes podem ser apresentadas. Outrossim, buscar manter sintonia com os seus guias, capacitados para os orientar e conduzir em cometimentos de tal natureza. (*Trilhas da Libertação*, pp. 292 e 293).

♦Caridade material e caridade moral/espiritual♦

Os compromissos materiais de assistência social, na sua dinâmica de crescimento incessante, podem dificultar a livre ação moral de muitos trabalhadores honestos que se veem obrigados a fazer concessões doutrinárias e morais a fim de não perderem ajudas, valores e bens transitórios que produzem rendas e facultam socorros. Indubitavelmente, a caridade material merece consideração, carinho, dedicação e esforço de todos nós, que devemos conjugar forças para seu desiderato. Mas a caridade moral, de profundidade, e a tarefa do socorro espiritual não contabilizada nem difundida é urgentíssima, impondo-nos a necessidade de atenção e zelo. Multiplicam-se admiráveis locais de socorro humano e material, iniciados a expensas do Consolador, onde a técnica vem substituindo o amor com a saturação do serviço pelo excesso e pela repetição, gerando irritação, mal-estar e falhas nas horas do socorro moral, nos atos da paciência e humildade e nos ministérios espirituais da palavra esclarecedora e do passe reconfortante. Multiplicam-se os métodos de simplificação, ensejando frieza ao ministério, ausência de calor humano e falta de afeição espiritual ao sofredor. O tempo encolhe e a pressa lhe toma o lugar, não havendo, já, em muitas entidades, lugar nem tempo para Jesus ou para obsidiados, os ignorantes do espírito, os impertinentes, tais as preocupações, os compromissos sociais, as campanhas e os movimentos pela aquisição argentária. Sem qualquer restrição à prática da caridade material, inadiável e sempre presente a todo tempo e em qualquer lugar, a excelente caridade moral e a luminosa caridade espiritual que beneficiam o paciente e edificam o benfeitor, fortalecendo-os e alegrando-os no Senhor, com quem deverão manter fortes vínculos de perfeita comunhão interior, constituem-se em imperativo primordial e insubstituível. (*Tramas do Destino*, pp. 199 e 200).

◆Carnaval – Infestação espiritual◆

Em face dos desconcertos emocionais que os exageros festivos produzem nas criaturas menos cautelosas, há uma verdadeira infestação espiritual perturbadora da sociedade terrestre, quando legiões de espíritos infelizes, ociosos e perversos são atraídas e sincronizadas às mentes desavoradas. Nesse período, instalam-se lamentáveis obsessões coletivas que entorpecem multidões, dizimam existências e alucinam valiosos indivíduos que se vinculam a formosos projetos dignificadores. (*Entre Dois Mundos*, p. 61).

◆Carnaval – Irradiações mentais◆

A grande concentração mental de milhões de pessoas na fúria carnavalesca, as irradiações dos que participavam ativamente, enlouquecidos, e dos que, por qualquer razão, se sentiam impedidos, afetava para pior a imensa área de trevas, ao tempo em que essa influenciava os seus mantenedores por obnubilar-lhes os centros da razão ao passo em que lhes exacerbavam as ânsias do prazer exorbitante. (*Nas Fronteiras da Loucura*, p. 168).

◆Carnaval e obsessão◆

Imediatamente, vimo-nos em movimentada artéria praiana, feéricamente adornada, na qual centenas de milhares de pessoas entregavam-se ao desbordar das paixões. A música ensurdecedora atordoava a massa informe, compacta e suarenta que se agitava ao ritmo alucinante enquanto era estimulada por especialistas na técnica da agitação popular. Acurando a vista, podia perceber que, não obstante a iluminação forte, pairava uma nuvem espessa onde se agitava outra multidão, porém, de desencarnados, mesclados às criaturas terrestres de tal forma que se tornaria difícil estabelecer fronteiras delimitadoras entre uma e outra faixa de convivência. A nudez predominava em toda parte, os movimentos eróticos e sensuais dos corpos em abundante transpiração exsudavam o forte cheiro das drogas ingeridas ou injetadas, produzindo estranho e desagradável odor às nossas percepções. No pandemônio natural que se fazia, esses espíritos, perversos uns, exploradores outros, vampirizadores em número expressivo, exploravam os seus dependentes psíquicos em lamentável promiscuidade, submetendo-os a situações deploráveis e a prazeres grosseiros que nos chocavam, apesar da nossa larga experiência em relação a conúbios dessa ordem. (*Entre Dois Mundos*, p. 62).

◆Carnaval e obsessão - II◆

Como acontecera nos anos anteriores, aquela segunda-feira de carnaval convidava ao desaguar de todas as loucuras no delta das paixões da avenida em festa. Milhares de pessoas imprevidentes, estimuladas pela música frenética e pretendendo extravasar as ansiedades represadas, cediam ao império dos desejos nas torrentes da lubricidade que as enlouquecia. A delinquência abraçava o vício, urdindo as agressões, em cujas malhas se enredavam as vítimas espontâneas que se deixavam espoliar. As mentes em torpe comércio de interesses subalternos haviam produzido uma psicosfera pestilenta, da qual se nutriam vibriões psíquicos, formas-pensamento de entidades perversas, viciadas e dependentes em espetáculo pandemônico e deprimente. As duas populações – a física e a espiritual – se misturavam em perfeita sintonia, sustentando e disputando as mais largas concessões em simbiose psíquica. (*Nas Fronteiras da Loucura*, pp. 27 e 28).

◆Carnaval e obsessão - III◆

A cidade, regurgitante, era um pandemônio. A multidão de desencarnados que se misturava à mole humana em excitação dos sentidos físicos, dominava a paisagem sombria das avenidas, ruas e praças feéricamente iluminadas, mas cujas luzes não venciam a psicosfera carregada de vibrações de baixo teor. Parecia que as milhares de lâmpadas coloridas apenas bruxuleavam na noite, como ocorre quando desabam fortes tempestades. Os grupos mascarados eram acolitados por frenéticas massas de seres espirituais voluptuosos que se entregavam a desmandos e orgias lamentáveis, inconcebíveis do ponto de vista terreno. Uns magotes desenfreados atacavam os burlescos transeuntes, tentando prejudicá-los com as induções nefastas que se permitiam transmitir. Outros, compostos de verdugos que não disfarçavam as intenções, buscavam as vítimas em potencial para alijá-las do equilíbrio, dando início a processos nefandos de obsessões demoradas. Podíamos registrar que muitos fantasiados haviam obtido inspiração para as suas expressões grotescas em visitas a regiões inferiores do além, onde encontravam larga cópia de deformidades e fantasias do horror de que padeciam os seus habitantes em punição redentora a que se arrojavam espontaneamente. (*Nas Fronteiras da Loucura*, pp. 67 e 68).

♦Carnaval e obsessão - IV♦

Moléstias graves se instalam em oportunidades dessas; comportamentos morais se alteram sob o açodar dos apetites desmedidos; distúrbios afetivos surgem após tais ilusões que passam; soçobros financeiros ficam em cobranças demoradas como efeitos perniciosos da utopia. Os homens, porém, sem se darem conta da necessidade de espairecimento sem destruição da vida, da alegria sem o apelo à desordem e do prazer sem o comprometimento moral, fixam-se nas espetaculares fugas à responsabilidade, permitindo se consumirem inutilmente e alongando por largo período a frustração não atendida, a sede e a fome não saciadas. O movimento em nosso plano de ação socorrista foi contínuo. Pôde-se recolher grande número de desencarnados em lastimável estado e que, no fragor das festas, se dava conta da inutilidade dos caprichos que sustentavam, chorando copiosamente em arrependimentos sinceros e inesperados. Cansados da busca do fútil, despertavam para outros valores, recebendo imediato auxílio desde que, onde se encontram as necessidades reais, logo surge o amparo próprio distendido em atitude socorrista. (*Nas Fronteiras da Loucura*, pp. 121 e 122).

♦Carnaval – Posto de socorro espiritual♦

Pervagando pela área reservada ao posto central, pude observar que o acampamento de emergência socorrista ocupava quase toda a área da praça, ampla e agradável. Antes de serem instaladas as dependências que abrigariam os pacientes espirituais durante aqueles dias, engenheiros da nossa esfera de ação haviam tomado providências defensivas para que o ministério da caridade não sofresse danos decorrentes das invasões que se atrevem fazer os espíritos perniciosos, opositores sistemáticos de quaisquer tentativas de consolação e caridade para com as criaturas humanas. (*Nas Fronteiras da Loucura*, p. 74).

♦Carnaval – Posto de socorro espiritual - II♦

Substância ectoplásmica retirada das pessoas residentes

nas cercanias, como da Natureza, foi movimentada para a edificação do conjunto e das muralhas defensivas que renteavam internamente com as grades que resguardam o parque aprazível. Duas largas entradas situadas em posição oposta facultavam a movimentação dos que ali se sediavam. Voluntários adestrados, premunidos de recursos magnéticos, postavam-se em vigília nos portões de acesso, enquanto outros rondavam pelas fronteiras da construção, significando proteção e resistência pacífica contra o mal. Amplos barracões semelhantes a tendas revestidas de lona espalhavam-se interligados num conjunto harmonioso com equipamentos especiais para os diversos tipos de atendimento que ali seriam processados. Camas colocadas em filas duplas recebiam os desencarnados enfermos que foram arrebanhados nos três últimos dias antes de serem transferidos para o nosso plano de ação definitiva. Desde o sábado, as ocorrências inditosas tomaram corpo mais volumoso. Homicídios tresvariados, suicídios alucinados, paradas cardíacas por excesso de movimentação e exaustão de forças e desencarnação por abuso de drogas ofereciam um índice elevado de vítimas de si mesmas pela imprevidência nos dias tormentosos da patuscada irrefreável. Além desses, diversos encarnados em transe demorado recebiam socorro de urgência antes de retomarem os corpos em hospitais ou nos lares, sob a carinhosa e vigilante assistência do bem desconhecido. (*Nas Fronteiras da Loucura*, p. 75).

◆Carnaval – Psicosfera – Conúbios◆

Não obstante conhecêssemos as penosas vibrações de desconcerto psíquico em faixas de alto teor pestífero, as condensações que pairavam no ar pela densidade pastosa e escura causavam-nos mal-estar. A aspiração do nevoeiro pelos homens, sem dúvida, produzia compreensíveis transtornos emocionais a prazo mais dilatado com efeitos orgânicos. A população invisível ao olhar humano era acentuadamente maior no tresvariar das fortes sensações de que não havia se libertado com a morte. Disputavam como chacais a vampirização das vítimas inermes telecomandadas, estimulavam a sensibilidade e as libações alcoólicas, ingeriam drogas através de seus comparsas físicos, verdadeiros intermediários submissos. Dificilmente poderia distinguir se os homens eram cópias rudes das faces aberrantes dos desencarnados ou se esses os imitavam, tal a sintonia e o perfeito intercâmbio sustentado. (*Nas Fronteiras da Loucura*, p. 32).

◆Causalidade e evolução◆

Quando as criaturas assimilarem a ideia de que o mal é pior para quem o pratica, evitá-lo-ão com energia. Percebendo que no Universo não há privilégios para ninguém nem regimes especiais que distingam umas das outras pessoas, exceto na sua hierarquia moral, chegará a um período em que o bem predominará, desaparecendo pouco a pouco as chagas morais que decompõem o ser e afligem o organismo social. (*Trilhas da Libertação*, p. 155).

◆Causas da loucura◆

Loucos não são somente os que são vítimas de infecções específicas, os que têm lesões cerebrais, os que sofreram traumatismo craniano, os que padecem de tumores no cérebro, os esquizofrênicos ou outras tantas causas. Não são apenas os obsidiados por entidades desencarnadas. O enfermo mental, classificado em qualquer nomenclatura, é o espírito perseguido em si mesmo, fugitivo das leis divinas, refugiando-se numa organização psíquica que não resiste aos seus caprichos e se desborda em alucinações, até à alienação total. Muitas recordações infelizes de existências passadas podem, repentinamente, assomar à consciência atual, libertadas dos depósitos da subconsciência, criando estados patológicos muito complexos. Essas evocações podem tomar dois aspectos distintos: remorso inconsciente manifestado em forma de autopunição, buscando reparar o mal praticado, e recordação tormentosa persistente, gerando a distonia da razão e o desequilíbrio do discernimento. (*Nos Bastidores da Obsessão*, p. 134).

◆Centro espírita – Dínamo de amor◆

Uma sociedade espírita que permanece fiel aos postulados da codificação é uma colmeia de bênçãos de valor incalculável em razão dos benefícios que esparze em nome do amor. Tornando-se um fulcro central para onde convergem muitos pensamentos e expectativas de encarnados e de desencarnados, transforma-se num dínamo de alta potência que emite ondas de vibrações saudáveis em favor da comunidade onde se encontra instalada. Além dos socorros distendidos pelas mãos da caridade material, os benefícios morais e espirituais são incontáveis porque as atividades são ininterruptas. Tornando-se um santuário no qual se homenageia o Criador e cultivando a mensagem sublime de Jesus, que passa a ser hóspede em suas dependências através dos seus sábios ministros, é um reduto de paz, um oásis na aspereza desértica dos comportamentos, uma ilha de repouso no oceano tumultuado das paixões, um doce recanto de prece no turbilhão da algazarra e da volúpia dos prazeres. Muitos desencarnados, desejosos de crescer emocionalmente, rogam aos mentores dessas instituições, como de outra natureza, desde que dignas, para vincular-se às atividades que se desdobram na sua intimidade, desenvolvendo os valores da solidariedade, da compaixão e da caridade que lhes dormem latentes. À medida que aprendem as técnicas do serviço fraternal e crescem em experiência, vinculam-se por gratidão e pelas possibilidades de poderem apurar as conquistas íntimas, preparando-se para os cometimentos futuros na Terra. (*Transtornos Psiquiátricos e Obsessivos*, pp. 272 e 273).

◆Chefes das trevas◆

As organizações do mal na erraticidade, constituídas por espíritos que se autodenominam inimigos do Cordeiro, ironicamente referindo-se a Jesus, perseveram em seus programas insanos de perseguição às criaturas humanas por nímia misericórdia do Pai Criador em relação aos seus membros e participantes. Algumas, com existência multissecular, desde quando foram constituídas têm interferido em calamitosos programas bélicos, instigando com habilidade incomum nações e povos inamistosos para que deflagrem guerras cruentas, bem como indivíduos portadores de altas responsabilidades a comportamentos hediondos. Acreditando serem imbatíveis, essas entidades enfermas periodicamente sofrem baixas nos seus comandos, quando os seus chefes são recambiados ao corpo físico através das inexoráveis leis de vida, que os mergulham no denso envoltório material a fim de fruírem da oportunidade saudável para a reflexão e o despertamento para a realidade. Invariavelmente, eles volvem ao proscênio terrestre em situações deploráveis, vivenciando expiações amargas e longas, encarcerados em invólucros orgânicos que não lhes permitem comunicação com o mundo exterior, de forma que dispõem de todo o tempo para autoanalisar-se e reprogramar-se com visitas ao porvir libertador. (*Reencontro com a Vida*, pp. 261 e 262).

◆Choque anímico◆

Na comunicação física o perispírito do médium encarnado absorve parte dessa energia cristalizada, diminuindo-a no espírito, e ele, por sua vez, recebe o que chamamos de choque do fluido animal do instrumento, que tem a finalidade de abalar as camadas sucessivas das ideias absorvidas e nele condensadas. Quando um espírito de baixo teor mental se comunica, mesmo que não seja convenientemente atendido, o referido choque do fluido animal produz nele alteração vibratória, melhorando a sua condição psíquica e predispondo-o ao próximo despertamento. No caso daqueles que tiveram desencarnação violenta, como suicidas, assassinados, acidentados, vítimas de guerras etc, por serem portadores de altas doses de energia vital, descarregam parte delas no médium, que as absorve com pesadas cargas de mal-estar, de indisposição e até mesmo de pequenos distúrbios, para logo eliminá-las, beneficiando o comunicante que se sente melhor com menos penoso volume e aflições. Eis por que a mediunidade dignificada é sempre veículo de amor e caridade, porta de renovação e escada de ascensão para o seu possuidor. E por que não se realiza o diálogo, espírito-a-espírito, necessitando do médium? Porque a incorporação, em face da imantação magnética de ambos os perispíritos, impede o paciente de fugir ao esclarecimento, nele produzindo uma forma de controle que não pode evitar com facilidade. (*Trilhas da Libertação*, pp. 295 e 296).

◆Choque anímico - II◆

Do mesmo modo que o médium, pelo perispírito absorve as energias dos comunicantes espirituais que, no caso de estarem em sofrimento, perturbação ou desespero, de imediato experimentam melhora no estado geral por diminuir a carga vibratória prejudicial, a recíproca é verdadeira. Trazido o espírito rebelde ou malfazejo ao fenômeno da incorporação, o perispírito do médium transmite-lhe alta carga fluídica animal, chamemos assim, que bem comandada aturde-o, o faz quebrar algemas e mudar a maneira de pensar. E não se trata de violência, como a pessoas precipitadas podem achar. É um expediente de emergência para os auxiliar, pois que os nossos propósitos não são os de socorrer apenas as criaturas humanas sem preocupação com os seus acompanhantes espirituais. A caridade é uma estrada de duas mãos: ida e volta. Consideremos o médium como sendo um ímã e os espíritos, em determinada faixa vibratória, na condição de limalhas de ferro que sofrem a atração, e após se fixarem, permanecem, por algum tempo, com a imantação de que foram objeto. Do mesmo modo, os sofredores, atraídos pela irradiação do médium, absorvem dele a energia fluídica, com possibilidade de demorar-se por ela impregnados. Sob essa ação, a teimosia rebelde, a ostensiva maldade e o contínuo ódio diminuem, permitindo que o receio se instale no sentimento, tornando-os maleáveis às orientações e mais acessíveis à condução para o bem. Qual ocorre na Terra, com determinada súcia de poltrões ou de delinquentes, a ação da polícia inspira mais respeito do que a honorabilidade de uma personagem de consideração. (*Loucura e Obsessão*, pp. 135 e 136).

◆Choque anímico - III◆

O espírito, que descarregava suas energias de violência no médium, que as eliminava mediante sudorese viscosa abundante e fluidos escuros em quantidade, começou a sentir-se debilitado. Neste momento, a ação do perispírito do encarnado sobre ele fez-se mais forte e começou a encharcá-lo do fluido animal, que lhe constitui o envoltório e é retirado do fluido universal de cada globo, encarregado de manter o equilíbrio dos órgãos, das células e das moléculas do organismo material. Essa energia, de constituição mais densa, produzia no comunicante sensações que o angustiavam, como se lhe gerassem asfixia contínua. As forças que eram aplicadas nele pela benfeitora e a psicosfera geral incidiam sobre ele de forma desagradável, demonstrando o limite da própria vontade e a debilidade de meios para prosseguir no alucinado projeto do mal a que se afervorava. (*Loucura e Obsessão*, p. 142).

◆Choque anímico e recordações do passado◆

O choque anímico decorrente da psicofonia controlada debilitou-o, fazendo-o adormecer por largo período. Não era, todavia, um sono repousante, senão o desencadear das reminiscências desagradáveis impressas no inconsciente profundo, que ele vitalizava com o descontrole das paixões inferiores exacerbadas. Sonhava, naquele momento, com os acontecimentos passados. O ódio era para ele um comportamento agora habitual, sem que procurasse lógica diante das causas. Enfurecido pela frustração, deixava-se consumir. Aquele estado, no entanto, fora previsto pelo mentor ao conduzi-lo à psicofonia, de modo a produzir uma catarse inconsciente com vistas à futura liberação psicoterápica que estava programada. (*Nas Fronteiras da Loucura*, pp. 226 e 227).

◆Cidades do mundo espiritual◆

Pululam, desse modo, no orbe terrestre e à sua volta cidades e conglomerados com instituições e hábitos humanos, às vezes tão semelhantes que um observador menos atento suporia encontrar-se na Terra, em agregados infelizes ou sítios pestilenciais onde a miséria moral e o descalabro fazem morada. Atraídos magneticamente e em razão das afinidades morais e comportamentais, os maus são recebidos pelos seus semelhantes, que se rejubilam, enquanto aqueles que se permitiram vinculação com os exploradores psíquicos nos tormentosos fenômenos obsessivos, prosseguem em hebetação até quando lhes ilumina o discernimento e optam pelo despertar e transferência para núcleos de refazimento e de paz. Não há qualquer tipo de violência nas leis de Deus, nem ocorrências milagrosas que transfiram para regiões ditosas os espíritos que se acumpliciaram com o crime e a hediondez ou preferiram a ignorância e o desrespeito aos códigos dos deveres. (*Reencontro com a Vida*, pp. 104 e 105).

◆Cidades do mundo espiritual - II◆

Compreensivelmente, o mundo espiritual apresenta-se, em variado aspecto, quase infinito de graduação qual ocorre na Terra se examinadas as comunidades onde enxameiam a desnutrição, as enfermidades epidêmicas, as doenças cerebrais e neurológicas dilaceradoras, os distúrbios mentais, passando pelas vilas mais bem ordenadas e cidades com as suas infra-estruturas proporcionadoras de higiene e saúde, até alcançarem as megalópoles, nas quais a tecnologia avançada conseguiu realizar antes inimagináveis edificações ricas de conforto, bem-estar e beleza. A diferença básica ressalta nos seus habitantes, que diferentemente dos atormentados que se movimentam ao lado dos pacíficos, dos criminosos que andam misturados aos honrados na azáfama e balbúrdia, no trânsito perturbador e na disputa pela conquista de destaque social ilusório, encontram-se em refazimento e em paz, experimentando a harmonia e o equilíbrio, o respeito e a amizade sinceros, confraternizando uns com os outros, deixando que a truculência e o desajuste permaneçam temporariamente apenas nas áreas reservadas ao socorro que lhes é necessário, que ali são hospedados para conveniente atendimento e orientação no momento próprio. (*Reencontro com a Vida*, p. 105).

◆Ciência e obsessão◆

No báratro das pertubações que inquietam o homem moderdo, a alienação obsessiva ocupa lugar de relevo. Estigmatizados por inenarráveis tormentos íntimos que procedem dos refolhos da alma, os obsidiados por espíritos têm padecido lamentável abandono por parte dos repeitáveis estudiosos das ciências da mente que, aferrados a vigoroso materialismo, negam drasticamente a interferência dos desencarnados – na condição de personalidades intrusas – na etiopatogenia de algumas enfermidades mentais. (*Grilhões Partidos*, p. 9).

◆Ciência e obsessão - II◆

A ciência médica ainda se depara com grandes dificuldades para a constatação e terapia apropriada para esse terrível conflito do espírito por avaliar somente o ser fisiológico, enquanto desconsidera aquele que é real. O nosso esforço atual consiste em chamar a atenção dos estudiosos da Psiquiatria para que aprofundem o bisturi da investigação na psicogênese dos distúrbios mentais e comportamentais até alcançarem a alma encarcerada no corpo físico. É o que vimos fazendo nesta clínica, rompendo as comportas do classicismo acadêmico de forma que sejam gerados espaços para os valiosos contributos espirituais. (*Entre Dois Mundos*, p. 134).

◆Ciências psíquicas◆

Felizmente, os missionários do bem nas ciências mentais ampliam o elenco de terapias oportunas, incluindo o amor, o respeito pelo paciente e pela sua dignidade, envolvendo-o em compreensão e bondade, sacerdotes que são da saúde, irmãos gentis do sofrimento. Ao mesmo tempo, a extraordinária contribuição da doutrina espírita em favor dos seres humanos faculta a compreensão dos fatores causais dos sofrimentos, particularmente das problemáticas mentais, emocionais e comportamentais, esclarecendo quem é o enfermo, as razões pelas quais se encontra em padecimento, assim como as interferências dos parceiros de ontem, ora revoltados e transformados em inimigos em acerbas lutas de vingança e odiosidade. Unindo as duas doutrinas – a da mente e a espiritual –, torna-se muito mais fácil entender o doente e a doença, compreendendo que essa última somente existe por causa do primeiro ser delinquente. (*Transtornos Psiquiátricos e Obsessivos*, p. 11).

♦Ciladas para os trabalhadores♦

Ciladas são propostas por adversários inescrupulosos e a sordidez das paixões, que ainda predomina na natureza humana, gera dificuldades de difícil superação, tentando imobilizar aqueles que se afeiçoam ao bom combate. Vícios que remanescem no comportamento ressumam, arbitrariamente, e provocam desassossegos, constituindo inimigos severos do progresso. Interferências psíquicas negativas que procedem da erraticidade inferior alteram a visão dos acontecimentos, propelindo desventuras e insatisfações. No entanto, não faltam a inspiração contínua dos mensageiros do bem, os convites da Natureza à harmonia, a dádiva dos amigos afetuosos, a Tua ajuda serena! (*Trilhas da Libertação*, p. 119).

♦Ciladas das trevas e a oração♦

No que diz respeito aos comportamentos arbitrários e delituosos, ocorre, não poucas vezes, que o paciente desperte para a necessidade de elevação e busque deslindar-se dos atrativos grosseiros a que se imana no psiquismo dos espíritos que o exploram. Estes, sentindo-se despojados do seu clima alimentador, agora em outra vibração, promovem situações perturbadoras, elaboram planos audaciosos para comprometer a vítima a fim de continuarem no predomínio sobre os ideais novos em fase de fixação, conservando-a em submissão. Ciladas bem urdidas são programadas, enquanto acicatam os desejos e intentam assenhorear novamente o pensamento a fim de trazê-la de volta ao estágio anterior. E quando não conseguem de imediato, cegam-se pelo ódio e planejam a sua eliminação, tornando-se adversário inclemente. Acostumados ao alimento mental que os sustentava, desarvoram-se e sofrem a ausência de nutrição. Não podendo desfrutar mais dos fluidos grosseiros, pensam em interromper a existência corporal, como se estivessem acima do bem e do mal, permitindo-se realizar todas as alucinações que lhes aprazem. Olvidam-se de Deus, que subestimam, e redobram as investidas objetivando cansar, desanimar, desviar da senda e vencer. É nesse momento que o recurso da prece constitui terapia valiosa e indispensável, de modo a desviar o pensamento das baixas vibrações e alçá-lo em direção oposta, alcançando os núcleos de renovação e de progresso. (*Reencontro com a Vida*, pp. 170 e 171).

♦Círculo vicioso♦

O homem marcha na Terra como nos círculos espirituais mais próximos, ignorando ou teimando desconhecer a sua realidade como ser imortal, espírito eterno que é em processo de ascensão. Dando preferência à sensação, na qual se demora espontaneamente em detrimento das emoções enobrecidas, jugula-se à dependência do prazer, cristalizando as suas aspirações no gozo imediato e retendo-se nas faixas punitivas do processo evolutivo. Face a tal comportamento, reencarna e desencarna por automatismo sob lamentáveis condições de perturbação, perplexidade e interdependência psíquica. As obsessões que atravessam decênios sucedem-se. O algoz de hoje, ao reencarnar, torna-se a vítima que, por sua vez, mais tarde dá curso ao processo infeliz até quando as soberanas leis interferem com decisão. (*Trilhas da Libertação*, pp. 102 e 103).

♦Comodismo de médiuns♦

É comum ouvir médiuns dizerem ser muito sensíveis e por isso evitarem visitar enfermos, hospitais, presídios, porque logo se impregnam das energias deletérias que lá se encontram, passando a afligi-los. Trata-se de um conceito falso e comodista. Ao invés de deixar-se impregnar por esses fluidos pestilentos, seria ideal que se equipassem de amor aos infelizes e se preparassem para os socorrer, porquanto, o amor em ação oferece recursos hábeis para a superação de quaisquer contágios dessa natureza, já que o sentimento solidário sempre robustece aquele que o desenvolve, imunizando-o contra contaminações. (*Transtornos Psiquiátricos e Obsessivos*, p. 68).

◆Comportamento dos encarnados ante os que desencarnam◆

A recordação do instante da morte que os aflige, pelo quanto de inusitado se afigura, é sustentada pelos seres queridos que se prendem às lembranças obrigando-os a reviver o que já poderia ter amortecido em suas memórias. (*Nas Fronteiras da Loucura*, p. 157).

◆Comportamento dos médiuns após o trabalho◆

Estamos diante de um grupo mediúnico de desobsessão, portador de qualidades superiores graças ao conhecimento espírita de que os seus membros se fazem possuidores, assim como à sua dedicação natural ao bem. Apesar disso, recordemos que as cadeias carnais são muito fortes, criando determinados impedimentos para uma dedicação maior. Passadas as emoções que a reunião propicia quando diversos retornam às atividades comuns, são absorvidos por outras áreas de interesses, deslocando-se mentalmente e buscando o leito quase sempre sob as impressões penosas, excitantes ou desagradáveis que os tomam. Em casos dessa natureza, não se deslocam facilmente do corpo, mesmo quando sob nossas induções, debatendo-se nas urdiduras mentais que trouxeram para o repouso. Seria ideal que os cooperadores encarnados, após o encerramento dos trabalhos mediúnicos, se mantivessem, quanto possível, no clima psíquico que fruíram durante a reunião, meditando sobre o que ouviram, digerindo mentalmente as comunicações, incorporando aos hábitos as lições recebidas e orando. Tal atitude, que será sempre de alto alcance positivo, ajudará a contribuir para que se melhorem moralmente por prosseguirem em ação edificante e aprendizagem no desdobramento que os compromissos espirituais a todos nos facultam. (*Nas Fronteiras da Loucura*, p. 235).

◆Comportamento psicofísico◆

A causalidade do comportamento psicofísico do indivíduo encontra-se no ser espiritual, artífice da existência corpórea que conduz os fatores básicos da felicidade como da desdita, que decorrem das suas experiências ditosas ou desventuradas, responsáveis pela energia saudável ou não que lhe constitui o organismo, bem como pela vontade ajustada ou descontrolada que lhe assinala o psiquismo. (*Trilhas da Libertação*, p. 15).

◆Compromisso dos médiuns◆

Os médiuns têm por compromisso primordial o atendimento à dor onde e como se apresente, vivenciando o amor e jamais descuidando da caridade moral e espiritual para com os infelizes que somos quase todos nós, de alguma sorte. A jactância, a presunção e a frivolidade de alguns, que se acreditam em estágio superior de realização, levam-nos ao ridículo, à perturbação e ao conúbio com espíritos de igual jaez que deles se acercam e terminam por envolvê-los nas suas teias perigosas em que os colhem e aprisionam. (*Transtornos Psiquiátricos e Obsessivos*, p. 63).

◆Comunidades das trevas◆

Considerando a periculosidade dessas comunidades inditosas do além-túmulo, Jesus recomendou aos discípulos de todos os tempos que vigiassem orando a fim de não tombar nas armadilhas perigosas e nas suas insinuações infelizes. Nutrindo-se das emanações psíquicas acumuladas nas regiões inferiores onde habitam e das criaturas que caem nas malhas bem trabalhadas da infâmia, atrevem-se a desafiar, na sua insanidade, o Mestre Jesus e o próprio Criador. Não permanecerão, no entanto, eternamente nos seus propósitos inferiores, por mais que exijam na continuação do comércio de exploração humana. Momento chegará, e não muito tardio, em que o Senhor chamará todos do Seu rebanho, ao qual eles também pertencem, dissolvendo as suas comunidades inditosas e ensejando o recomeço, a renovação e a busca da felicidade conforme as necessidades de cada qual. (*Reencontro com a Vida*, pp. 263 e 264).

◆Condicionamentos◆

O processo de autoconscientização do indivíduo é resultado de um vigoroso e contínuo empenho, após tomada a decisão de alcançar a auto-iluminação e da vontade empregada para consegui-la. Transitando por níveis diversos de consciência, nos quais são adquiridos novos valores ético-morais, o espírito arquiva nos alicerces da memória – o seu inconsciente individual – as experiências que vivenciou, detendo-se naquelas que lhe resultaram mais enriquecedoras e fixando-as com maior veemência. Da mesma forma, são registradas também e mais facilmente as atividades que mais se repetiram, mesmo que viciosas e perturbadoras, produzindo condicionamentos poderosos que se imporão na conduta por ocasião de novos cometimentos humanos. Em razão desse fenômeno, ressumam nas diferentes reencarnações esses substratos, que emergem em forma de hábitos e costumes impositivos, que somente a educação moral e o exercício racional de novos anseios conseguem superar. (*Reencontro com a Vida*, p. 223).

◆Conduta dos médiuns◆

Há muitos médiuns enganados e enganadores neste momento tortuoso do mundo que, ao invés de moralmente se disciplinarem, justificam a conduta irregular, dissociando o medianeiro da pessoa e alegando que, após a desincumbência do ministério, são criaturas iguais às demais, portanto com os mesmos direitos, especialmente na conturbada expressão sexual. Não discrepamos quanto aos direitos dos médiuns ou de outras pessoas, porém não podemos nos esquecer dos seus deveres de homens e mulheres probos, com responsabilidades no campo espiritual que não podem ser conduzidas com ligeireza moral ou leviandade. A conduta mental e física é muito importante, seja de quem for, porquanto é através dela que se mantém a sintonia com os espíritos, conforme também ocorre entre os homens na esfera social. Quem conhece a verdade assina compromisso com ela, e todo aquele que se identifica com os postulados da imortalidade deve viver de forma consentânea com essa crença, ou, do contrário, a sua é uma aceitação falsa, destituída de fundamento e legitimidade. (*Trilhas da Libertação*, p. 47).

♦Conduta dos trabalhadores♦

Em todo problema de desobsessão há que considerar o espírito sofredor que provoca sofrimento e levar em conta os recursos éticos do doutrinador ao lado da sua conduta espírita, isto é, sua responsabilidade moral. Conduta e responsabilidade, essas que são essenciais na tarefa do doutrinar, porquanto a instrução que não se faz acompanhar do exemplo não possui a tônica da verdade. Sem dúvida, o mérito do próprio obsedado, as possibilidades que podem oferecer a ele com o retorno da saúde, no sentido de libertar-se da obsessão, constituem também pontos favoráveis para desatar o enfermo das amarras com o delito passado, de cuja cobrança o desencarnado se faz infeliz intermediário. Todavia, nas atuais realizações dos templos espíritas que se transformam em hospitais-escolas na Terra para encarnados e desencarnados, a densa população dos ali residentes do lado de cá acompanha a lealdade do ensino quando incorporado ou não ao *modus vivendi* ou *modus operandi* dos médiuns, dos doutrinadores e dos diretores das casas. Palavras belas e sonantes e conceitos elevados são de fácil aquisição em muitos lugares. A excelência, porém, de uma ideia, de uma convicção e da religião se constata pelo número daqueles que foram modificados, que se transformaram e que se deram à sua realidade. (*Nos Bastidores da Obsessão*, p. 224).

♦Conduta mental e patologias♦

Em razão da conduta mental, as células são estimuladas ou bombardeadas pelos fluxos dos interesses que lhe apraz, promovendo a saúde ou dando gênese aos desequilíbrios que decorrem da desarmonia, quando essas unidades em estado de mitose degeneram, oferecendo campo às bactérias patológicas que se instalam vencendo os fatores imunológicos, desativados ou enfraquecidos pelas ondas contínuas de mau humor, pessimismo, revolta, ódio, ciúme, lubricidade e viciações de qualquer natureza que se transformam em poderosos agentes da perturbação e do sofrimento. (*Painéis da Obsessão*, p. 8).

♦Conhecimento espírita♦

O discernimento que nos é propiciado pelo conhecimento do espiritismo contribui expressivamente para que o amor não se entibie nem se fascine, mantendo-se neutro e justo em todas as circunstâncias, de modo a ajudarmos as vítimas atuais e aquelas que padecem desde ontem. (*Transtornos Psiquiátricos e Obsessivos*, p. 170).

♦Consciência♦

A consciência é departamento do espírito e onde estão escritos os deveres do ser humano em relação a si mesmo, ao seu próximo e a Deus. Silenciosamente, vão sendo arquivados os pensamentos, as palavras e as ações que dão vida a formas fluídicas elaboradas pelas ideias e vivificadas pela intensidade de energia de que se constituem, emitidas pelas fixações adotadas. Tanto ocorre na esfera das paixões asselvajadas como nas abençoadas expressões de sublimação, dando lugar a construções sublimes que irão constituir campo vibratório para onde se rumará após a desencarnação. Conforme se pense, advirá a edificação do céu ou do inferno pertinente à qualidade de onda emitida. (*Reencontro com a Vida*, pp. 161 e 162).

♦Consciência culpada♦

Sabemos que o perdão de uma dívida não isenta o seu responsável da regularização através de uma outra forma. Quem perdoa fica bem, porém o desculpado permanece em débito perante a economia da vida. Cumpre passar adiante o que recebeu, auxiliando a outrem conforme foi ajudado. Assim, no caso em tela, a consciência de culpa do devedor faz um mecanismo de remorso que se transforma em desajuste da energia vitalizadora, que passa a sofrer os petardos e termina por produzir, como não desconhecemos, a auto-obsessão ou engendra quadros de alienação mental conhecidos da psicopatologia sob denominações variadas. A consciência culpada do espírito que se arrepende do mal que praticou mas não se reabilita emite vibrações perniciosas que o perispírito encaminha ao cérebro, perturbando suas funções. A terapia, no caso, será autoreparadora, concitando o paciente a refazer o caminho, a dedicar-se à ação do bem possível e trabalhar moralmente reajustando-se à tranquilidade da recuperação. (*Trilhas da Libertação*, p. 28).

◆Consciência culpada - II◆

A consciência individual representando, de algum modo, a consciência cósmica, não se poupa quando se descobre em delito após a liberação da forma física, engendrando mecanismos de autoreparação ou que são impostos pelos sofrimentos advindos da estância do além-túmulo. Afetando o equilíbrio da energia espiritual que constitui o ser eterno, a consciência individual imprime nas engrenagens do perispírito os remorsos, as turbações, os recalques e os conflitos que perturbarão os centros do sistema nervoso e cerebral, bem como os seus equipamentos mais delicados, mediante altas cargas de emoção descontrolada que danificam o complexo orgânico e emocional. Noutras vezes, desejando fugir à sanha dos inimigos, o espírito busca o corpo como um refúgio no qual se esconde, bloqueando os centros da lucidez e da afetividade que respondem com indiferença e insensibilidade ao paciente de tal natureza. (*Loucura e Obsessão*, p. 49).

◆Consciência culpada - III◆

Problemas de graves mutilações e deficiências, enfermidades irreversíveis surgem como efeitos da culpa guardada no campo da consciência em forma de arrependimentos tardios pelas ações nefastas antes praticadas. Neste capítulo, o das culpas, origina-se o fator casual para a injunção obsessiva. Daí só existem obsidiados porque há dividas a resgatar. A obsessão resulta de um conúbio por afinidade de ambos os parceiros. A culpa, consciente ou inconscientemente instalada no domicílio mental, emite ondas que sintonizam com inteligências doentias, habilitando-as a intercâmbios mórbidos. No caso específico das obsessões entre encarnados e desencarnados, estes últimos, identificando a irradiação enfermiça do devedor porque são também infelizes, iniciam o cerco ao adversário pretérito através de imagens, mediante as quais se fazem notados, não necessitando de palavras para serem percebidos e se insinuando com insistência até estabelecerem o intercâmbio que passam a comandar. (*Painéis da Obsessão*, p. 9).

◆Consciência culpada - IV◆

Sabemos que em todo processo de obsessão estão presentes dois enfermos em pugna de desequilíbrio. De igual forma, não ignoramos que a obsessão se torna possível graças à ação do agente no campo perispiritual do paciente. A consciência de culpa do hospedeiro desarticula o campo vibratório que o defende do exterior e nessa área deficiente, por sintonia, fixa-se a indução perturbadora do hóspede. A essa consciência de culpa chamaremos matriz, que facultará o acoplamento do plugue mental do adversário. Não raro, a força de atração da matriz é tão intensa, por necessidade de reparação moral do endividado, que atrai o seu opsitor espiritual, iniciando o processo alienador. Em outras ocasiões, quando a culpa é de menor intensidade, o cobrador sitia a usina mental do futuro hospedeiro, que termina por aceitar a inspiração perniciosa, tendo início o intercâmbio telepático que romperá o campo de defesa, facultando, assim, a instalação da parasitose. Esta, graças à sua intensidade, através do perispírito se alojará na mente, gerando alucinações, pavores, insatisfação, manias, exacerbação do ânimo ou depressão, ou se refletirá no órgão que tenha deficiência funcional pelo assimilar das energias destrutivas que lhe são direcionadas e absorvidas. (*Trilhas da Libertação*, p. 25).

◆Consciência culpada - V◆

A consciência de culpa se esconde nos refolhos da memória, embora não identifique o fator causal responsável pela insegurança e sofrimento. Esse transtorno psicológico, portanto, tem sempre as suas raízes fincadas nas atitudes que o espírito se permitiu e das quais não conseguiu libertar-se porque tem conhecimento de que não deveria tê-las praticado. Dessa forma, quando, na erraticidade, padece os conflitos que acumulou após a prática do ato perverso e não se facultou reabilitação moral, através da reparação junto ao ofendido ou em relação à sociedade que poderia auxiliar no seu processo de evolução espiritual. (*Reencontro com a Vida*, p. 184).

◆Construções mentais◆

As construções mentais dessa natureza apresentam-se muito fáceis de consolidação em face do teor vibratório daqueles que as operam, perfeitamente compatíveis com os campos de energia que envolvem o planeta. Após contínuas emissões de pensamento, como ocorre em todas as áreas de procedimentos mentais, vão condensando as substâncias que se transformam em material para essa finalidade. Como podem se sobrepor às edificações materiais sem qualquer impedimento, em área próxima desta sala encontra-se o reduto-pouso desses irmãos gravemente enfermos. (*Transtornos Psiquiátricos e Obsessivos*, pp. 91 e 92).

◆Contato físico com os médiuns◆

Deve-se respeitar sempre o médium, evitando abraços e toques, controles manuais e seguranças que podem transformar-se, embora sem que se deseje de imediato em recurso perturbador de natureza física. Quando se reúnem pessoas evangelizadas ou em processo de evangelização para servir, atraindo os espíritos benfeitores, os recursos de proteção e de apoio procedem do Alto e são aplicados com sabedoria, sem alarde nem correrias ou vexames. Educar as forças mentais constitui, desse modo, um dever de todos, especialmente daqueles que se dedicam aos misteres mediúnicos da desobsessão. (*Transtornos Psiquiátricos e Obsessivos*, p. 102).

◆Continuidade dos trabalhos após as sessões◆

Após a reunião de assistência aos obsidiados, quando as operações de socorro aos perseguidores atendidos chegavam a termo graças à remoção de alguns a hospitais especializados em colônias do nosso plano, enfermeiros e assistentes prestimosos prosseguiram dispensando necessária cooperação no templo espírita, onde ficariam em regime de hospedagem diversos outros sofredores carecentes de diretriz e medicação próprias. (*Grilhões Partidos*, p. 111).

♦Continuidade dos trabalhos após as sessões - II♦

Observávamos que terminada a atividade física que fora preparada com cuidados especiais, prosseguiam os labores febricitantes de atendimento e socorro espiritual. As entidades que se comunicaram deveriam ser removidas para instituições competentes na erraticidade, dando continuidade à terapia que se iniciara durante a psicofonia atormentada. Outras requeriam cuidados específicos e outras tantas necessitavam receber auxílio próprio para os seus casos particulares. Qual sucede em um hospital terrestre, são variáveis as técnicas de socorro para a clientela, tendo em conta a imensa complexidade e diversidade dos problemas de saúde. (*Trilhas da Libertação*, p. 293).

♦Controle do obsessor pelo médium♦

Ao contato mais direto da entidade, o sensitivo recebeu mais forte descarga fluídica e estremeceu. Psiquicamente, o instrutor despertou, por efeito de indução mental, Ricardo, que estranhou o que se passava. Após olhar ao derredor assustado, o espírito pareceu sentir-se em desconforto. Obsidiando Julinda, a sua era uma ação que ele provocava ao próprio talante, enquanto que, imantado a um médium educado psiquicamente, se sentia parcialmente tolhido, com os movimentos limitados, e por utilizar os recursos da mediunidade, recebia, por sua vez, as vibrações do encarnado que, de alguma forma, exercia influência sobre ele. (*Nas Fronteiras da Loucura*, p. 222).

♦Controle do obsessor pelo médium - II♦

Na mediunidade educada, mesmo em estado sonambúlico, o espírito encarnado exerce vigilância sobre o comunicante, não permitindo exorbitar, desde que o perispírito daquele é o veículo pelo qual o desencarnado se utiliza dos recursos necessários à exteriorização dos sentimentos. Num médium espírita como Jonas, vigilante e em sintonia com os diretores espirituais da reunião, os atos de violência e vulgaridade não têm curso. Quando fatos infelizes de porte sucederem, o médium é co-responsável, o grupo necessita de reestruturação e a atividade não tem suporte doutrinário nem moral evangélica. (*Nas Fronteiras da Loucura*, pp. 223 e 224).

◆Controle mental dos obsessores◆

A mente que se fixa sobre outra, sendo portadora de carga predominante, sobrepor-se-á, passando ao comando. A energia deletéria de que se constitui bloqueará o campo de equilíbrio da vítima ou a destroçará, forçando a instalação de germes e vírus destruidores ou transmitindo, em outros casos, os sintomas das enfermidades que levaram o hospedeiro à desencarnação, atacando o órgão correspondente e contaminando-o com a mesma doença. Essas obsessões físicas muitas vezes tomam corpo mais amplo e vigoroso em processos de cegueira, mudez, surdez e paralisias diversas por interferência de onda mental prevalecente sobre o corpo debilitado. Nos inúmeros atendimentos terapêuticos realizados por Jesus, encontramos este tipo de ação perniciosa e os narradores evangélicos expressam que Ele destravou a língua, abriu os olhos fechados e os ouvidos, desenovelou as pernas impedidas, liberou da constrição dominadora das forças que subjugavam os doentes e os infelicitaram. (*Trilhas da Libertação*, pp. 33 e 34).

◆Conversas inúteis entre trabalhadores◆

Numa obra na qual se movimentam muitas necessidades, a recreação é conseguida mediante a renovação das tarefas sem desperdício de tempo nem demorados encontros de conversações destituídas de utilidade, nas quais medram a frivolidade, a insensatez, a censura e o despautério. O interesse geral deve concentrar-se no bem de todos, ao invés das conveniências de alguns, no aprimoramento de cada um com o objetivo de iluminação coletiva, ao revés do relacionamento das falhas alheias, no socorro aos menos aptos e não no afastamento daqueles que têm necessidades, nem no cerco agradável quão discriminatório em relação aos pobres a favor dos afortunados, socialmente bem projetados. (*Painéis da Obsessão*, p. 219).

◆Coragem do trabalhador espírita◆

O médico não teme o contágio do enfermo porque sabe defender-se; o sábio não receia o ignorante porque pode esclarecê-lo. Ora, o espírita realmente consciente que não se apoia em mecanismos desculpistas, enfrenta as vibrações de teor baixo, armado do escudo da caridade e protegido pela superior inspiração que haure na prece, partindo para o serviço no lugar em que se faz necessário, onde dele precisam. (*Nas Fronteiras da Loucura*, p. 154).

◆Crianças e obsessão◆

Não desconhecemos que a obsessão na infância tem um caráter expiatório como efeito de ações danosas de curso mais grave. Não obstante, os recursos terapêuticos ministrados ao adulto serão aplicados ao enfermo infantil com mais intensa contribuição dos passes e da água fluidificada, da bioenergia bem como da proteção amorosa e paciente, usando a oração e a doutrinação indireta ao agente agressor, a psicoterapia e, por fim, o atendimento desobsessivo mediante o concurso psicofônico quando for possível atrair o hóspede à comunicação mediúnica de conversação direta. A visão do espiritismo em relação à criança obsidiada é holística, pois que não a dissocia, na sua forma atual, do adulto de ontem quando contraiu o débito. Ele ensina que infantil é somente o corpo, já que o espírito possui uma diferente idade cronológica, nada correspondente à da matéria. Além disso, propõe que se cuide não só da saúde imediata, mas, sobretudo, da disposição para toda uma existência saudável que proporcionará uma reencarnação vitoriosa, o que equivale dizer rica de experiências iluminativas e libertadoras. Adimos a terapia do amor dos pais e demais familiares, igualmente envolvidos no drama que afeta a criança. (*Trilhas da Libertação*, p. 27).

◆Cruz – Símbolo de libertação◆

Toda cruz é símbolo de libertação. As duas traves que se conjugam hoje para o sacrifício convertem-se depois em asas para a ascensão vitoriosa. (*Tramas do Destino*, p. 145).

◆Cuidado dos mentores com os médiuns◆

O mentor que se exercitara com acendrado amor no ministério de socorro aos infelizes mais infelizes, mantinha-se calmo, agindo com segurança, de modo que a comunicação de espírito a espírito ocorresse sem danos para o trabalhador encarnado, portador de excelentes qualidades de sacrifício pessoal. (*Nas Fronteiras da Loucura*, p. 242).

◆Cuidados necessários para os médiuns◆

Precatem-se, portanto, aqueles que aspiram pela felicidade e por alcançar êxito nos empreendimentos que realizam com os recursos da oração, da paciência e do trabalho elevado, a fim de manter o pensamento em faixa superior de reflexões e evitando, desse modo, ser alcançados pelos petardos mentais e hipnoses dos seus comparsas de ontem, hoje investidos de propósitos doentios e vingativos. (*Tormentos da Obsessão*, p. 133).

◆Culpa – Recursos para liberação◆

O ensinamento de Jesus é de grande significação terapêutica quando propõe àquele que se encontra em débito com o seu próximo, conclamando-o a que vá fazer as pazes com ele antes de depositar a sua oferenda no altar, porque é mais importante a conquista do equilíbrio interior e da consciência de harmonia do que a exaltação ao Senhor da vida sem respeito pela Sua criação, particularmente em relação àquele que é o seu irmão. Solicitar desculpas quando se erra, identificar o equívoco e reabilitar-se com naturalidade, contribuir em favor dos ideais de desenvolvimento da sociedade, trabalhar em cooperação com as obras edificantes, tornam-se recursos valiosos para a liberação da culpa decorrente dos processos equivocados que todos vivenciam durante a jornada carnal. (*Reencontro com a Vida*, p. 187).

◆Culpa e sintonia◆

Observemos aquele irmão enfermo – e apontou um jovem desfigurado com o olhar fixo além do mundo das formas, sob a ação nefasta de uma jovem desencarnada a quem infelicitou através da leviandade que lhe é conduta normal, abusando-a sexualmente e depois abandonando-a ao próprio destino. Sem que o esquecesse, deixou-se finar pela amargura e ressentimento, falecendo em deplorável estado emocional. Nem sequer se deu conta do processo irreversível que a trouxe ao mundo espiritual e, porque a sua mente estiva ligada àquele que a desrespeitou, foi atraída automaticamente a ele. Digamos que, possuidor da culpa, uma tomada psíquica se insculpiu e ela, de um plug decorrente do sofrimento que lhe foi imposto, logo o identificou e passou a transmitir-lhe sentimentos e pensamentos desordenados de revolta e mágoa que ele foi absorvendo, fazendo um quadro depressivo ao largo do tempo, agora avançando para mais grave transtorno. O remorso, a culpa, a revolta e o desejo de vingança entre ambos misturam-se e fixam-se numa ideia única, a ambos mais afligindo e infelicitando. (*Transtornos Psiquiátricos e Obsessivos*, pp. 202 e 203).

◆Culpa e sofrimento◆

Sofrer pelo simples fato de sofrer torna-se fenômeno inócuo no processo de crescimento espiritual. Todo sofrimento deve se fazer acompanhar de resultados opimos, aqueles que amadurecem o ser e que lhe ampliam os horizontes do entendimento, proporcionando serviço edificante, processo eficaz para contribuição em favor da humanidade que prossegue carente de entendimento, afeto e ajuda para o seu desenvolvimento ético e moral. O espírito cresce interiormente iluminando a consciência com as diretrizes do dever que lhe constitui o estímulo para desenvolver as aptidões internas, remanescentes das concessões do Criador e que lhe cumpre vivenciar a fim de que se fixem como mecanismo de evolução. Dessa maneira, a culpa é uma presença que deve ser removida logo que possível a fim de que não se responsabilize por danos emocionais que devem ser evitados. À semelhança de um espinho cravado nas carnes da alma, exerce uma função de advertência ao invés de uma presença punitiva, de forma que se desincumbindo do mister a que se destina, seja retirada da consciência que deve se abrir à alegria da recuperação mental, colocando-se a serviço das aquisições de novas bênçãos. (*Reencontro com a Vida*, pp. 184 e 185).

◆Cura da alma◆

A caridade das curas do corpo é de grande relevância, mas o nosso compromisso é com a saúde espiritual das criaturas. O nosso é o programa de iluminação das consciências a fim de que não nos divorciemos da atividade primeira que é a transformação moral dos homens para melhor, permanecendo nos socorros aos efeitos da inadvertência, da desordem e do desrespeito às leis soberanas da vida. Quem desejar cooperar conosco sob a égide de Jesus, que também curava mas não se detinha nesse exclusivo mister, fa-lo-á através do programa da caridade plena sem qualquer retribuição, direta ou indiretamente. Amando todos, não teremos exceções nem exclusivismos. Avançamos para os níveis elevados de libertação e a nossa é a conquista dos altiplanos íntimos e nobres da vida. (*Trilhas da Libertação*, p. 69).

◆Cura psíquica◆

Por isso ocorrem os transtornos psiquiátricos, psicológicos e obsessivos, cada dia mais numerosos em alerta claro quanto insofismável para todas as criaturas. Expressam-se em alienações mentais, em transtornos emocionais e em obsessões puras e simples, se agravando quando se mesclam as problemáticas fisiológicas e psíquicas com as espirituais, complicando o quadro da psicopatologia difícil de ser erradicada. Em todas elas o paciente desempenha um papel relevante, sendo a sua cura o resultado de imprescindível contribuição pessoal ao lado da assistência que deve receber tanto a especializada quanto a afetiva dos familiares e amigos aos quais se encontra vinculado. (*Transtornos Psiquiátricos e Obsessivos*, p. 10).

♦Cura verdadeira♦

Ninguém se engane! O obsessor pode mudar de opinião e partir para cuidar de si mesmo. Isso, porém, não implica a cura do obsidiado. Ele terá que realizar o seu trabalho de aprimoramento moral a fim de conseguir a cura verdadeira. (*Reencontro com a Vida*, p. 257).

♦Curas espirituais♦

A função da mediunidade não é de promover curas, como arbitrariamente supõem e pretendem alguns desconhecedores da missão do espiritismo na Terra. Fossem eles vinculados à doutrina seria incompreensível tal comportamento. Entretanto, em uma sociedade espírita, a tarefa primacial é a de iluminação da consciência ante a realidade da vida, seus fins e sua melhor maneira de agir, preparando os indivíduos para a libertação do jugo da ignorância, a grande geradora de males incontáveis. Apesar disso, o amor de Deus permite que nós também, os desencarnados, procuremos auxiliar as criaturas humanas quando enfermas sem nos entregarmos à injustificável competição com os médicos terrenos, fazendo crer que tudo podemos. (*Trilhas da Libertação*, pp. 55 e 56).

D

◆Defesa contra a obsessão◆

Somente a constante vigilância da consciência reta constitui mecanismo de defesa contra essas sortidas do mundo espiritual inferior ao lado do envolvimento nos compromissos íntimos com a simplicidade do coração e da ação, perseverando nos deveres sem qualquer extravagância até o momento da libertação carnal. (*Tormentos da Obsessão*, p. 218).

◆Defesa contra a obsessão - II◆

A inteireza moral – elucidou, paciente – é uma defesa para qualquer tipo de agressão e é difícil de ser atingida. A conduta digna irradia forças contraídas às investidas perniciosas. O hábito da prece e da mentalização edificante aureola o ser da força repelente que dilui as energias de baixo teor vibratório. A prática do bem fortalece os centros vitais do perispírito que rechaça, mediante a exteriorização de suas moléculas, qualquer petardo portador de carga danosa. O conhecimento das leis da vida reveste o homem de paz, levando-o a pensar nas questões superiores sem campo de sintonia para com as ondas carregadas de paixão e vulgaridade. (*Loucura e Obsessão*, p. 123).

◆Defesas do centro espírita◆

A casa onde nos encontramos possui defesas e barreiras magnéticas de proteção, mas estas não impedem que os hospedeiros de obsessão carreguem os seus comensais e atravessem as áreas guardadas. Sabemos que as fixações profundas nos centros mentais não são de fácil liberação. Isto posto, embora os invasores, como no caso em tela, logrem ultrapassá-las, sentem as suas constrições impeditivas, no entanto são arrastados pelo ímã psíquico das suas vítimas. Não é, portanto, de se estranhar esta como outras ocorrências semelhantes. O que podemos interceptar são as invasões dos assaltantes desencarnados quando investem a sós ou em grupos sem o contributo da energia mental dos que compartem os interesses no corpo físico. (*Trilhas da Libertação*, p. 61).

◆Defesas fluídicas◆

Informado pelo amigo, pude constatar que o espaço reservado para o novo setor abrangia grande parte da clínica, que se encontrava defendida por uma construção fluídica com espessura de mais ou menos dois palmos, em tonalidade azul suave, dentro do pavilhão e expandindo-se para além da edificação convencional. Observei que não era exatamente redonda, mas obedecia a um traçado especialmente delineado, com duas pequenas torres de mensagem, em cada uma das quais se alojava um vigilante para resguardá-la de qualquer assalto programado pelos adversários do bem. Equipamentos especiais estavam próximos do guardião, fazendo lembrar aparelhos de emissão de *laser* que tinham por finalidade disparar raios de ação afligente, caso houvesse necessidade. O gentil Verner explicou-me que os vigilantes eram voluntários que já trabalhavam espiritualmente na clínica e que se ofereceram para resguardar o novo setor que deveria permanecer sempre preparado para as finalidades a que se destinava. Nem todos os espíritos que se movimentavam na clínica podiam ver a edificação, porém sentiam o impedimento vibratório sempre que tentavam ir além dos limites que estabeleciam. Outrossim, experimentavam choques que faziam lembrar descargas elétricas, emitidos pela condensação fluídica quando, sem dar-se conta, entravam em contato com as defesas. Em razão dos relevantes serviços prestados aos sofredores, ao largo do tempo as suas defesas sofreram alterações, sendo as atuais constituídas por um tubo de luz que descia do Alto envolvendo toda a área material na qual se encontrava instalada, embora houvesse também um tipo de muralha defensiva a erguer-se do solo. Curiosamente, podiam ser vencidos os impedimentos quando se tratava de espíritos vinculados aos pacientes, para ali conduzidos a fim de que pudessem também, por sua vez, serem beneficiados pelos serviços espirituais a que seriam submetidos. Exerciam, no entanto, resistência em relação àqueles tumultuados ou desordeiros que desejassem invadir as dependências para gerar conflitos e prejuízos à organização do trabalho. As energias que formavam a defesa eram sensíveis ao pensamento dos espíritos, que disparavam ondas portadoras das intenções, produzindo, quando negativas e perversas, efeitos prejudiciais aos seus emitentes. Equivale dizer que a onda mental disparada chocava-se na parede vibratória, retornando potencializada e atingindo o autor. Produzia nele grande desconforto e específica sensação de mal-estar. (*Transtornos Psiquiátricos e Obsessivos*, pp. 163, 164 e 165).

◆Delírios e alucinações◆

O que muitos consideram simples delírios e alucinações, muitas vezes são contatos mediúnicos com as antigas vítimas, ora transformadas em algozes que vêm perseguir, desforçando-se dos males que foram infligidos anteriormente. Se esse conúbio enfermiço continuar por longo prazo, é natural que a energia destrutiva aplicada nos delicados tecidos neuroniais termine por danificá-los, alterando o quimismo cerebral e as neurocomunicações. (*Entre Dois Mundos*, p. 143).

◆Depressão e obsessão◆

Recordei-me das lições ministradas oportunamente pelo espírito do doutor Bezerra de Menezes quando se referia às causas das depressões no capítulo dos transtornos psicóticos, afirmando que elas poderiam ser endógenas ou exógenas. As primeiras vincular-se-iam à hereditariedade e às sequelas de várias doenças, principalmente sífilis, câncer, tuberculose, hanseníase, distúrbios do trato digestivo e de viroses como a AIDS. As exógenas abarcariam os fatores psicossociais, socioeconômicos e sociocomportamentais. No entanto, o nobre mentor incluia as psicogêneses obsessivas, vinculadas ao pretérito espiritual dos envolvidos na trama em processo de ajustamento emocional e recuperação moral. Em razão do vasto elenco de causas atuais e pregressas, a depressão generaliza-se entre as criaturas, se ampliando como circular ou bipolar, senil e, no capítulo dos transtornos psicóticos, como demência e outras. (*Trilhas da Libertação*, pp. 222 e 223).

◆Desarmonia física na obsessão◆

Iniciando de forma sutil e perversa, a obsessão, salvados os casos de agressão violenta, instala-se nos painéis mentais através dos delicados tecidos energéticos do perispírito até alcançar as estruturas neurais, perturbando as sinapses e a harmonia do conjunto encefálico. Ato contínuo, o quimismo neuronial se desarmoniza face à produção desequilibrada de enzimas que irão sobrecarregar o sistema nervoso central, dando lugar aos distúrbios da razão e do sentimento. Noutras vezes, a incidência da energia mental do obsessor sobre o paciente invigilante irá alcançar, mediante o sistema nervoso central, alguns órgãos físicos que sofrerão desajustes e perturbações, registrando distonias correspondentes e comportamentos alterados. (*Tormentos da Obsessão*, p. 66).

◆Desencarnação prematura◆

O mesmo ocorre em relação a alguns missionários do bem, que empolgados pelas realizações executadas, desviam-se um pouco do ministério, passando a direcionar o trabalho para os impositivos dominantes na Terra. Objetivando a felicidade, são convocados ao retorno mediante enfermidades breves, acidentes orgânicos ou não, de forma que não prejudiquem a obra realizada, impondo a ela características pessoais. Muitos abnegados trabalhadores da verdade, para a sua própria ventura, têm sido chamados de volta antes do prazo estabelecido para a desencarnação. (*Entre Dois Mundos*, pp. 82 e 83).

♦Desencarnação prematura - II♦

Ouvi referências de um diligente técnico espiritual em desencarnação, explicando a maneira como colaborou na libertação de um missionário do amor e do conhecimento, antecipando o seu retorno à espiritualidade. Ele havia reencarnado com tarefas adrede estabelecidas que iriam mudar, conforme vem ocorrendo, o comportamento de grande parte da sociedade humana. Desincumbia-se muito bem do compromisso, arrostando todas as consequências da sua decisão de ser fiel ao dever assumido. O orgulho não o perturbara nem as calúnias o desanimaram. O veneno do ódio não encontrou campo para instalar-se na mente nem no sentimento nobre. As perseguições tornaram-se estímulo para o prosseguimento. No entanto, quando percebeu a proximidade da morte, pôs-se a elaborar projetos e diretrizes que, não obstante fossem muito importantes, poderiam desvirtuar o conjunto do trabalho que sempre acompanha a marcha do progresso, não devendo ficar atado a programas estatutários rígidos. Em cada época o processo da evolução faculta as atribuições compatíveis para o desenvolvimento dos ideais, que devem permanecer abertos às naturais contribuições da cultura e da experiência. Podendo o risco de mudança de diretriz vir a ocorrer, abrindo espaço para novas sortidas na obra que não era dele, para o seu bem e também para o bem do trabalho, foram tomadas providências em altas esferas a fim de que retornasse antes do tempo sem qualquer prejuízo para o ministério concluído com grande êxito. (*Entre Dois Mundos*, pp. 97 e 98).

♦Desencarne após afastamento do obsessor♦

A palavra "liberte" terá um significado muito profundo, quase terrível, para você, para ele e para a família, caso eu concorde com o apelo. Estamos tão intimamente ligados quanto a planta parasita na árvore que a hospeda. Com o tempo, as raízes da planta naturalmente enxertada penetraram na seiva da outra, gerando tremenda simbiose. Ambos necessitam de nós para viver. Embora eu aqui me encontre, estou vinculado a ele. Se eu me arrancar do seu convívio físico e mental, eu me desequilibrarei muito e o corpo dele morrerá. (*Loucura e Obsessão*, p. 252).

◆Desencarne após afastamento do obsessor - II◆

À medida que a obsessão se faz mais profunda, o fenômeno da simbiose – interdependência entre o explorador psíquico e o explorado – se torna mais terrível. Chega o momento em que o perseguidor se enleia nos fluidos do perseguido de tal maneira que as duas personalidades se confundem. A ingerência do agente perturbador no cosmo orgânico do paciente termina por jugulá-lo aos condimentos e emanações da sua presa, tornando-se igualmente vítima da situação e impossibilitando o afastamento. Por outro lado, a magnetização e intoxicação fluídica do agressor sobre o hospedeiro transforma-se em alimento próprio para a organização celular, que, se não a recebe, de repente, desajusta o seu equilíbrio. No princípio gera distonia e desarticulação para depois adaptar-se e aceitar a energia deletéria sem maiores choques aos elementos que constituem o universo celular. É natural, portanto, que o explorador esteja, neste momento, experimentando uma forma específica de morte que decorre da falta de alimento a que se entregou nos últimos longos anos. É o efeito da exploração que agora se apresenta como carência. (*Loucura e Obsessão*, pp. 262 e 263).

◆Desencarne após afastamento do obsessor - III◆

Sabemos que o perispírito é o corpo que transmite ao soma o indispensável para a sua manutenção. Sendo a parasitose obsessiva o resultado da ligação do perispírito do encarnado com o do espírito, o intercâmbio de energias faz-se automaticamente. À medida que se torna mais acentuado o intercâmbio fluídico, a energia invasora passa a influenciar as células sanguíneas e as histiocitárias, que começam a produzir anticorpos e defesas imunológicas no nível que lhes corresponde, alterando o equilíbrio fisiopsicossomático do paciente. Às vezes aquela energia deletéria facilita a invasão bacteriana, favorecendo a instalação de vários processos patológicos de efeitos irreversíveis que encontram apoio na consciência culpada. Interrompendo, repentinamente, o concurso desse fator energético, o perispírito do hospedeiro sofre abalo violento e os seus centros vitais se desajustam, refletindo-se no sistema retículo-endotelial e nos gânglios linfáticos, que respondem, no plasma sanguíneo, pelo surgimento das hemácias e dos leucócitos, dos trombócitos, macrófagos e linfócitos que são o resultado de incontáveis grupamentos que se originam nos laboratórios complexos e extraordinários do baço, da medula óssea, do fígado e de todo o conjunto ganglionar. O organismo físico se desarmoniza e a mente em desconcerto nada pode fazer em favor do reajuste e funcionamento das peças celulares ocorrendo a expulsão do espírito encarnado. (*Loucura e Obsessão*, pp. 265 e 266).

♦Desequilíbrio e obsessão♦

O que observamos é que seja qual for o problema que descompense o equilíbrio da criatura, de ordem ética, psíquica ou física, em razão do passado espiritual dela mesma e em face da atual situação moral do planeta, normalmente encontramos por leis de afinidades e sintonia mental-emocional interferências de entidades enfermas, perturbadoras e vingativas sediadas além das fronteiras físicas. (*Painéis da Obsessão*, p. 98).

♦Desequilíbrios psíquicos♦

São múltiplas as manifestações do desequilíbrio mental e emocional cujas causas estão sempre fixadas no cerne do espírito, por ele ser o responsável pelos pensamentos, palavras e atos que constituem a existência. Herdeiro de si mesmo, transfere de uma para outra etapa as conquistas e os prejuízos de que se faz possuidor, sendo a ele impostos os deveres da reabilitação e do refazimento quando erra, tanto quanto do progresso quando se porta com equilíbrio. Mesmo quando sob a ocorrência das provas e expiações, encontra-se em processo de crescimento interior e na busca da meta iluminativa, que é a fatalidade da qual ninguém consegue evadir-se. A jornada carnal é um laboratório de experiências valiosas para a felicidade real e, por isso mesmo, a reencarnação é imposta a todos os espíritos a fim de que possam desenvolver a essência divina que neles jaz, aguardando os valiosos recursos que lhe facultem a expansão. A dor, por consequência, é fenômeno natural na trajetória ascensional em que todos se encontram colocados. Com a função específica de despertar a consciência humana adormecida, é o estímulo para a busca da harmonia e da alegria de viver que deixaram de existir no comportamento humano. (*Transtornos Psiquiátricos e Obsessivos*, pp. 8 e 9).

◆Desfiles de fantasias e animismo◆

Alguns dos fantasiados, que usam hoje imitações dos trajes antigos, são as próprias personagens que retornam ao proscênio do mundo falidos, lamentavelmente, e imitando com carinho e paixão a situação que indignificaram quando a exerciam. Muitos nobres que enlouqueceram na ociosidade agora meditam em profundas frustrações que os tornam insatisfeitos. Monarcas que vulgarizaram a investitura com que mergulharam no mundo para servir repetem os textos do drama da vida em situações ridículas, amarfanhados. Religiosos que corromperam os altos compromissos, ora estão crucificados nos madeiros invisíveis de problemas íntimos que os amarguram. Vencedores que não se venceram, neste momento revestem-se de não esquecidas indumentárias, servindo de bufos para as multidões que os aplaudem e criticam e que os invejam e perseguem com os seus preconceitos não menos nefastos. Burgueses frívolos que expiam sob duras injunções morais o tempo perdido. Todos dignos de respeito e consideração, sem dúvida, porém merecedores da compreensão, afeto e piedade de todos nós. (*Nas Fronteiras da Loucura*, p. 141).

◆Desfiles de fantasias no carnaval◆

Estivéramos, ele e nós, em suntuoso teatro, onde se daria

o desfile de fantasias a serem premiadas. Razões de emergência nos levaram ali, no desempenho do ministério do auxílio a que nos vinculávamos. Terminada a nossa tarefa, antes de nos retirarmos do recinto feérico que exalava os mais variados odores misturados com a forte impregnação de drogas e lança-perfume usados pelos foliões, ia ter início o desfile, no qual se misturavam o fantástico, o sonho e o exagero das alucinações. Nos bastidores, a luta era inocultável. As intrigas e diatribes confundiam-se com as promessas de agressões físicas e escândalos entre palavras ásperas e vulgares. As paixões afloravam, extravasando em torrentes de desequilíbrio. Misturavam-se espíritos de aspecto bestial e lupino, verdugos e técnicos de vampirização do tônus sexual em promiscuidade alarmante com inúmeros encarnados, que se compraziam com a situação parasitária em osmoses psíquicas de avançado grau. Em alguns casos tornava-se difícil dissociar o parasita espiritual do seu hospedeiro, tão profundamente enlaçados se encontravam. Inobstante, o brilho das sedas e pedrarias falsas, dos paetês e bordados fulgurantes e do oscilar das plumas coloridas dava mostras do baixíssimo teor de vibrações viciosas que o ambiente tresandava. (*Nas Fronteiras da Loucura*, p. 138).

◆Desligamento – Obsessor◆

Nosso abençoado técnico em passes aplicou recursos magnéticos especiais, desenovelando dos fluidos mais densos o espírito perverso, que não se dava conta, conscientemente, da ocorrência, embora experimentasse os choques da corrente de energia com que o especialista o desligava da situação constritora que impunha a Valtércio. Não o liberou, porém, totalmente, deixando que permanecesse certa imantação perispiritual com o enfermo, que foi, a seu turno, semidesligado da forma física a fim de serem conduzidos sob sono profundo à colônia espiritual. (*Painéis da Obsessão*, p. 101).

◆Desmotivação dos trabalhadores◆

A simples candidatura ao bem não torna bom o indivíduo tanto quanto a incursão no compromisso da fé. O burilamento das anfractuosidades morais através do esforço continuado é trabalho de largo tempo, merecendo respeito não somente dos triunfadores, mas também daqueles que persistem e agem sem descanso, mesmo quando não colimam prontamente os resultados felizes. Nas experiências de elevação, entre outros impedimentos que surgem, a rotina dos acontecimentos é teste grave a ser superado. Enquanto as realizações se apresentam novas, há motivações e entusiasmos para efetivá-las. Depois, à medida que se fazem repetitivas, com as mesmas manifestações, tendem a cansar, diminuindo o ardor dos candidatos à operosidade, levando-os à saturação e à desistência. Ocorre que não se podem inovar métodos para os mesmos problemas a cada dia, nem modificar a paisagem aflitiva dos necessitados, diversificando os quadros de dor e sombra. Variando na aparência, suas causas matrizes são as mesmas que se enraízam no espírito endividado, aturdido ou atrasado, em viagem expurgadora. Nesses momentos de cansaço, surgem as tentações do repouso exagerado, da acomodação e do tempo excessivo sem a sua utilização correta, abrindo campo à censura indevida que medra, à larga, em forma de maledicência que espalha azedume e reproche, destruindo, qual praga infeliz, as leiras onde a esperança semeia o amor e a ternura que deverão enflorescer como caridade e bênção. Muitas obras do bem não resistem a esse período quando intenções superiores cedem lugar ao enfado e à comodidade, que propiciam a invasão das forças destrutivas e a penetração dos vigilantes adversários da luz. (*Painéis da Obsessão*, pp. 206 e 207).

◆Desobsessão antes do espiritismo◆

Para os médiuns que se devotam ao bem sempre há labor a executar em ambos os planos de vida. Se considerarmos que a claridade da doutrina espírita chegou à Terra há pouco menos de um século e meio, não podemos negar que todo o labor de socorro desobsessivo aos transeuntes do corpo somático era feito no mundo espiritual quando os construtores do progresso se utilizavam dos médiuns encarnados e desencarnados para o mister de esclarecimento e de libertação das injunções penosas lamentáveis. (*Sexo e Obsessão*, p. 256).

♦Despreparo dos médiuns♦

Ocorrem esses fenômenos de mistificação porque o instrumento humano, sem haver se preparado devidamente para o cometimento da noite, somente aqui, ao chegar, procurou concentrar-se. No entanto, na sua mente intoxicada por vapores deletérios de procedência diversa, as reflexões pessimistas habituais e as conversações vulgares de todo momento não puderam ser eliminadas de um para outro instante a fim de ser criada uma psicosfera favorável à comunicação de entidades amigas e superiores. (*Transtornos Psiquiátricos e Obsessivos*, p. 225).

♦Desvitalização do obsidiado♦

Quando das suas graves intervenções no psiquismo dos seus hospedeiros, suas energias deletérias provocam taxas mais elevadas de serotonina e noradrenalina produzidas pelos neurônios, que contribuem para o surgimento do transtorno psicótico-maníaco-depressivo, responsável pela diminuição do humor e desvitalização do paciente, que fica ainda mais à mercê do agressor. (*Tormentos da Obsessão*, p. 69).

♦Dever♦

O cumprimento do dever constitui bênção de incontestável significado por caracterizar a fase de maturidade psicológica e de responsabilidade moral de que já desfrutamos. Quando alguém se empenha por desincumbir-se com gravidade de qualquer compromisso, usufrui de consciência do dever. É relevante, portanto, todo labor executado com seriedade. O dever torna-se virtude quando objetiva o cumprimento de uma responsabilidade que beneficia outrem ou um grupo social. Com Jesus aprendemos os deveres solidários, descobrindo que a felicidade do nosso próximo é de alta importância por transformar-se em nosso bem-estar pessoal, participando das atividades que podem contribuir favoravelmente para o seu progresso e harmonia. Ao assumirmos obrigações espirituais, nos abrem perspectivas de grande valor para o desenvolvimento moral, cujos efeitos defluentes da maneira de executá-las definirá o porvir pessoal. Somente através da conscientização íntima é que podemos compreender os deveres para com nós mesmos, para com a sociedade e para com a vida. (*Transtornos Psiquiátricos e Obsessivos*, p. 285).

♦Dever - II♦

Distendei as mãos caridosas a todos, particularmente aos irmãos da erraticidade inferior, que constituem a multidão dos equivocados e infelizes, que se encontram na psicosfera do planeta e logo mais estarão de volta, caminhando no corpo físico com as massas no rumo do porvir. Ajudai-os, auxiliando o vosso próximo mais próximo no lar, no trabalho, nas ruas e na comunidade. Tende paciência ante às injunções dolorosas e confiai no amanhã. (*Sexo e Obsessão*, p. 87).

♦Deveres dos médiuns♦

Ampliar as informações sobre a espiritualidade e a erraticidade, sobre a lei de causa e efeito, é dever de todos aqueles que já despertaram para Jesus e para a própria consciência, contribuindo assim em favor da humanidade e do seu próximo, vencido pelas perturbações psicológicas ampliadas pelas obsessões. Ninguém pode se escusar desse dever de solidariedade humana e de conscientização dos próprios deveres ante a vida e Deus. Assim procedendo, estará desincumbindo-se do dever de consciência, auxiliando hoje conforme foi auxiliado oportunamente, quando de alguma forma se encontrava em situação semelhante. (*Reencontro com a Vida*, p. 28).

♦Diálogo esclarecedor♦

No tratamento das obsessões, o diálogo com o enfermo espiritual se torna essencial a fim de elucidá-lo quanto ao mal que executa, quando poderia ser feliz liberando o seu opositor e entregando-o à própria consciência e à consciência divina. Prosseguindo na obstinação de fazer o mal a quem o prejudicou, permanece sofrendo, desse modo, afligindo-se sem cessar, quando tem o direito a desfrutar de paz e de renovação, já que todos rumamos para a felicidade que nos está destinada. (*Reencontro com a Vida*, p. 41).

◆Diálogo interno◆

Quando a mente se desvincula de atividades enriquecedoras, o drama da obsessão se torna mais grave, pois a insistente ideia transmitida torna-se acolhida pelo enfermo, que passa ao diálogo desestruturador do comportamento. Quanto mais recua para o interior, vivenciando a conversação infeliz, mais poderosa se torna a indução do agente perseguidor. (*Tormentos da Obsessão*, p. 289).

◆Dificuldade para a leitura◆

Casos outros ocorrem em que o mal-estar que provém da leitura evangélica, conforme muitos asseveram, é produzido ora pela exsudação das altas cargas pestilenciais aspiradas pelo longo processo obsessivo, enquanto se modificam e depuram os centros da razão viciada, mudando os clichês mentais perniciosos, ora em face da hábil técnica da hipnose de que se utilizam os perturbadores desencarnados, que sabem irão encontrar na renovação psíquica da sua vítima os antídotos à sua pertinácia infeliz, alienadora. Pela forma como interferem na vontade doentia do paciente, induzem-no ao desinteresse, distraem-no, interpondo-se no plano do raciocínio, inspirando receios injustificáveis ou adormecendo-os. E, quando logram vencê-los pelo sono desagradável, auxiliam no desbordar das lembranças em que se acumpliciaram nos erros, produzindo sonos e pesadelos apavorantes ou, ainda, assomam à recordação, defrontando-os no parcial desprendimento, com que mais os atemorizam. (*Tramas do Destino*, p. 95).

◆Dificuldades dos médiuns◆

É muito difícil o relacionamento entre mundos constituídos por vibrações de diverso teor, quais o da matéria carnal e do espírito desencarnado. Transitar entre esses dois estados de percepção consciente torna-se um severo desafio para as criaturas, particularmente aquelas que são portadoras de faculdades mediúnicas. Momentos ocorrem em que as situações antípodas se confundem, produzindo indecifráveis estados d´alma, em que a consciência atual padece as injunções das experiências anteriores, de outra reencarnação, e das transmissões vigorosas das mentes em desalinho, liberadas da matéria. Poderíamos dizer que a consciência padece a constrição das lembranças arquivadas no inconsciente e das ideias que lhe são impostas por meio do superconsciente. Em tais situações, os médiuns sofrem incompreendidos por aqueles que não experimentam os mesmos sucessos, que tem dificuldade em atender essas modificações de comportamento e humor, e que somente com o sacrifício na educação da vontade esclarecida, e do equilíbrio, com dificuldade logrado, conseguem traçar uma linha de conduta normal, o que de forma alguma, queira expressar cessação das difíceis conjunturas. É que, nesse estágio, superando-se, o medianeiro consegue sobrepor o que deve fazer ao que acontece e não tem o direito de demonstrá-lo, a fim de evitar impressões desagradáveis sobre a sua conduta moral e psíquica, bem como liberar-se de criar ambiente de desagrado ou mal-estar em sua volta. (*Painéis da Obsessão*, p. 294).

◆Dínamo potente – Médium◆

Um espírito lidador, devidamente preparado para as experiências de socorro aos obsidiados, é dínamo potente que gera energia eletromagnética, que, aplicada mediante os passes, produz distonias e desajustes emocionais no *hóspede* indesejável, afastando-o de momento e facultando, assim, ao *hospedeiro* a libertação mental necessária para assepsiar-se moralmente, reeducando a vontade, meditando em oração, num verdadeiro programa evangélico bem disciplinado que, segura e lentamente, edifica uma cidadela moral de defesa em volta dele mesmo. (*Nos Bastidores da Obsessão*, p. 27).

◆Disciplina mental e verbal◆

Cultivar pensamentos edificantes e não usar palavras vãs, pois que estas "corrompem o coração", na mente se inicia o processo perturbador, que se manifesta pelas palavras e domina a realidade do ser. A queixa, a lamentação, a autopiedade são lixo mental que deve ser atirado fora, antes que intoxique aquele que o conserva como resíduo danoso. As conversações vulgares, salpicadas de erotismo, de permissividade produzem clima de promiscuidade emocional com os espíritos perniciosos que se locupletam na vampirização e no comércio ignominioso com aqueles que lhes fazem parceria. O tratamento, portanto, das obsessões, torna-se muito difícil, porque muito depende do alienado. Não lhe basta o afastamento do perseguidor, que o liberta, mas, sim, a reeducação pessoal, que lhe faculta a autolibertação, esta, sem dúvida, muito mais difícil. De certo modo, acostumado à preguiça mental e à aparente infelicidade, o homem não reage o suficiente para superar a situação, teimando em cultivar as ideias deprimentes a que se afeiçoara. Toda renovação exige esforço, sacrifício e disciplina da vontade, porquanto, é mais agradável ceder, acomodar-se, para logo depois queixar-se. (*Loucura e Obsessão*, p. 297).

◆Disciplina sexual e mediunidade◆

O amigo deve saber quanto é importante a disciplina sexual na vivência mediúnica. Como as energias procriativas e vitais não devem ser desperdiçadas, mas canalizadas com propriedade e sabedoria. O seu uso indevido, além de produzir conexões viciosas com espíritos enfermos e vampirizadores, debilita os centros de captação psíquica, dificultando o correto exercício da faculdade. (*Tormentos da Obsessão*, p. 81).

◆Disposição do paciente no passe◆

Na terapia do passe, a disposição do paciente exerce papel relevante para os resultados. A má vontade habitual, em muitos enfermos, que se agastam com facilidade, tornando-se exigentes e biliosos, gera energia de alto teor destrutivo que se irradia do interior da pessoa para o seu exterior, produzindo a anulação da força que parte de fora para dentro. (*Nas Fronteiras da Loucura*, p. 285).

◆Distúrbios energéticos◆

Fixações afetivas, de amor e de ódio, de ciúme e de ressentimento produzem ondas mentais que se dirigem àqueles que se lhes fazem receptivos, gerando situações deploráveis, também no organismo físico em razão do seu pestilento conteúdo energético. Estabelecido o primeiro contato, registrada a emissão de forças pela mente, mais fortes se fazem as conexões, gerando distúrbios pertinentes à sua estrutura. Somos o que cultivamos e vivemos respirando o ar emocional e espiritual em que nos comprazemos. (*Transtornos Psiquiátricos e Obsessivos*, p. 290).

◆Distúrbios mentais do passado◆

Ao reencarnar-se o espírito, o seu perispírito imprime no futuro programa genético do ser os requisitos depurativos que lhe são indispensáveis ao crescimento interior e à reparação dos gravames praticados. Os genes registram o desconcerto vibratório produzido pelas ações incorretas no futuro reencarnante, passando a constituir-se um campo no qual se apresentarão os distúrbios do futuro quimismo cerebral. Quando se apresentam as circunstâncias predisponentes, manifesta-se o quadro já existente nas intrincadas conexões neuroniais, produzindo por fenômenos de vibração eletroquímica o transtorno, que necessitará de cuidadosa terapia específica e moral. Não apenas se fará imprescindível o acompanhamento do terapeuta especializado, mas também a psicoterapia da renovação moral e espiritual através da mudança de comportamento e da compreensão dos deveres que devem ser aceitos e praticados. (*Tormentos da Obsessão*, p. 280).

◆Distúrbios mentais – Psicogênese◆

Ante os processos psicopatológicos que aturdem o ser

humano, de forma alguma se podem eliminar os preponderantes fatores cerebrais, especialmente aqueles que afetam os neurotransmissores, facultando a instalação de distúrbios psíquicos de variada catalogação. Concomitantemente, a terapia especializada que visa a regularizar a produção de moléculas neuroniais, não obstante consiga alcançar os resultados programados, é insuficiente para o completo restabelecimento da saúde mental, noológica e comportamental do indivíduo. Isto porque, na psicogênese desses processos encontra-se o espírito, como ser imortal que é, em recuperação de delitos morais perpetrados em existências passadas, que ora lhe cumpre alcançar. Herdeiro das atitudes desenvolvidas no curso das experiências carnais anteriores, o ser elabora a maquinaria orgânica de que necessita para o desenvolvimento dos compromissos da própria evolução. Assim sendo, ao iniciar-se o processo da reencarnação, imprime, nos códigos genéticos, as deficiências defluentes da irresponsabilidade, que se apresentarão no futuro, em momento próprio, como descompensação nervosa, carência ou excesso de moléculas neurônicas (neuropeptídeos) responsáveis pelos correspondentes transtornos psicológicos ou de outra natureza. (*Reencontro com a Vida*, pp. 19 e 20).

◆Distúrbios psicológicos e obsessão◆

Instalam-se, então, distúrbios psicológicos que lentamente vencem a sociedade, que mergulha no uso de drogas químicas variadas, ora com finalidade terapêutica, momentos outros como fuga infeliz, gerando-se telementalizados e conduzidos por outras mentes desvinculadas do corpo que pululam fora do mundo físico, na dimensão espiritual. Distúrbios psicológicos avolumam-se nos grupos sociais, decorrentes dos fenômenos endógenos e exógenos, favorecendo a instalação de obsessões, a princípio sutis, depois graves no seu conteúdo psíquico pernicioso. É muito fácil, no entanto, reverter o quadro, mediante a mudança cultural e moral dos indivíduos, voltando-se para os valores do espírito e da sua imortalidade, sem qualquer prejuízo para a vida física, antes concedendo-lhe qualidade, meta e meios adequados para torná-la feliz. (*Reencontro com a Vida*, pp. 26 e 27).

◆Divisões nos centros espíritas◆

Quando uma instituição de qualquer natureza, particularmente espírita, apresenta-se dividida, está às bordas da ruína, porquanto as facções caprichosas, mais interessadas nas próprias paixões do que na preservação do seu patrimônio moral e espiritual, estão pouco se importando com os resultados das dissensões, e somente aspiram à vitória do seu grupo, que faz lembrar a de Pirro. Especificamente, em uma sociedade que tem por objetivo iluminar consciências, libertar as pessoas da ignorância, servir através do trabalho de amor fraternal, realizar a caridade, preservar a solidariedade e a tolerância, raia ao absurdo um comportamento de tal natureza. Constituindo-se um recinto de maus humores e de disputas, atrai os espíritos vulgares e perniciosos que se comprazem em acirrar os ânimos e intoxicar os sentimentos expostos, dando lugar à instalação de processos obsessivos compreensíveis. Muitas vezes, são esses espíritos mesmos que inspiram, a pouco e pouco, os seus membros, visando a destruir o trabalho de dignificação existente, que detestam, lentamente aceitos por invigilância ou por inépcia dos seus membros ante os contínuos desafios em favor da preservação dos valores elevados. (*Transtornos Psiquiátricos e Obsessivos*, p. 218).

◆Doença – Desconforto do espírito◆

O órgão doente reflete o desconforto do espírito, em si mesmo insano, que manifesta naquela área a deficiência, a mazela que o afeta. (*Trilhas da Libertação*, p. 23).

◆Doença – Efeito, não causa◆

Trabalhar o paciente globalmente elucidou. de início, demonstrar-lhe que a doença é efeito, e somente atendendo-lhe às causas torna-se possível saná-la. Logo depois, conscientizá-lo da necessidade de modificação no comportamento moral, mudando-lhe o condicionamento cármico, por cuja conduta adquirirá mérito para uma alteração no seu mapa existencial.

Desse modo, as imposições reencarnacionistas, que dependem das novas ações do ser, alteram-se para melhor, a mente reajusta-se a uma nova realidade, e, irradiando-se de maneira positiva, providencial, contribui para o estado de bem-estar fisiopsíquico. O médico, nesse programa, torna-se também conselheiro, sacerdote que inspira confiança fraternal e dispensa ajuda moral, ampliando a sua antes restrita área de ação. (*Trilhas da Libertação*, p. 23).

♦Doença e evolução♦

A doença é acidente de trânsito evolutivo de fácil correção, experiência de sensação desagradável que emula à aquisição do bem-estar e das emoções saudáveis, ocorrendo por opção exclusiva de cada qual, e somente o próprio indivíduo poderá resolver, corrigir e dela libertar-se. (*Trilhas da Libertação*, p. 18).

♦Doença generalizada♦

A obsessão é virose de vasta gênese, muito desconhecida entre os estudiosos da saúde física e mental. Suas sutilezas e variedades de manifestação têm ângulos e complexidades muito difíceis de ser detectados pelos homens, em face da dificuldade de penetrar-lhe nas profundezas geradoras do problema. (*Loucura e Obsessão*, p. 27).

♦Doenças derivadas de obsessões♦

Quando na Terra, conheci diversos casos de pessoas com tuberculose pulmonar e laríngea provocada pela interferência de inimigos desencarnados. As úlceras gástricas e duodenais, além das gêneses acadêmicas conhecidas, alguns distúrbios cardíacos e hepáticos, do aparelho digestivo em geral, têm procedência nessa terrível, contínua emissão de fluidos enfermiços que se infiltram nos órgãos, que atacam e lhes descompensam o ritmo celular, funcional, provocando-lhes degenerescência. (*Trilhas da Libertação*, p. 34).

◆Doenças e obsessão◆

Invariavelmente os cultores do intercâmbio espiritual e espiritistas, quase em geral, reportam-se às influências obsessivas de natureza mental e comportamental. O organismo físico, no entanto, é caixa de ressonância do que ocorre nos corpos espiritual e perispiritual. Da forma como sucede com a obsessão de natureza psíquica, quando prolongada, que termina por degenerar os neurônios, dando lugar à loucura convencional, o fenômeno orgânico obedece aos mesmos critérios. O que é válido numa área, também o é noutra. Indispensável que seja mantida muita atenção diante de afecções e infecções orgânicas, examinando-lhes a procedência no campo vibratório, no qual, não raro, encontramos mentes interessadas em desforços, muitas vezes, ignorando a operação destrutiva que vem realizando nos tecidos. Como sabemos, nem todo espírito vingador conhece as técnicas de perseguição, mantendo-se imantado ao seu antigo desafeto, em face da lei de afinidade vibratória, isto é, graças à semelhança de sentimentos e de moralidade, o que faculta a plena interação de um com o outro e intercâmbio de emoções de um no outro. Como as cargas mentais e emocionais transmitidas, mesmo que as desconhecendo, são constituídas de campos de ressentimento e de vingança, essa contínua onda vibratória nociva é assimilada pelo ser energético, que passa a mesclá-la com as suas próprias, gerando desconforto e disfunção nos equipamentos que sustenta. Iniciando-se a desconectação do fluxo de energia emitida pelo espírito encarnado, em face da intromissão daquelas morbosas, as defesas imunológicas diminuem, abrindo campo para a instalação de invasores microbianos degenerativos. As doenças aparecerão logo depois. Toda terapia bactericida, portanto, que objetive apenas os efeitos dessa ocorrência, irá combater somente os invasores microbianos, não reequilibrando o campo organizador biológico, cuja sede é o perispírito, que se encontra afetado pelo agente espiritual desencarnado. Nunca será demasiado repetir que, em qualquer processo de enfermidade e disfunção fisiológica ou psicológica do ser humano, o doente é o espírito convidado à reparação dos erros cometidos, responsáveis que são pelas tormentas orgânicas de que o mesmo torna-se vítima. (*Entre Dois Mundos*, pp. 162 e 163).

◆Doenças e obsessão - II◆

Na larga experiência de lidar com obsessos físicos, tenho aprendido que é a mente o grande agente fomentador de vida, como de destruição dos seus elementos constitutivos. Afinal, o que criou e rege o Universo é a mente divina, na qual tudo se encontra imerso. A mente humana, nos seus limites, produz a constelação de ocorrências próximas à sua fonte emissora de energia, sempre em sintonia com a qualidade de vibrações exteriorizadas. Pensar bem, portanto, já não tem sentido apenas ético ou religioso, mas uma abrangência muito maior que é o psicoterapêutico preventivo e curador. (*Entre Dois Mundos*, pp. 165 e 166).

◆Doenças e obsessão - III◆

É nessa fase, em que a vítima se rende as ideias infelizes que recebe, a elas se convertendo, que se originam os simultâneos desequilíbrios orgânicos e psíquicos de variada classificação. A mente, viciada e aturdida pelas ondas perturbadoras que capta do obsessor, perde o controle harmônico, automático sobre as células, facultando o que as bactérias patológicas proliferem, dominadoras. Tal inarmonia propicia a degenerescência celular em forma de cânceres, tuberculose, hanseníase e outras doenças de etiopatogenias complexas, que a ciência vem estudando. Só a radical mudança de comportamento do obsidiado resolve, em definitivo, o problema da obsessão. (*Painéis da Obsessão*, p. 10).

◆Doenças e obsessão - IV◆

Os fatores imunológicos do organismo, padecendo a disritmia vibratória que os envolve, são vencidos por bactérias, vírus e toda sorte de micróbios patológicos que logo se desenvolvem, dando gênese as doenças físicas. Por sua vez, na área mental, os conflitos e mágoas, os ódios acerbos, as ambições tresvariadas e os tormentosos delitos ocultos, quando da reencarnação, por estarem ínsitos no espírito endividado, respondem pelas distonias psíquicas e alienações mais variadas. Acrescentemos a essas predisposições a presença de cobradores desencarnados, cuja ação mental encontra perfeito acoplamento na paisagem psicofísica daqueles a quem perseguem, e teremos a presença da constrição obsessiva. Eis por que é rara a enfermidade que não conte com a presença de um componente espiritual, quando não seja diretamente esta o seu efeito. O corpo e a mente refletem a realidade espiritual de cada criatura. (*Painéis da Obsessão*, p. 53).

◆Doenças e obsessão - V◆

A experiência e o trato com os enfermos espirituais têm-me demonstrado que a interferência psíquica de umas criaturas sobre as outras, desencarnadas ou não, é responsável pela quase totalidade dos males que as afligem, dentro, naturalmente, das injunções cármicas de cada qual. A ação mental de um agente sobre outro indivíduo, se este não possui defesas e resistências específicas, termina por perturbar-lhe o campo perispiritual, abrindo brechas para a instalação de várias doenças ou a absorção de vibrações negativas, gerando lamentáveis dependências. (*Trilhas da Libertação*, pp. 30 e 31).

◆Doenças e obsessão - VI◆

Em razão do tumulto reinante e das descargas mentais arrojadas quão destrutivas, enxameavam as ideoplastias perturbadoras, e a psicosfera predominante era caracterizada pelo baixo teor dos fluidos tóxicos. Obsidiados com profundas parasitoses espirituais apresentavam enfermidades físicas, cujas causas estavam nos distúrbios provocados pelos seus perseguidores, misturando-se a portadores de cardiopatias graves, paralisias, neoplasias malignas, doenças oculares e respiratórias, numa variada e complexa gama de problemas cármicos, sem possibilidade de solução por motivos óbvios. (*Trilhas da libertação*, p. 44).

◆Doente mental◆

O paciente psiquiátrico é, normalmente, alguém que se utilizou da inteligência e do sentimento com muita falta de responsabilidade, lesando os núcleos perispirituais que plasmam no cérebro carnal as necessidades de reparação. Imaginemos um médico, no uso da sua missão de melhorar a qualidade de vida dos enfermos, de amenizar-lhes os sofrimentos, de prolongar-lhes a existência e até mesmo de recuperá-los das doenças, que se utiliza do conhecimento intelectual para a exploração dos seus recursos econômicos, sem respeito pelo ser humano, que posterga terapias valiosas, a fim de retê-los por mais tempo sob seus cuidados, ou que se utiliza da medicina para o enriquecimento criminoso através do aborto, da eutanásia, de cirurgias desnecessárias; como despertará no além-túmulo? Tenhamos em consideração um escritor que intoxica as mentes dos seus leitores com clichês de perversidade e de luxúria, de vandalismo e de desrespeito; um ator ou atriz que, em nome da arte entrega-se aos despropósitos das sensações grosseiras, arrastando multidões fanatizadas aos abismos morais; um sacerdote ou pastor religioso, um pregador espírita, muçulmano ou israelita, ou de outro credo qualquer, que esgrime a palavra da sua fé religiosa como espada de separação e de destruição de vidas, ou dela se utiliza para a própria lubricidade mediante a sedução de pessoas inexperientes para crimes sexuais, políticos, de qualquer espécie; os maledicentes e acusadores contumazes, que somente veem e comentam o que podem destruir e infelicitar; um cientista que se utiliza do comércio ignóbil de vidas para as suas experiências macabras, para a venda de órgãos vitais, para a conquista do poder, malsinando a inteligência; os traficantes de drogas, de mulheres e crianças para o comércio do vício, como despertarão depois da morte? O remorso cruel, o desespero pelo acoimar das suas vítimas, a angústia em constatar as alucinações que se permitiram, o uso perverso que deram às suas aptidões, aos seus pensamentos e técnicas, explodem-lhes no espírito e levam-nos à loucura, que prosseguem vivenciando quando recambiados à reencarnação. As suas vítimas seguem-nos empós, imantadas à área da consciência de culpa e ferreteando-os mais em duelos de ódios inimagináveis. (*Entre Dois Mundos*, pp. 147, 148 e 149).

♦Doentes e doenças♦

Vêm-se esbatendo as sombras da ignorância, e, graças aos avanços das ciências psicológicas e psiquiátricas, amparadas pelas neurociências, chega-se, por fim, à conclusão de que não existem doenças, mas sim, doentes. É o ser, em si mesmo, o espírito, que traz os fatores predisponentes e preponderantes para as enfermidades, aliás, de todo e qualquer porte, não apenas as de natureza psicótica, em razão dos conflitos e desajustes que se permitiu em existências transatas. (*Transtornos Psiquiátricos e Obsessivos*, p. 34).

♦Doutrina espírita e distúrbios do ser♦

Hoje, abraçando a contribuição valiosa da ciência nas áreas psíquicas, que muito tem ajudado os pacientes psicológicos e mentais, ofereçamos o valioso concurso espírita, trabalhando as raízes dos distúrbios no ser, afastando os parasitas espirituais que os infelicitam e, lentamente, mas com segurança, estaremos instaurando, na Terra, o almejado reino de Deus. (*Transtornos Psiquiátricos e Obsessivos*, p. 77).

♦Doutrinação e amor♦

A doutrinação, amigo Miranda – elucidou-me – é uma terapia de amor e somente com essa força, em nosso campo de ação espiritual, logramos o resultado a que ela se propõe. A informação lógica rompe as barreiras mentais e auxilia a razão, todavia, só o amor bem vivido arrebenta as algemas do ódio, da indiferença e proporciona o perdão. Longos discursos e debates mediúnicos em muitos núcleos espíritas às vezes servem apenas para exibição de cultura e habilidade verbal; raramente para esclarecer e libertar os que se sentem lesados e estão sofridos, buscando entendimento, mesmo sem que se deem conta disso, e socorro. Não será, por acaso, essa a técnica de que a vida se utiliza para conosco? Mais lição silenciosa no tempo, do que verbalismo apressado na hora da ocorrência. (*Loucura e Obsessão*, p. 210).

◆Doutrinação e amor - II◆

Na terapia desobsessiva, ambos os litigantes são necessitados de amor e de auxílio, de iluminação e de caridade, porque, encontrando-se na mesma faixa de comportamento vibratório, estão vinculados profundamente por ações indevidas que os comprometeram perante as próprias como diante da consciência cósmica. Despertar-lhes os sentimentos de dever e de respeito para com o outro, assim como para com todas as criaturas é um dos objetivos essenciais da doutrinação. A cura ou recuperação do paciente é um efeito natural dessa conduta, portanto é de relevante importância considerar que o desencarnado igualmente se encontra enfermo e merece despertar intimamente a fim de lograr a saúde desorganizada. Se apenas tiver em mente o encarnado que sofre, o psicoterapeuta espiritual não se encontra equipado de valores para o mister, desde que a sua conduta parcial e individualista foge totalmente dos propósitos morais que estabelecem a construção do bem em todos os indivíduos onde quer que se encontrem. O mundo espiritual é o legítimo, e aqueles que se encontram desvestidos de matéria são portadores de sentimentos, de aspirações, de conteúdos morais e intelectuais, encontrando-se na realidade causal. Os métodos que têm por base a presunção dos encarnados que se acreditam em condições de impor os seus pensamentos e vontades aos espíritos são falhos. Eles mesmos, embora se esforçando, nem sempre logram exigir-se com êxito a transformação moral para melhor, não lhes sendo lícito, dessa forma, tentarem encontrar nos sofredores do além-túmulo obediência e submissão. (*Reencontro com a Vida*, pp. 57 e 58).

◆Doutrinação – Autoridade e habilidade◆

No que diz respeito aos labores desobsessivos, somente a autoridade moral do psicoterapeuta espiritual e a sua habilidade intelectoemocional conseguem o diálogo indispensável ao esclarecimento do perseguidor desencarnado e sua consequente alteração de comportamento em relação àquele que lhe padece a constrição psíquica. Às vezes, tem-se a impressão de que a arrogância com que se permitem alguns doutrinadores, exuberantes na sua pseudo autoridade moral, mais verbal que real, logra resultados positivos por afastar os observadores. Em realidade, não ocorre a liberação do enfermo porque não houve alteração de propósitos, nem da vítima nem do seu insano adversário, mas um afastamento técnico, ilusório, por parte do desencarnado, para retornar com mais ira na primeira oportunidade que se lhe apresente favorável. As pugnas espirituais exigem muito cuidado para serem resolvidas. Não temem os espíritos altercações verbais, diatribes, atitudes gestuais, gritaria e ofensas, ordens destituídas de conteúdo espiritual, para que abandonem os seus propósitos. Somente através da persuasão lógica e fraternal, rica de esclarecimento e de amor, é que se resolvem por buscar outros caminhos, especialmente se lhes são acenadas as ocasiões de conseguir a própria felicidade, deixando o seu inimigo com a própria consciência e a justiça divina que jamais falta. (*Reencontro com a Vida*, pp. 56 e 57).

◆Doutrinação e regressão◆

Na maioria dos labores de elucidação, podem-se aplicar as técnicas de regressão da memória no paciente espiritual, fazendo-se que reveja os fatos a que se vincula, mostrando-lhe a legítima responsabilidade dele mesmo, nos acontecimentos de que se diz molesto, após o que percebe o erro em que moureja, complicando a atualidade espiritual que deve ser apreveitada para reparo e ascensão, jamais para repetições de sandices, pretextos de desídia, ensejos de desgraças. (*Grilhões Partidos*, p. 22).

◆Doutrinação indireta◆

Logo depois, mais alguém rendeu-se ao verbo do doutrinador, que embora dirigido àquele com o qual dialogava, alcançava os demais ouvintes presentes, iniciando-se a libertação de Anselmo, em face da mudança de atitude dos seus algozes. O ligeiro tumulto parecia haver sido previsto, porque não houve qualquer distúrbio na atividade, mantendo-se todos em tranquilidade, sendo tomadas as providências compatíveis com cada ocorrência. (*Transtornos Psiquiátricos e Obsessivos*, p. 130).

◆Doutrinação – Método eficaz◆

Da mesma maneira que é contraproducente, senão prejudicial, informar ao desencarnado que ignora a sua situação espiritual, bruscamente, sem lhe permitir tempo mental para a aceitação da ideia, ou ele mesmo concluir pela sua ocorrência, não é recomendável chocar a nenhum espírito, intentando extirpar-lhe, a fórceps de verbalismo agitado, crenças e superstições nele arraigadas pelo insucesso que advirá. Como ocorre com os homens que devem ser reeducados em muitos hábitos e esclarecidos conforme a sua capacidade de entendimento, no labor mediúnico de intercâmbio espiritual o processo não pode ser diferente. Falar ao comunicante de forma que ele possa compreender e vivenciar a informação, eis o método eficaz para os resultados felizes. (*Loucura e Obsessão*, p. 124).

◆Doutrinador◆

O tratamento das alienações mentais, incluindo-se a obsessão, é muito desgastante, por motivos óbvios, exigindo moralidade, paciência, fé e títulos de enobrecimento por parte daqueles que se lhe dedicam ao mister. O terapeuta comum, quando portador desses requisitos, exterioriza a força curadora que passa a envolver o paciente, dando-lhe ou aumentando-lhe as resistências. Ao mesmo tempo, uma conduta exemplar confere méritos àquele que a possui, atraindo a consideração e complacência dos bons espíritos que passam a auxiliá-lo, dele se utilizando na ação do bem. No que tange ao labor terapêutico para as obsessões, tais requisitos são fundamentais, porquanto, não os identificando naqueles que os aconselham, e lhes apontam o bom caminho, os espíritos doentes rechaçam-lhe as palavras, ante a evidência de que elas são expressas sem conteúdo de verdade, pois que não são vividas. O doutrinador espírita, naturalmente, deve verbalizar e viver o ensino, constituindo o exemplo que demonstra a qualidade do que apresenta, pelas realizações íntimas e externas que produz. Como efeito, o paciente sintoniza com os bons conselhos do seu doutrinador, nele encontrando apoio emocional, como outros enfermos no seu médico, para vencer ou contornar as dificuldades que lhe surgem durante o tratamento. (*Loucura e Obsessão*, pp. 213 e 214).

◆Doutrinador despreparado◆

Por outro lado, o orientador, igualmente presumido, desconhecendo a lei dos fluidos, não havendo investigado o lado moral do comunicante, ao invés do diálogo esclarecedor, da aplicação de recursos especiais por meio dos passes, impõe-lhe o afastamento, mantendo-o na ignorância e na situação malévola, leviana, em que se encontra. Muito mal fazem os portadores de meias-verdades, que aplicam mais as equivocadas do que as verdadeiras. (*Transtornos Psiquiátricos e Obsessivos*, p. 225).

◆Doutrinador – Esclarecedor◆

O médium doutrinador, em face disso, é precioso colaborador nas tarefas desobsessivas, graças à sua perfeita identificação com o programa de libertação, por emitir e exteriorizar as vibrações especiais que são próprias à vida física, atuando em nosso plano de ação como recurso ideoplástico expressivo, bem assim funcionando na qualidade de força energética mais carregada de *potencial humano* resultante da filtragem pelo corpo físico. (*Tramas do Destino*, p. 228).

◆Doutrinadores – Postura ante os obsessores◆

Na trama da obsessão, portanto, não apenas se encontra em desalinho o que chora e se desespera, mas também aquele que aplica o látego, o verdugo aparentemente insensível, que é sempre alguém que perdeu o rumo de si mesmo, por consequência, a identificação com a vida. Acercar-se da sua situação penosa, mediante sincera emoção, é de significado profundo, porque a irradiação mental é mais poderosa do que a verbalização que pode ser destituída da vibração de legitimidade. O amor, por consequência, é o mais poderoso recurso ao nosso alcance, expresso ou não, para ser utilizado, do que quaisquer argumentos bem urdidos, porém, escassos do recurso vitalizador que é necessário a todo aquele que se encontra em carência afetiva. E os perseguidores são invariavelmente, espíritos em grande carência, desconfiados e áridos, porque foram vítimas de enleios e traições relacionados com os seus sentimentos de nobreza e de sinceridade. (*Tormentos da Obsessão*, pp. 253 e 254).

◆Drogas e obsessão◆

As drogas liberam componentes tóxicos que impregnam as delicadas engrenagens do perispírito, atingindo-o por largo tempo. Muitas vezes, esse modelador de formas imprime nas futuras organizações fisiológicas lesões e mutilações que são o resultado dos tóxicos de que se encharcou em existência pregressa. De ação prolongada, a dependência que gera, desarticula o discernimento e interrompem os comandos do centro da vontade, tornando os seus usuários verdadeiros farrapos humanos, que abdicam de tudo por uma dose, até a consunção total, que prossegue, entretanto, depois da morte. Além de facilitar obsessões cruéis, atingem os mecanismos da memória, bloqueando os seus arquivos e se imiscuem nas sinapses cerebrais, respondendo por danos irreparáveis. A seu turno, o espírito registra as suas emanações, através da organização perispiritual, dementando-se sob a sua ação corrosiva. Quando isto ocorre, somente através de futuras reencarnações consegue restabelecer, a contributo de dores acerbas e alucinações demoradas, o equilíbrio que malbaratou. (*Nas Fronteiras da Loucura*, pp. 111 e 112).

◆Drogas e obsessão - II◆

A criança e o jovem, não obstante a aparência de fragilidade e a inocência ante as experiências atuais, são espíritos vividos e portadores de largo patrimônio de conquistas positivas e negativas que lhes exornam a personalidade, facilmente despertáveis de acordo com os estímulos externos que lhes sejam apresentados. Eis por que os valores morais e éticos, quando cultivados, oferecem seguras diretrizes para o equilíbrio e a existência saudável, tornando-se antídoto valioso para o enfrentamento do perigo das drogas. Somando-se a esses fatores externos os compromissos espirituais de cada criatura, não se pode negar a preponderância da interferência dos espíritos desencarnados na conduta dos homens terrestres. Conforme as leis de afinidade e de sintonia, ocorrem as vinculações naturais, quando não de caráter recuperador em razão de antigos débitos para com aqueles que se sentem prejudicados ou que foram vitimados pela incúria e perversidade de quem os afligiu e infelicitou. Nesse comenos, no período da iniciação ou mesmo antes dela, instalam-se as obsessões simples, que se convertem em problemas graves, derrapando para subjugações cruéis, nas quais, hóspede e hospedeiro interdependem-se na usança das drogas devastadoras. Quase sempre, após instalada a obsessão desse porte, o espírito perturbador passa a experimentar o prazer gerador do vício, especialmente se antes da desencarnação esteve sob o jugo da infeliz conduta. Havendo desencarnado, mas não sucumbindo ante o tacape da morte, busca desesperado dar prosseguimento ao hábito doentio, sintonizando com personalidades fragilizadas e inseguras, levando-as à degradante toxicodependência. (*Reencontro com a Vida*, p. 34).

◆E◆

◆Educação e equilíbrio dos médiuns◆

Cabe ao médium educado, respondeu o lúcido interlocutor, filtrar os conteúdos emocionais das mensagens de que se faz portador, assim evitando verdadeiros pugilatos físicos entre os desencarnados e os encarnados. A questão não será resolvida através da força bruta, mas por meio das energias superiores que influenciarão o comunicante, diminuindo-lhe a ferocidade e mantendo-lhe o equilíbrio possível durante o fenômeno mediúnico. O espírito jamais entra no corpo do médium, conforme equivocadamente algumas pessoas desinformadas acreditam, sendo toda e qualquer comunicação sempre através do seu perispírito, que irá atuar nos centros nervosos e neuronais, decodificando a mensagem e proporcionando a sua exteriorização. Desse modo, por mais que seja fiel a comunicação, nunca o será totalmente, como é compreensível, e em casos como o que estamos analisando, ocorrerá com a diminuição das forças perturbadoras. (*Transtornos Psiquiátricos e Obsessivos*, p. 101).

◆Educação mediúnica◆

A mediunidade, por isso mesmo, em sua expressão orgânica, é faculdade do espírito, que se veste de células para permitir a exteriorização dos fenômenos de origem espiritual. A sua educação exige, entre outros fatores, a interiorização do indivíduo, silenciando tormentos, para melhor perceber, na interação mente-corpo, o que acontece a sua volta. Sem o equilíbrio psicofísico mui dificilmente se captam corretamente as paisagens e a vida fora da matéria. (*Trilhas da Libertação*, p. 165).

◆Educação mental◆

São companheiros que não conseguem arrebentar as algemas dos pensamentos habituais: pessimistas, ansiosos, distraídos que, não obstante interessados, aproveitam-se da penumbra para dar curso aos pensamentos trêfegos e viciosos do cotidiano ou ao sono anestesiante. Enquanto o indivíduo não se esforce por educar a mente, substituindo os temas agradáveis, mas prejudiciais, por aqueles de elevação e disciplina, sempre que se veja sem atividade física, emergem-lhe as ideias perniciosas que vitaliza, produzindo-lhe uma cela sombria, na qual se encarcera.. Sempre dirá que se esforça para concentrar-se nas faixas superiores, no entanto, não o consegue. E é natural que tal aconteça, porquanto os rápidos tentames, logo abandonados, não geram os condicionamentos necessários à criação de um estado natural de sintonia superior. Acostumado aos clichês mentais mais grosseiros, escapam-lhe as imagens mais sutis em elaboração. (*Trilhas da Libertação*, pp. 77 e 78).

◆Efeito bumerangue◆

Aquele que se sente lesado e exige uma reparação que as circunstâncias não facultam, permanecendo intransigente, torna-se credor de compaixão, porque se transforma em cobrador impiedoso, portanto, perseguidor. Chamemos, ao caso que explicaremos, efeito bumerangue. Quando se pratica um mal, atira-se algo na direção do futuro. Se são tomadas providências nobres, estas eliminam os efeitos da ação molesta, que perde o impacto para a volta. Em caso contrário, o retorno é inevitável. (*Trilhas da Libertação*, p. 276).

◆Efeitos da prece◆

Nesse campo de interferência superior, desempenha papel

preponderante a oração que, certamente, não consegue modificar as leis soberanas, mas produz significativas alterações nas ocorrências do cotidiano. Facultando interação entre aquele que ora e o Pai, a quem é dirigida a prece, mudam-se-lhe as disposições interiores, ampliando-lhe a área de entendimento da vida e facultando perceber os mecanismos que não conseguia identificar antes. Aplicando-os, com serenidade e confiança, conseguem-se os resultados superiores que, de outra maneira, não se alcançariam. Ademais, produzindo vibrações de harmonia no orante, a prece investe-o do equilíbrio que haure na fonte da vida, adquirindo resistências morais para os enfrentamentos desafiadores e provacionais. Aos espíritos encarregados de executar os planos divinos cabe o dever de atender, quanto possível aqueles indivíduos cujas emanações psíquicas e morais revestem-se de dignidade, facultando-lhes a aproximação e, porque em campos vibratórios relativamente próximos, graças à prece, surgem a comunhão de pensamentos, os estímulos de força, as ações reabilitadoras. Nada se perde, inclusive, as mínimas expressões de boa vontade, do espírito de serviço, de exteriorização do desejo de praticar o bem. Mesmo quando as circunstâncias se tornam difíceis, gerando impedimentos para alcançar-se as metas, essas ondas mentais criam condições para que se expressem por seu intermédio os meios necessários ao prosseguimento dos ideais abraçados e que se deseja se tornem vivenciados. (*Transtornos Psiquiátricos e Obsessivos*, p. 245).

◆Egoísmo◆

Na raiz dos males que desabam sobre os seres humanos, estão presentes o egoísmo, esse câncer cruel do organismo social, a presunção e a ignorância das leis que regem a vida. Prepotentes e rebeldes, porque estagiam nos níveis primários do pensamento e nos patamares, sombrios da consciência, os indivíduos dão preferência por direitos que lhes não são devidos, em razão dos deveres que não atendem, ou sequer lhes reconhecem valor. Permitem-se todas as extravagâncias e concessões, revoltando-se quando contrariados ou surpreendidos pela morte, que não os aniquila, porém os reúne em grupos de perturbação, prosseguindo com as vãs tentativas de dominação e poder. Sendo o mundo físico um pálido reflexo do espiritual, as ocorrências de um refletem-se no outro com a mesma intensidade, em inevitável intercâmbio de ações e reações. Somente com o estudo cuidadoso do comportamento humano, sob a inspiração do pensamento espírita, particularmente através da óptica da reencarnação e da comunicação mediúnica dos espíritos, o ser pode entender com clareza a vilegiatura carnal, suas implicações, possibilidades e metas. Desequipado desses preciosos recursos, o observador realiza conclusões inexatas, por deter-se apenas nos efeitos dos acontecimentos, sem haver penetrado as causas mais sutis que, no entanto, exercem predomínio em inúmeras existências. (*Trilhas da Libertação*, pp. 180 e 181).

◆Emancipação da alma – Lembranças◆

Quando as criaturas encarnadas, esclareceu, buscarem sintonizar conscientemente com as esferas superiores da vida, muitos dos problemas que as angustiam serão solucionados, porquanto, ao retornarem ao corpo físico após a comunicação com os seus guias e protetores, guardarão lucidez da convivência e das instruções que receberam. Normalmente, mesmo entre aqueles que se dedicam aos estudos parapsíquicos e mediúnicos, embora se considerem espiritualistas e espiritistas, o comportamento é vinculado aos estratagemas e disfarces do materialismo. A incerteza da interdependência do espírito ao corpo, o atavismo religioso mediante o qual inúmeros crentes aceitam o céu, porém preferem desfrutar a Terra, fazem que ao despertarem, ao invés de intentarem recompor as peças das lembranças, atirem-nas ao calabouço sombrio do esquecimento, informando tratar-se de sonhos, e, dessa forma, não merecendo consideração. Outros apelam para as explicações psicanalistas, bastante valiosas, mas não únicas, ou nem sempre convincentes. (*Trilhas da Libertação*, p. 211).

◆Emissões mentais – Prisões◆

Em razão da densidade das paixões servis, dos atavismos

lamentáveis que predominam no ser humano, as suas emissões mentais encarceram-nos em prisões sem paredes mais cruéis do que aquelas que bloqueiam os movimentos dos delinquentes quando condenados às penas reparadoras. Esses últimos tem restringidas as comunicações, diminuídos os espaços para se locomoverem, mas podem aspirar pela liberdade mediante o trabalho de recuperação moral, pelo arrependimento lúcido e produtivo, graças às legislações humanas, que os libertam quando concluídos os períodos de prisão. Já o encarcerado no vício, pode mover-se de um para outro lugar, sempre, porém, levando as algemas que prendem à infame dependência de que não se consegue libertar. Cada vez que irradia os desejos mórbidos, mais densas fazem-se as construções que o encarceram, asfixiando-o e, não poucas vezes, enlouquecendo-o. O condenado comum pode volver ao convívio social e produzir para o bem de si mesmo e do seu próximo, enquanto que o encarcerado moral, obrigado a conviver apenas com ele mesmo, estertora até quando o fenômeno da morte biológica lhe rompe as amarras. Nem sempre aí termina o seu calvário, por ele próprio elaborado, sendo recambiado à reencarnação em deplorável estado de recuperação inadiável. (*Reencontro com a Vida*, p. 244).

♦Empecilhos aos médiuns♦

O ministério da mediunidade ainda constitui um grande desafio para o espírito em processo de reajustamento e de autoiluminação. O médium, não somente é convidado à luta contra as más inclinações que procedem do caminho percorrido em outras etapas, como também àquela que deve travar com os adversários desencarnados, que ainda se comprazem em molestar os obreiros da ordem, procurando manter o estágio de sombras e de ignorância que predomina em muitos segmentos da sociedade terrena. Sentindo-se, invariavelmente a sós e carregando o fardo de muitas aflições internas, que não se encoraja a apresentar a ninguém, desde que a sua é a tarefa de aliviar o seu próximo, é instado a silêncios homéricos e a testemunhos constantes, que o capacitam para empreendimentos mais relevantes. No entanto, como toda ascensão é sempre assinalada por grande esforço e expressivos padecimentos pessoais, deve ele equipar-se de coragem e de resistência moral, a fim de enfrentar os empecilhos e gratuitas perseguições conforme aconteceu com Jesus, que lhe deve permanecer na condição de Modelo irretocável. (*Entre Dois Mundos*, p. 185).

◆Energia e psiquismo◆

Assim, a irradiação mental agindo no campo perispiritual alcança a organização fisiológica. Dai porque a mudança do pensamento para uma faixa superior, a da saúde, por exemplo, propicia que a energia desprendida sintonize com as vibrações desse campo, alterando o teor de irradiação que irá estimular o equilíbrio das células e a restauração da saúde física. Da mesma maneira, a reconquista do comportamento moral, trabalhando o corpo, produzirá modificações na área do psicossoma, que influenciará a conduta mental. A energia que provém do psiquismo, pelo modelo organizador biológico, alcança a matéria, assim como a conduta orgânica disciplinada, pelo mesmo processo atinge o psiquismo, imprimindo-se no espírito. Os hábitos, portanto, os condicionamentos vêm do exterior para o interior e os anseios, as aspirações cultivadas partem de dentro para fora, transformando-se em necessidades que se impõem. (*Trilhas da Libertação*, p. 24).

◆"Enfeitiçados" – Técnica de auxílio◆

Como proceder, porém – voltei a indagar, com os indivíduos que se creem ou que estejam enfeitiçados, debatendo-se nas garras de obsessores desse jaez ou sob os vigorosos camartelos das ondas mentais negativas que os alcançam e afligem? Infundindo-lhes confiança em Deus e em si mesmos. Demonstrando-lhes que assim se encontram porque o querem, desde que deles mesmos depende a libertação, induzindo-os à renovação mental e moral, com a consequente alteração de conduta para melhor. Além disso, e principalmente, esclarecê-los a respeito das leis de ação e reação, demonstrando que sofrem porque devem e que a sua recuperação exigir-lhes-á correspondente esforço ao nível de gravidade em que se encontram. Concomitantemente, encaminhá-los ao estudo do espiritismo, que os auxiliará no trabalho de libertação espiritual, armando-os de valores para as futuras lutas evolutivas. (*Loucura e Obsessão*, p. 125).

◆Enfermidades e interferências espirituais◆

Temos vivenciado experiências obsessivas nas áreas psicológica e psiquiátrica, no entanto, em todos os movimentos da existência humana apresentam-se as interferências dos desencarnados sobre os encarnados, assim como destes sobre aqueles. Enfermidades orgânicas de complicada etiologia, têm nas suas raízes processos de incidência espiritual muito graves, em decorrência da ingestão de fluidos deletérios pelo paciente ou da sua ação sobre os delicados e complexos mecanismos das redes nervosa, sanguínea, digestiva, respiratória. O intercâmbio entre os semelhantes morais, de um como do outro plano da vida, proporciona efeitos equivalentes nas estruturas de que se revestem. (*Transtornos Psiquiátricos e Obsessivos*, p. 289).

◆Enfermidades psíquicas◆

Quando a falta perpetrada é muito grave, a ação corrosiva, de que se fez objeto o pensamento malévolo, desgasta as estruturas moleculares do perispírito – órgão intermediário entre o corpo físico e o espiritual, encarregado de modelar as futuras formas e equipamentos orgânicos para o espírito, dando gênese a processos de loucura ou alienações ou deformidades mentais, limitações psíquicas, distúrbios fisiológicos, enfim, enfermidades reparadoras que lhe são abençoado escoadouro das imperfeições agasalhadas ou vividas. (*Nas Fronteiras da Loucura*, p. 288).

◆Entidades presentes nas reuniões◆

Percebi que as entidades convidadas para o intercâmbio da noite, ainda em sofrimento ou perturbadoras, permaneciam entre as pessoas, isoladas por barreiras vibratórias que, no entanto, lhes permitiam escutar as leituras e os comentários. As que eram lúcidas e trabalhadoras movimentavam-se com liberdade, e os obsessores, alguns já vinculados aos médiuns pelos quais se deveriam comunicar, a contragosto escutavam os ensinamentos, recalcitrando e reagindo com blasfêmias e grosserias. Espíritos familiares dos presentes também permaneciam no recinto, em atitude digna, reflexionando a respeito da tarefa e das comunicações, e os demais cooperadores, os que transportam os enfermos desencarnados, igualmente estavam a postos. (*Trilhas da Libertação*, pp. 76 e 77).

◆Envolvimento áurico◆

Detendo-me na sua aura com radiações de cores carregadas e irregulares, pude perceber uma sombra mais densa que o cobria quase por inteiro, fazendo recordar a concha sobre o caramujo com menor volume e maior comprimento. A forma que se lhe justapunha, dominando-lhe a parte posterior do cérebro e alongando-se por toda a coluna vertebral parecia constituída de ventosas que se lhe fixavam penosamente, ao mesmo tempo absorvendo-lhe as energias e intoxicando a região na qual se firmava. (*Painéis da Obsessão*, pp. 100 e 101).

◆Envolvimento/perispírito do médium◆

A um sinal especial, o médium abnegado concentrou-se no adversário desencarnado, que foi atraído como uma limalha de ferro na direção de poderoso ímã. Vimo-lo envolver o perispírito do intermediário em desdobramento, praticamente fundindo-se nos campos vibratórios sutis, transfigurando-o, plasmando uma fácies de ferocidade, quase animalesca. Baba peçonhenta começou a escorrer-lhe dos cantos da boca retorcidos, esgares nervosos sacudiram-no e num movimento brusco abandonou a postura convencional em que estava na cadeira, afastando-se grotescamente. (*Entre Dois Mundos*, p. 193).

◆Epidemia obsessiva◆

Apesar disso, avassaladoramente vem-se mantendo em caráter epidêmico, qual morbo virulento que se alastra por toda a Terra, hoje mais do que em qualquer época. (*Nos Bastidores da Obsessão*, p. 9).

♦Epidemia obsessiva - II♦

Tendo-se em vista o estágio atual de crescimento moral da Terra e daqueles que habitam, o intercâmbio entre as mentes que se encontram na mesma faixa de interesse é muito maior do que um observador menos cuidadoso e menos preparado pode imaginar. Atraindo-se pelos gostos e aspirações, vinculando-se mediante afetos doentios, sustentando laços de desequilíbrio decorrente do ódio, assinalados pelas paixões inferiores, exercem constrição mental e, às vezes, física naqueles que lhes concedem as respostas equivalentes, resultando variadíssimas alienações de natureza obsessiva. (*Loucura e Obsessão*, p. 11).

♦Epidemia obsessiva - III♦

Enquanto as paisagens mental e moral do homem não mudem o clima de aspirações responsáveis pelos problemas que geram, o intercâmbio obsessivo permanecerá. Dependências afetivas, necessidades emocionais e campos de vibrações odientas são sustentados nos jogos dos interesses entre os desencarnados, e os homens. Porque estes não se elevem espiritualmente, aqueles encontrarão ganchos, nos quais se prendem, passando de hóspedes a gerentes da casa mental que lhes cede lugar. O crescimento moral do ser é impositivo inadiável do seu processo evolutivo, que está a exigir decisão vigorosa, para ser levada adiante sem mais tardança. Os atavismos que lhe predominam, em arrastamentos comprometedores, devem ceder lugar às aspirações enobrecidas, que o atrairão para objetivos libertadores. (*Loucura e Obsessão*, p. 241).

♦Epilepsia♦

Consideramos o caso da nossa Adelaide incurso no quadro das epilepsias psicogenéticas, cujos fatores desencadeantes são os atos pretéritos perturbadores, a sua conduta irregular em relação ao esposo traído e assassinado no passado, que lhe insculpiu a consciência de culpa, responsável pela disfunção de que foi objeto. Ora, esse tipo de episódio resulta de emoções violentas, inesperadas, qual suportou há pouco. Além delas, a sua tem sido uma conduta agressiva, muitas vezes mascarada sob pressão da suspeita de adultério do consorte, gerando-lhe contínua ansiedade. Não suportando a pressão, que alcançou o máximo, a crise foi uma forma de eliminação das tensões. Por ter a sua gênese no comportamento fútil e criminoso da existência pretérita, o seu tratamento irá exigir cuidados psiquiátricos específicos e espirituais profundos, a começar pela mudança de comportamento para melhor, superando, através da ação do bem, os grandes males que praticou e os estímulos negativos que infundiu no companheiro na atual vilegiatura carnal. (*Trilhas da Libertação*, pp. 273 e 274).

◆Epilepsia - II◆

No caso das percepções alucinatórias durante a manifestação da aura epiléptica, consideramos a viabilidade de um fenômeno alterado de consciência e não apenas de natureza patológica. Ocorre que no processo pré-convulsivo dilatam-se as percepções paranormais do paciente, e este penetra noutros campos de ondas vibratórias de vida pulsante, registrando, embora desordenadamente, visões e sonho do ali existente. Confiamos em que a Psiquiatria e a Neurologia do futuro, prosseguindo suas pesquisas conforme vem acontecendo, alcançarão o mundo transpessoal e compreenderão que os biorritmos theta e delta não são exclusivamente patológicos, mas, também, de natureza paranormal. (*Trilhas da Libertação*, pp. 277 e 278).

◆Epilepsia/autismo/neuroses/auto-obsessão◆

Desaparecem os contornos das aquisições do momento, enquanto ressumam as experiências arquivadas, que passam a governar em desalinho as reações da emotividade do eu consciente, produzindo a alienação. Sua reativação, mesmo por processos indiretos – determinados objetos e pessoas, acontecimentos e expressões ocasionalmente produzem associação de ideias por semelhança, conseguindo projetar na consciência atual as imagens correlatas que dormem sepultadas nos escaninhos da memória extracerebral, trazendo-as de volta – faz que o enfermo se autoapiade do que lhe ocorre no seu mundo íntimo de sombras e receios, criando as auto-obsessões, geratrizes das psicoses várias, quais a maníaco-depressiva, que se expressa, dentre outra forma, pelas tentativas de suicídio com que o espírito reencarnado supõe evadir-se novamente à justiça de que necessita; as perturbações mentais da epilepsia, quando as cenas horrendas conduzem-no às ausências, às convulsões, em face dos desequilíbrios e das consequências daqueles mesmos delitos, impressos como distúrbios na engrenagem encefálica, pela presença das infecções, das disritmias, etc., que são parte expressiva das *psicoses endógenas* estudadas pela Psiquiatria moderna, num capítulo próprio. Noutros processos, são responsáveis pelas neuroses complexas e perturbadoras. (*Tramas do Destino*, p. 64).

◆Epilepsia – Auto-obsessão◆

Em Lisandra, a crise epiléptica, oscilante entre pequeno e grande mal, resultava do pavor que lhe inspiravam as reminiscências culposas, fazendo-a fugir da organização somática. Não obstante reencarnada, desligava-se parcialmente do corpo, induzida pelo medo, quando, então, defrontava os cúmplices e as vítimas do passado que a haviam reencontrado, nela produzindo os justos horrores que a vingança infeliz propicia. Compreensivelmente, sacudido pelas altas cargas energéticas que procedem do espírito e atuam no encéfalo por ele profundamente interpenetrado, este produzia as convulsões, levando a paciente, no caso em pauta, a automatismos psicológicos, nos quais se exteriorizava verbalmente, com palavras que retratavam retalhos das ocorrências pretéritas que se negava aceitar. (*Tramas do Destino*, p. 65).

◆Epilepsia – Distúrbio misto◆

Estamos diante de um distúrbio misto muito grave – falou, pausadamente, o doutor Ximenes. O transtorno fisiológico leva-o à desorganização do raciocínio, à irreflexão, à alienação. Estando, porém, lúcido, em espírito, dá-se conta da perseguição de que se vê objeto, apavorando-se e transmitindo ao cérebro desregulado as emoções que não tem com exteriorizar com correção. Tenta articular palavras para traduzir o pensamento, e as neurotransmissões, torpedeadas pela inarmonia que as interrompe, não conseguem decodificá-las em oralidade lógica, transformando-as em ruídos e vocábulos desconexos. Sob os acúleos da vingança do inimigo tenta fugir, mas permanece fortemente vinculado ao corpo estropiado, experimentando um horror que não pode ser definido. É, nesse momento que, agredido fisicamente pelo desafeto, entra em convulsão, gerando um quadro típico de epilepsia em face das características apresentadas e dos efeitos orgânicos. (*Entre Dois Mundos*, p. 154).

◆Epilepsia e karma◆

Pela lei das afinidades, o espírito calceta é atraído antes da reencarnação à progênie, na qual se encontram os fatores genéticos de que tem necessidade para a redenção. Quase sempre seus genitores estão vinculados, em grupos familiares, a esses espíritos em trânsito doloroso, o que constitui, normalmente, manifestação hereditária, com procedência nos graves males do alcoolismo paterno, no uso dos tóxicos, a se expressarem por meio de fatores múltiplos, tais a fragilidade, orgânica, as excitações psíquicas, as infecções agudas que geram sequelas lamentáveis. Os mais credenciados mestres discutem se as suas causas matrizes são resultado da intoxicação endógena ou consequentes aos distúrbios das glândulas de secreção interna, responsáveis pela cognominada epilepsia genuína. Além dessas há aqueloutras resultantes dos traumatismos cranianos, das afecções como a sífilis, a encefalite, os tumores localizados no sistema nervoso central, as emocionais e alguns autores admitem que a essencial ou idiopática está mais ligada às leis da hereditariedade, não obedecendo a um mecanismo patogênico definido. Mesmo nesses casos, temos que levar em conta os fatores cármicos incidentes para imporem ao devedor o precioso reajuste com as leis divinas, utilizando-se do recurso da enfermidade-resgate, expiação purgadora de elevado benefício para todos nós. (*Grilhões Partidos*, p. 124).

◆Epilepsia e obsessão◆

Este é um importante capítulo da Neuropatologia que merece acurada atenção, particularmente dos estudiosos do espiritismo, tendo em vista a parecença das síndromes epilépticas com as disposições medianímicas, no transe provocado pelas entidades sofredoras ou perniciosas. Mui frequentemente, diante de alguém acometido pela epilepsia, assevera-se que trata de mediunidade a desenvolver, qual se a faculdade mediúnica fora uma expressão patológica da personalidade alienada. Graças à disposição simplista de alguns companheiros pouco esclarecidos, faz-se que os pacientes enxameiem pelas salas mediúnicas, sem qualquer preparação moral e mental para os elevados tentames do intercâmbio espiritual. (*Grilhões Partidos*, pp. 122 e 123).

◆Epilepsia e obsessão - II◆

Indubitalvelmente há processos perniciosos de obsessão, que fazem lembrar crises epilépticas, tal a similitude da manifestação. No caso, porém, em pauta, o hóspede perturbador exterioriza a personalidade de forma característica, através da psicofonia atormentada, diferindo da epilipsia genuína. Nesta, após a convulsão vem o coma; naquela, à crise sucede o transe, no qual o obsessor, nosso infeliz irmão perseguidor, se manifesta. Ocorrência mais comum dá-se quando o epiléptico sofre a carga obsessiva simultaneamente, graças aos gravames do passado, em que sua antiga vítima se investe da posição de cobrador, complicando-lhe a enfermidade, então com o caráter misto. (*Grilhões Partidos*, p. 125).

◆Epilepsia e obsessão - III◆

Supúnhamos que, na epilepsia, defrontávamos invariavelmente o fenômeno obsessivo, sem logicar que no organismo vêm impressas as necessidades de cada um, a se traduzirem como deficiências, limitações, coarctações, problemas de saúde. Idiotia, oligofrenia, mongolismo, epilepsia, psicoses várias, esquizofrenia, demência, são terapêuticas de que se utiliza a justiça divina para alcançar os espíritos doentes, que tentam fugir à verdade, macomunados com o crime e a ilusão. Para que tais cometimentos se realizem, entram em jogo os programas cromossomáticos e genéticos tão bem estudados por Gregório Mendel no século passado, encarregados de expressarem durante a reencarnação os impositivos redentores. (*Grilhões Partidos*, p. 130).

◆Equilíbrio mental◆

Quando nos conscientizamos dos resultados excelentes do equilíbrio mental, das ações nobres, da conservação edificante, em últimas palavras, da vivência das diretrizes do Evangelho de Jesus, a obsessão desaparecerá do nosso mapa evolutivo por total desnecessidade. Não obstante, enquanto haja predomínio em a natureza humana dos baixos níveis de conduta, das aparições brutalizadoras, o intercâmbio de energias desse gênero produzirá afecções psíquicas duradouras, com terríveis reflexos na saúde física. (*Trilhas da Libertação*, p. 33).

◆Equilíbrio mente-corpo e saúde◆

A perfeita interação mente-corpo, espírito-matéria constitui desde já a base do atual modelo holístico para a saúde. A anterior separação cartesiana desses elementos, que constituem um todo, contribui para a terapia médica diante das enfermidades tivesse aplicações isoladas, dissociando a influência de um sobre o outro, com a preponderância dos efeitos de cada um deles na paisagem do equilíbrio orgânico assim como da doença. (*Trilhas da Libertação*, p. 14).

◆Equilíbrio sexual e mediunidade◆

No que diz respeito ao desempenho mediúnico, o sexo equilibrado é de vital importância, por oferecer energias específicas para potencializar os mecanismos delicados de que se utilizam os espíritos. Simultaneamente, a faculdade mediúnica, em razão dessas energias que movimenta, irradia, qual ocorre com outras faculdades artísticas, culturais, cientificas, um campo vibratório que proporciona bem-estar àqueles que se lhe acercam, envolvendo-os em encantamento e admiração. (*Tormentos da Obsessão*, pp. 95 e 96).

◆Equipe mediúnica e obsessão coletiva◆

A inadvertência de médiuns e de psicoterapeutas de desencarnados, embora conhecedores da doutrina espírita, vitimados pela presunção ou pela invigilância, responde pela ocorrência periódica de um lamentável fenômeno de obsessão coletiva nas sessões práticas, que vem ocorrendo em diversos núcleos de atendimento espiritual. Quase sempre o desvio de conduta geral tem lugar, quando alguém, menos afeiçoado ao cumprimento dos deveres em relação à mediunidade com Jesus, descamba na direção da leviandade, deixando-se fascinar por ambições injustificáveis em relação à produção de mensagens relevantes, de exaltação da personalidade, de exibicionismo, ou deixa-se influenciar pela hipnose dos espíritos perseguidores que passam a telecomandá-lo. (*Reencontro com a Vida*, p. 191).

◆Equipe de obsessores◆

Cada processo obsessivo, em face dos fatores que o motivam tem carcterísticas especiais, embora genericamente sejam semelhantes. Há que se levar em conta as resistências morais do paciente, os hábitos salutares ou desregrados a que se submeteu, os títulos de enobrecimento ou vulgaridade que coletou, facultando-lhe recursos atenuantes ou agravantes à condição aflitiva. Normalmente, além dos implicados na demanda, entidades ociosas ou perversas agrupam-se em volta do encarnado em desajuste, complicando-lhe a alienação. Quando se trata de espíritos sequiosos de vingança e possuidores de largos recursos de concentração mental maléfica, fazem-se temidos até mesmo pelos que se lhes assemelham, batendo-os em retirada. Na generalidade, porém, o obsesso experimenta a constrição do seu perseguidor e a pertubação dos que lhe são afins ao problema por sintonia vibratória compreensível. (*Grilhões Partidos*, p. 177).

◆Equipe de trabalho◆

A equipe que se dedica à desobsessão – e tal ministério somente é credor de fé, possuidor de valor, quando realizado em equipe que a seu turno se submete à orientação das equipes espirituais superiores – deve estribar-se numa série incontroversa de intens, de cuja observância decorrem os resultados da tarefa a desenvolver. (*Grilhões Partidos*, p. 16).

◆Equipe de trabalho – Requisitos◆

Assim, faz-se imprescindível na desobsessão, quando se pretende laborar em equipe: a) harmonia de conjunto, que se consegue pelo exercício da cordialidade entre os diversos membros que se conhecem e se ajudam na esfera do quotidiano; b) elevação de propósitos, cujo programa cada um se entrega em regime de abnegação às finalidades superiores da prática medianímica, do que decorrem os resultados de natureza espiritual, moral e física dos encarnados e dos desencarnados em socorro; c) conhecimento doutrinário, que capacita os médiuns e os doutrinadores, assistentes e participantes do grupo a uma perfeita identificação, mediante a qual se podem resolver os problemas e dificuldades que surgem a cada instante no exercício das tarefas desobsessivas; d) concentração, por meio de cujo comportamento se dilatam os registros dos instrumentos mediúnicos, facultando sintonia com os comunicantes, previamente trazidos aos recintos próprios para assistência espiritual; e) conduta moral sadia, em cujas bases estejam insculpidas as instruções evangélicas, de forma que as emanações psíquicas, sem miasmas infelizes, possam constituir plasma de sustentação daqueles que, em intercâmbio, necessitam dos valiosos recursos de vitalização para o êxito do tentame; f) equilíbrio interior dos médiuns e doutrinadores, uma vez que, somente aqueles que se encontram com a saúde equilibrada estão capacitados para o trabalho em equipe; g) confiança, disposição física e moral, que os espíritos, não obstante, invisíveis para alguns, se encontram presentes e atuantes, a eles se vinculando mentalmente em intercâmbio psíquico eficiente e de cujos diálogos conseguem haurir estímulos e encorajamento para o trabalho em execução. Outrossim, as disposições físicas, mediante uma máquina orgânica sem sobrepeso de repastos de digestão difícil, relativamente repousada, pois não é possível manter uma equipe de trabalho dessa natureza utilizando companheiros desgastados, sobrecarregados e em agitação; h) circunspeção, que não expressa catadura, mas responsabilidade, conscientização de labor, apesar da face desanuviada, descontraída e cordial; i) médiuns adestrados, atenciosos, que não se facultem pertubar nem perturbem os demais membros do conjunto, o que significa adicionar, serem disciplinados a fim de que a erupção de esgares, pancadas e gritarias não transforme o intercâmbio santificante em algaravia desconcertante e embaraçosa; j) lucidez do preposto para os diálogos, cujo campo mental harmonizado deve oferecer possibilidades de fácil comunicação com os instrutores desencarnados a fim de cooperar eficazmente com o programa em pauta, evitando discussão infrutífera, controvérsia irrelevante, debate dispensável ou informação precipitada ao atormentado que ignora o grave transe de que é vítima e em cujas teias dormita semi-hebetado apesar da ferocidade que demonstra ou da agressividade de que se reveste; l) pontualidade, a fim de que todos os membros possam ler e comentar em esfera de conversação edificante com que se desencharcam dos tóxicos físicos e psíquicos que carregam em consequência das atividades normais. (*Grilhões Partidos*, pp. 17 e 20).

◆Equívocos existenciais◆

O equívoco em torno da existência planetária, que é de educação de valores, de aquisição de bens espirituais, é o responsável pelo terrível engodo de querer-se alucinadamente extrair do corpo todas as sensações que ele pode proporcionar, sem a lucidez necessária para compreender-se que, dessa forma, se o exaure mais rapidamente, portanto, diminuindo o tempo disponível para a sua fruição. As mentirosas promessas do gozar até a exaustão seduzem e passam rapidamente, sendo substituídas pela realidade do cansaço, do desencanto, das novas necessidades de continuar experimentando o prazer fugaz que se transforma em revolta e ressentimento. O cardápio da mesa farta do gozo, embora a beleza exterior, oculta acepipes venenosos e líquidos alucinantes que envilecem o caráter e intoxicam a vida. Uma existência saudável é o único meio para futuras reencarnações plenificadoras. (*Transtornos Psiquiátricos e Obsessivos*, p. 9).

◆Escolhos para os médiuns◆

Como os inferiores são mais comuns no intercâmbio com os homens por invigilância destes, eles compartilham a vida produzindo constrangimentos obsessivos por ignorância e quando são maus impõem por desforço, inveja, vaidade etc. Os antídotos, porém, contra tal escolho, como de quaisquer outros, são o conhecimento, o estudo correto e a salutar vivência do espiritismo. Além desse penoso gravame (a obsessão imposta pelo desencarnado, diretamente), outros há inspirados pelos espíritos imperfeitos: o açodar das paixões inferiores que cada ser conduz consigo, açulando desejos desenfreados de qualquer nomenclatura; o arrojar pessoas inescrupulosas sobre ou contra o portador das forças mediúnicas (o mesmo ocorre em relação aos indivíduos que se esforçam por preservar suas faculdades morais, que então experimentam o cerco nefasto que lhes é imposto pelas mentes atormentadas da erraticidade); as facilidades de toda natureza, desde a bajulação mentirosa às incursões mais atrozes no que diz respeito aos deveres assumidos. (*Tramas do Destino*, p. 155).

◆Escravos no Brasil – Fugitivos da Europa◆

O eito da escravidão foi efeito de loucuras que praticastes em existências passadas, na Europa, donde fostes degredados em espírito, para renascerdes na África, que vos proporcionaria o calvário libertador. O orgulho ferido, as reminicências e o egoísmo uniram-se para vos destroçar, e não o que vos fizeram os caçadores de escravos e o infeliz senhor. (*Loucura e Obsessão*, p. 210).

♦Esforço do obsidiado♦

Nunca se deve esquecer, que sendo o obsidiado o devedor, é muito justo que sua contribuição maior como em qualquer problema de reorganização da saúde, seja o esforço pessoal, o mais relevante, assim como o sacrifício do paciente deve constituir a maior quota no processo da própria recuperação. Dificilmente compreendem esta realidade simples, os que encontram enredados nos problemas que exigem renovação própria. E mesmo alguns que o entendem nem sempre se conscientizam do esforço, até a exaustão, se necessário, que lhes cumpre desenvolver. (*Painéis da Obsessão*, pp. 287 e 288).

♦Esforço pessoal – Terapia♦

Ignorava e teimava por ignorar o valor da contribuição pessoal, através do cultivo das forças superiores pelo pensamento edificado no bem, suscetíveis de reativar as energias físicas e mentais, como se adquirem créditos, graças à submissão resignada com que se minoram os gravames sofridos e se reorganizam os mapeamentos do determinismo espiritual, modificando-se, inclusive, não raro, os quadros patológicos, as linhas do destino, as diretrizes da vida. (*Tramas do Destino*, p. 71).

♦Espiritismo e libertação♦

O espiritismo, sem dúvida, é uma ciência de libertação de consciências e de vidas, por trabalhar na causa das aflições que aturdem o espírito humano, no seu processo de crescimento moral e de significação individual. Penetrando a sua sonda de investigação no âmago do ser, identifica as razões geradoras dos seus padecimentos e oferece-lhe a terapêutica especial da regeneração moral para que desapareçam as raízes do mal em predominância. Ao mesmo tempo, a sua proposta cristã de caridade constitui o seguro suporte para os resultados felizes em quaisquer tentames de natureza socorrista. (*Transtornos Psiquiátricos e Obsessivos*, p. 53).

♦Espiritismo – Identificação/doença-física/obsessiva♦

Sem o conhecimento do espiritismo, difícil lhe será distinguir se uma enfermidade física resulta de uma indução obsessiva, ou se uma alienação mental não é portadora de típica psicogênese. O preconceito ancestral que separava a física da metafísica esfacelou-se, a medicina das terapias alternativas e das doutrinas psíquicas em geral, e da espírita em particular, cede lugar a um perfeito entrelaçamento para identificação correta do homem e suas necessidades, assim como dos melhores processos para a sua promoção, o seu equilíbrio humano, espiritual, social. (*Trilhas da Libertação*, p. 35).

♦Espiritismo e libertação♦

O espiritismo, sem dúvida, é uma ciência de libertação de consciências e de vidas, por trabalhar na causa das aflições que aturdem o espírito humano, no seu processo de crescimento moral e de significação individual. Penetrando a sua sonda de investigação no âmago do ser, identifica as razões geradoras dos seus padecimentos e oferece-lhe a terapêutica especial da regeneração moral para que desapareçam as raízes do mal em predominância. Ao mesmo tempo, a sua proposta cristã de caridade constitui o seguro suporte para os resultados felizes em quaisquer tentames de natureza socorrista. (*Transtornos Psiquiátricos e Obsessivos*, p. 53).

♦Espírito e corpo – Mente e matéria♦

Espírito e corpo, mente e matéria não são partes independentes do ser, mas complementos um do outro, que se inter-relacionam poderosamente através do psicossoma ou corpo intermediário-perispírito-encarregado de plasmar as necessidades evolutivas do ser eterno na forma física e conduzir as emoções e ações as telas sutis da energia pensante, imortal, então reencarnada. Sem essa visão da realidade do homem, a sua análise é sempre deficiente e o conhecimento sobre ele de pequena monta. (*Trilhas da Libertação*, p. 17).

◆Espíritos familiares◆

Muitas pessoas acreditam que nesses lugares onde se encontram alienados ou nos cárceres, somente permanecem espíritos perversos e obsessores, considerando-se os compromissos dolorosos a que estão vinculados os seus residentes. Apesar da presença destes, mães dedicadas, parceiros amorosos, pais gentis, filhos e amigos queridos já desencarnados, igualmente trabalham em favor daqueles aos quais amam, a fim de atenuar-lhes os sofrimentos, de ajudá-los no refazimento, de inspirá-los no rumo da saúde. E não poderia ser diferente, tendo-se em vista que se encontram em processo de reparação, portanto, quitando os débitos com os divinos códigos. (*Transtornos Psiquiátricos e Obsessivos*, p. 67).

◆Espiritismo e obsessão◆

O espiritismo, que é o mais eficaz e fácil tratado de higiene mental, desempenha um relevante papel, qual seja o de prevenir o homem dos males que ele gera para si mesmo e lhe cumpre evitar, como facultando-lhe os recursos para superar a problemática obsessiva, ao mesmo tempo apoiando e enriquecendo os nobres profissionais e missionários da Psicologia, da Psiquiatria e da Psicanálise. (*Nas Fronteiras da Loucura*, p. 11).

◆Espontaneidade no centro espírita◆

Vemos Instituições respeitáveis, nas quais um outro tipo de ritual, mesmo onde se diz detestá-lo, vai tomando corpo e devorando a espontaneidade: é o formalismo, que poderíamos também chamar de indiferença ou desamor. Não se diz uma palavra de estímulo ou não se fazem comentários, receando-se elogios, embora nunca se poupem críticas ácidas e destrutivas. Noutras sociedades, tão logo terminam as reuniões, todos partem, como se desejassem fugir do recinto, e correm para programas antagônicos, no fundo e na forma, ao de que haviam participado, encharcando-se deles antes de dormir. Em suma: não se comentam as ocorrências ou as instruções, as conferências ou os estudos, os debates nem as sugestões, não se fixando, como efeito, o que deveria constituir um aprendizado valioso. Quase todos têm pressa de ir-se, alguns porque estabelecem compromissos posteriores, nos quais anulam o que granjearam, na reunião, e outros, por motivo nenhum, simplesmente porque não têm assunto a comentar, ou já sabem a respeito de tudo, ou não se interessem por sabê-lo. (*Loucura e Obsessão*, p. 152).

◆Esquizofrenia◆

O esquizofrênico, segundo a escola bleuleriana, não tem destruída, conforme se pensava antes, a afetividade, nem os sentimentos; somente que os mesmos sofrem dificuldade para ser exteriorizados, em razão dos profundos conflitos conscienciais, que são resíduos das culpas passadas. E porque o espírito se sente devedor, não se esforça pela recuperação, ou teme-a, a fim de não enfrentar os desafetos, o que lhe parece a pior maneira de sofrer, do que aquela em que se encontra. Nesses casos, pode-se dizer, como afirmava o ilustre mestre suíço, que a esquizofrenia se encontra no paciente, de forma latente, pois que, acentuamos, é lhe imposta desde antes da concepção fetal. Razão essa que responde pelas sintomatologias neuróticas, produzindo alterações da personalidade que se vai degenerando em razão dos mecanismos de culpa impressos no inconsciente. Assim, não é raro que o paciente fuja para o autismo. Rigidez, desagregação do pensamento, ideias delirantes, incoerência são algumas alterações do comportamento esquizofrênico, originadas nos recessos do espírito que, mediante a aparelhagem fragmentada, se expressa em descontrole, avançando para a demência, passando antes pela fase das alucinações, quando reencontra os seus perseguidores espirituais que ora vêm ao desforço. Sejam, portanto, quais forem os fatores que propiciam a instalação da esquizofrenia, no homem, o que desejamos é demonstrar que o espírito culpado é o responsável pela alienação que padece no corpo, sendo as suas causas atuais consequências diretas ou não do passado. (*Loucura e Obsessão*, p. 50).

◆Esquizofrenia – Causas◆

Se levarmos em conta, porém, que o paciente esquizofrênico é um ser imortal, que ele procede de experiências ancestrais, que traz, nos tecidos sutis do espírito, os fatores que o predispõem à síndrome que se manifestará mais tarde, compreenderemos que as mudanças químicas no cérebro, os fenômenos genéticos, as alterações estruturais, são efeitos da sua consciência de culpa, da sua necessidade moral de reparação dos crimes cometidos, que ficaram ignorados pela justiça terrestre, mas que ele conhece. Entendendo-se o espírito como o ser causal, em processo de evolução, adquirindo experiências e superando as manifestações primárias através de novas experiências iluminativas, trataremos dos inevitáveis efeitos dos seus atos danosos, mas remontaremos à causalidade que se encontra no ser real e não no seu símile material. (*Entre Dois Mundos*, pp. 142 e 143).

◆Esquizofrenia – Definições◆

Definimos, então, a esquizofrenia, primeiro: como um transtorno espiritual, que se manifesta no corpo físico, através de uma série de desequilíbrios já referidos, mas decorrente da necessidade de o espírito resgatar os delitos praticados em existências anteriores. Chamá-la-emos, nesse caso, de um distúrbio orgânico, já que foram impressas no aparelho fisiológico todas as necessidades para a liberação. Segundo: de um processo de natureza obsessiva, em que o agente perturbador, hospedando-se no perispírito do seu inimigo, aquele que antes o infelicitou, atormenta-o, apresenta-se-lhe vingador, desorganiza-o interiormente, desestabiliza as conexões neuronais, produz-lhe outras disfunções orgânicas, delírios, alucinações. Terceiro: de um processo misto, no qual o enfermo fisiológico é também vítima de cruel perseguição, tornando-se obsidiado simultaneamente. Seja, porém, em qual classificação se enquadre o paciente psiquiátrico, ele é digno de compaixão e de amizade, de envolvimento fraternal e de interesse profissional, recebendo, não somente a terapêutica específica proposta pela Psiquiatria, mas também a espiritual apresentada pelo espiritismo, que estuda e investiga o ser integral, constituído por espírito ou causa inteligente do ser, perispírito ou invólucro semimaterial que lhe preserva as necessidades, possuidor de várias e específicas funções, a fim de imprimi-las na organização física, e essa, ou corpo somático, por onde deambula na execução do programa de sublimação que lhe é proposto. (*Entre Dois Mundos*, pp. 144 e 145).

◆Esquizofrenia e obsessão◆

Nosso paciente é vítima de pertinaz obsessão, enquanto que, por decorrência da conduta arbitrária que se permitiu, renasceu com os ferretes da esquizofrenia, de que necessita para reparar os males praticados, transtorno esse que decorre de um mosaico de sintomas e de distúrbios de outra ordem. (*Entre Dois Mundos*, p. 137).

◆Esquizofrenia – Sintomas◆

A sua sintomatologia é muito abrangente, considerando-se entre outras manifestações: a perturbação do pensamento – incoerência, neologismos, vagas associações, delírio –; distúrbios de percepção e da atenção – perturbação nas sensações do corpo, alucinações auditivas e raras visuais, despersonalização, dificuldade de escolher e de inundação de estímulos; perturbações motoras – conduta excêntrica e esdrúxula, variação entre a imobilidade catatônica e a hiperatividade; perturbações afetivas – afeto insignificante, impassível ou inadequado, ambivalente, diverso do contexto, variando entre os extremos–; isolamento social, solitário, sem amigos, desinteresse sexual, medo de convivência com os outros. (*Entre Dois Mundos*, p. 140).

◆Estudo e desobsessão◆

Em qualquer processo obsessivo, é de efeito superior a renovação e a conscientização dos envolvidos, do que resultam os primeiros benefícios imediatos, que são: o despertamento para as responsabilidades do espírito, o amor desinteressado, o perdão indistinto e o desejo honesto da inadiável reparação aos danos causados. Encetado o esforço da melhoria de dentro para fora, mais fácil a liberação dos compromissos infelizes que engendram amargura e dor. Por essa razão, nunca se devem desconsiderar as construibuições do estudo doutrinário, na terapêutica desobsessiva, não apenas por parte dos litigantes diretos como também do grupo familial, fortemente vinculado ao ploblema espiritual. (*Grilhões Partidos*, p. 171).

◆Estudo e trabalho◆

O simples afastamento da entidade perseguidora não é fator de paz naquele que se lhe vinculava. Em processos obsessivos quais os de Mariana, há sempre uma mediunidade latente que oferece recursos de sintonia psíquica entre perseguidor e perseguido. Com o afastamento do primeiro, as possibilidades medianímicas do segundo se dilatam, sendo necessário educar, disciplinar, instruir o médium para que este adquira os recursos que o capacitem à defesa própria, aos cuidados contra as ciladas bem urdidas de outros espíritos infelizes ou levianos, enfim, que preparam o seareiro em potencial para o labor na gleba imensa do Cristo, na qual escasseiam, ainda agora, trabalhadores diligentes e devotados. (*Nos Bastidores da Obsessão*, p. 212).

◆Evangelho e obsessão◆

Muita falta faz a palavra de Jesus no coração e na mente das criaturas humanas em ambos os lados da vida. Extraordinária fonte de sabedoria, as Suas lições constituem mananciais de saúde e de paz que plenificam, assim que sejam vivenciadas, imunizando o ser contra as terríveis perturbações de qualquer ordem. Mas o mundo ainda não compreende conscientemente o significado do Mestre na sua condição de modelo e guia da humanidade, o que é lamentável, sofrendo, as consequências dessa indiferença sistemática. (*Tormentos da Obsessão*, p. 68).

◆Evangelho e obsessão - II◆

Quando nos referimos às subjugações físicas, recordamo-nos

do mestre, defrontando diversas vezes entidades perversas que produziam impedimentos motores e distúrbios fisiológicos nas suas vítimas, tanto quanto perturbações na área mental. O evangelista Mateus se reporta nos versículos 32 e 33 do capítulo nono sobre o fato: foi-lhe trazido um mudo endemoniado. Expulso o espírito imundo, o mudo falou. Mais adiante, o mesmo evangelista, no capítulo 12, versículo 22, comenta que lhe trouxeram um endemoniado, cego e mudo. Ele o curou de modo que o enfermo falava e via. Epilepsia, paralisia das pernas, hidropisia, deformação orgânica e surdez sob ação espiritual enfermiça, receberam do Mestre a cura mediante o afastamento do fator causal – o espírito obsessor em trama de vingança cruel. Na área mental, a interferência de Jesus, defrontando os alienados por obsessão, está, reiteradas vezes, narrada pelas testemunhas e pelos que ouviram as informações dos que a presenciaram ou da boca das suas próprias vítimas. (*Painéis da Obsessão*, pp. 62 e 63).

◆Evangelho no lar◆

O culto Evangélico no Lar, como natural consequência, se fazia realizar entre os gáudios e esperanças. Música suave do clássico universal predispunha os assistentes, antes da reunião ao recolhimento, à oração, em cujos momentos acalmavam-se dos atros problemas e desembaraçavam-se dos fluidos perniciosos. O grupo reduzido constituia-se de doze a quinze pessoas, em frequência habitual, interessadas na reforma íntima, empenhadas na autoiluminação. (*Grilhões Partidos*, p. 77).

◆Evangelho no lar - II◆

Aquele era o dia reservado ao estudo espírita do evangelho no lar, de alto signifcado para nossa anfitrioa, para os participantes habituais, quanto para nós outros também. A partir das dezessete horas começaram a chegar os desencarnados amigos, que se associavam ao formoso labor. Procedentes de comunidades diferentes, o ensejo facultava reencontros felizes, conversações agradáveis, intercâmbio de experiências educativas, informações, notícias de familiares e afetos. A ocasião era propiciatória a muitos júbilos, inclusive, em razão das vibrações refazentes que ali se experimentavam. Verdadeiro santuário, o lar era o protótipo dos futuros ninhos domésticos de onde se irradiarão harmonias para a humanidade. A dimensão física da sala de reuniões desaparecera, cedendo lugar a um espaço amplo e acolhedor, onde quase uma centena de espíritos podíamos acomodar-nos sem atropelos, embora os encarnados não devessem ultrapassar a vinte. Às dezenove horas, deram entrada os primeiros sofredores desencarnados, sob carinhoso amparo de familiares zelosos, a fim de que se beneficiassem com a psicosfera reinante, ouvissem os estudos, recebessem as vibrações de paz e ânimo para o despertar, o prosseguir em confiança. (*Trilhas da Libertação*, p. 166).

◆Evolução da mediunidade◆

O período dos fenômenos mediúnicos ostensivos, ruidosos, mesmo chocantes, vai cedendo lugar às sutilezas do comportamento, à educação dos pacientes, de modo a ser lograda a cura real, e a mediunidade deixar o palco do exibicionismo, que a uns convence, mas não os transforma intimamente para melhor, e a outros, pelo seu aspecto agressivo, como no caso em tela, provoca debate, suspeita, confusão mental. Este é o momento da doutrina espírita acima da manifestação mediúnica, embora a sua imensa contribuição à causa do bem. (*Trilhas da Libertação*, p. 267).

◆Exemplo espírita◆

A seriedade no trato com a aplicação da doutrina, na vivência e na operação da fraternidade, chamará a atenção para os seus valiosos conteúdos iluminativos, defluentes da lógica e da razão, despertando o interesse daqueles que o desconhecem, que identificarão os excelentes frutos da sua árvore abençoada através dos atos dos seus profitentes. Convence-se mais pelo exemplo do que pelas palavras, exceções feitas em algumas circunstâncias, quando o conhecimento profundo faz-se incontestável. Aos espíritas, portanto, está confiada a tarefa de projetar a luz mirífica da imortalidade nas densas sombras do materialismo terrestre, orientando as consciências obnubiladas pela ignorância dos seus postulados, assim como demosntrando a sua excelência pela conduta feliz que se permitem. (*Transtornos Psiquiátricos e Obsessivos*, p. 54).

◆Exorcismo e obsessão◆

A prática do exorcismo redunda inútil, particularmente no que tange aos chamados gestos sacramentais e às palavras cabalísticas, que produzem zombaria nos espíritos perseguidores, tanto quanto nos galhofeiros, que se comprazem acompanhando o ridículo daqueles que pretendem expulsá-los com comportamentos esdrúxulos, sem qualquer requisito moral que os credencie à terapêutica curativa. Quando ocorrem resultados positivos no tratamento de obsessos por meio desse recurso, defrontam-se as qualidades espirituais do terapeuta e não os comportamentos estranhos que se permite, portanto, somente as energias elevadas, que decorrem das condutas moral e mental podem afastar os espíritos infelizes daqueles que lhes padecem a injunção penosa. Apesar disso, para que o processo curativo se dê corretamente, são indispensáveis a transformação ética do paciente, as suas atividades de beneficência e de fraternidade, o compromisso com o amor e a oração, a fim de revestir-se de valores elevados que lhe facultem a sintonia com outras faixas vibratórias, evitando a urdidura de novas perturbações. (*Reencontro com a Vida*, p. 41).

♦F♦

♦Falanges de obsessores♦

O fenômeno biológico da morte, ao libertar o espírito das amarras carnais, apenas transfere-o de uma para outra dimensão, preservando os seus valores, positivos ou não. Deparando-se com a própria realidade, permanece errático, associando-se aos que se afina e formando, assim, hordas e legiões perniciosas como ocorre entre os homens encarnados. Quando alguém se dá conta da própria situação, caindo em si e resolvendo mudar de comportamento, diligentes benfeitores que o assistem, sem que o saiba, acorrem em auxiliá-lo, recambiando-o para outro campo vibratório no qual se reeduca, reconsidera atitudes e reprograma o futuro. Permanecendo na rebeldia, na insensatez e na ociosidade, além de se perturbar em longo curso, torna-se vítima de sicários mais impenitentes, que o exploram e o utilizam para fins hediondos até o momento em que luz a divina misericórdia e a expiação o reconduz ao processo reencarnatório depurador. (*Trilhas da Libertação*, pp. 250 e 251).

♦Falta de percepção dos espíritos imperfeitos♦

Noutras tentativas, em circunstância diversa, ambas estiveram próximas, buscando alcançá-lo sem conseguirem, pois ele se encontrava encerrado em si mesmo. Se a pessoa não se volta e não se descerra para o bem, deixando-se permeabilizar, fica atrofiada nos sentimentos nobres, deambulando nas faixas inferiores sem que os registros captem os apelos mais elevados que chegam. (*Nas Fronteiras da Loucura*, p. 129).

◆Faltas dos médiuns aos trabalhos◆

Organizada a tarefa e estabelecidos os parâmetros de ação, espera-se que a equipe de colaboradores encarnados encontre-se igualmente sintonizada com a atividade a fim de ser conseguido o êxito anelado. Quando o médium ou o doutrinador, por motivo frívolo, falta ao compromisso, exige que seja modificado o roteiro estabelecido quando isso é possível, sendo tomadas providências de urgência, certamente previstas pelos mentores já que eles não agem por ações de improviso. Esse conjunto de trabalho harmônico obedece a um ritmo seguro que somente os membros encarnados podem perturbar. (*Reencontro com a Vida*, pp. 135 e 136).

◆Família – Atitude ante o desencarne◆

Assim que as famílias tomassem conhecimento do infortúnio que as alcançava, a falta de preparo espiritual para as realidades da breve existência corporal desataria o superlativo das aflições, provocando a atração ao lar de alguns daqueles seres queridos, ora em condição delicada. A lamentação e os impropérios que a ausência de segurança religiosa a par da angústia enlouquecedora e da revolta, promovendo cenas que poderiam ser evitadas, produzem no espírito recém-liberto, maior soma de desconforto, porquanto, atravessando momentos de alta sensibilidade psíquica, automática vinculação ao corpo sem vida e a família, transformam-se em chuvas de fagulhas comburentes que os atingem, ferindo-os ou dando a sensação de ácidos que os corroem por dentro. Desejam atender sem poder fazê-lo. (*Nas Fronteiras da Loucura*, p. 106).

◆Família e desobsessão◆

Sem dúvida, quando alguns pacientes, especialmente nos

casos de obsessão, se afastam do lar, melhoram, pois diminuem os fatores incidentes do grupo endividado com o dos cobradores desencarnados, o que não impede que os desequilíbrios voltem ao retornarem ao seio da família, que por sua vez não se renovou nem se elevou. Enfim, não impede de liberar-se das viciações que favorecem a presença da perturbação obsessiva. Por isso torna-se imprescindível, nos processos de desobsessão, que a família do paciente seja alertada para as responsabilidades que lhe dizem respeito, de modo a não transferir ao enfermo toda a culpa ou dele não se desejar libertar, como se a sabedoria celeste, ao convocar o calceta ao refazimento, estivesse laborando em erro e causando sofrimento àqueles que nada teriam a ver com a problemática do que padece. Tudo é muito sábio nos códigos superiores da vida. Ninguém os desrespeitará impunemente. (*Grilhões Partidos*, pp. 29 e 30).

◆Família e obsessão◆

No que tange à família, é importante que se considere a contribuição como valiosa, porquanto todo problema psíquico e mesmo físico em alguém traz uma correlação com os membros do clã. Especialmente no capítulo das obsessões, é evidente que o enfermo se torne, de alguma forma, instrumento de cobrança, mesmo que indireta, para aqueles com quem vive e a quem se vincula por impositivos do passado. O grupo familiar é constituído por seres que se necessitam para os cometimentos evolutivos inevitáveis. (*Loucura e Obsessão*, p. 214).

◆Família e obsessão - II◆

Vinculados os espíritos ao agrupamento familiar pelas necessidades da evolução em reajustamentos recíprocos, no problema da obsessão os que acompanham o paciente estão fortemente ligados ao fator predisponente, caso não tenham sido responsáveis pelo insucesso do passado, agora convocados à cooperação no ajustamento das contas. Afirma-se que aqueles espíritos que acompanham os psicopatas sofrem muito mais do que eles mesmos. Não é verdade. Sofrem, sim, por necessidade evolutiva, já que têm responsabilidade no insucesso de que ora participam, devendo, por isso, envidar esforços para a libertação dos sofredores, libertando-se igualmente. (*Grilhões Partidos*, pp. 28 e 29).

◆Família e obsessão - III◆

Quando alguém tomba nas malhas dos desequilíbrios mentais e espirituais no seio de qualquer família, gerando sofrimento a outrem, não se trata de ocorrência casual, mas causal. Naquele grupo encontram-se outros espíritos que participaram das mesmas infames refregas, ora em recomposição. As divinas leis são inexoráveis, porquanto funcionam com estável critério de justiça e sem qualquer privilégio para quem quer que seja. A cada ação corresponde uma reação de idêntico efeito. O grupo familiar é santuário de renovação coletiva, onde todos os membros se encontram para crescer juntos, reconciliar-se, aprender a servir e a ampliar a capacidade de amar. (*Transtornos Psiquiátricos e Obsessivos*, p. 10).

◆Fantasias de carnaval e obsessão◆

As incursões aos sítios de desespero e loucura são muito comuns entre os homens que se vinculam aos ali residentes pelos fios invisíveis do pensamento, em razão das preferências que acolhem e dos prazeres que se facultam no mundo íntimo. Fixados como clichês mentais, ressurgem na consciência e são recopiados pelos que estão habituados e eles, recompondo, na extravagância do prazer exacerbado, a paisagem donde procedem e à qual se vinculam. (*Nas Fronteiras da Loucura*, p. 68).

◆Fascinação◆

Face às leis de afinidade e de sintonia que vigoram em toda parte, logo a instrumentalidade mediúnica passa a emitir vibrações de baixo teor e torna-se campo de extenuantes combates com predominância de viciações crescentes. Não poucas vezes, são os espíritos perversos que promovem a situação aflitiva, inspirando os médiuns às defecções morais em razão da sua fragilidade em relação aos valores éticos. No entanto, tornando-se presunçosos, recusam-se a meditar em torno das advertências que chegam para eles de ambos os planos da vida, se negando ao autoexame do comportamento a que se afeiçoam, expulsando do convívio os amigos legítimos que passam a considerá-los inimigos, enquanto se deixam arrastar pelos demais telementalizados dos referidos cruéis adversários que também os utilizam para a grande derrocada. (*Tormentos da Obsessão*, p. 181).

◆Fascinação - II◆

Ninguém está programado para o sofrimento, a desídia e o mal. Desarmando-se dos recursos defensivos, tomba o homem na agressão que o sitia ou enfrenta. Os esforços que empreende, a par das ações que executa, constituem couraça contra o mal e conquistas para alçá-lo às faixas vibratórias próprias que o defendem e liberam. A fascinação, por isso mesmo, decorre da indolência moral e mental do paciente e do exacerbar dos seus valores negativos, que são espicaçados habilmente pelo seu antagonista espiritual. Em consequência, os tentames para a libertação se apresentam mais complexos, exigindo abnegação, esforço e assistência contínua. (*Nas Fronteiras da Loucura*, p. 22).

◆Fascinação – Isolamento do obsidiado◆

Na medida em que o campo mental da vítima cede área, essa assimila não apenas a indução telepática, mas também as atitudes e formas de ser do seu hóspede. Nesse interregno, a pessoa perde a noção do ridículo e das medidas habituais que caracterizam o discernimento, acatando sugestões que incorporam e aceitando inspirações como diretrizes, que a todos se apresentam como disparates e que a ela são perfeitamente lógicas. Porque conhecem as imperfeições morais, o caráter e a conduta daqueles aos quais perturbam, os espíritos inspiram e impõem as ideias absurdas com que objetivam isolar o paciente dos recursos e das pessoas que os podem auxiliar. (*Nas fronteiras da Loucura*, p. 21).

♦Feitiços e obsessão♦

O atraso moral das criaturas, na impossibilidade de enfrentarem o próximo e prejudicá-lo diretamente, além do mal que supõem fazer usando recursos ignóbeis na sociedade, leva-as a recorrer a expedientes tenebrosos no campo do intercâmbio espiritual através do comércio extravagante e perigoso com as entidades primitivas e perversas, ou a buscarem glórias e soluções para problemas e amores através dos mesmos escusos processos. Caem, inevitavelmente, nas armadilhas que preparam para os outros, porquanto, se homiziando psiquicamente com esses sequazes do mal, deles não se libertarão com facilidade durante a vilegiatura carnal e depois dela, quando lhes advier a desencarnação. Os vínculos com o crime atam os delinquentes no mesmo móvel de responsabilidade. (*Loucura e Obsessão*, p. 122).

♦Férias nos centros espíritas♦

Alguns afirmam a necessidade de cerrar as portas das sociedades espíritas nos primeiros meses do ano sob alegação de férias coletivas, palavra que aqui não tem qualquer sentido positivo ou útil, já que o trabalho para nós tem primazia no próprio conceito do Mestre quando afirma: "meu Pai até hoje trabalha e eu também trabalho". Certamente, o repouso é uma necessidade e é normal que muitos companheiros, por motivos óbvios, procurem o refazimento em férias e recreações. Sempre haverá, no entanto, aqueles que permanecem e podem prosseguir sustentando pelo menos algumas atividades na casa espírita, que deve permanecer oferecendo ajuda e esclarecimento e educando almas através da divulgação dos princípios e conceitos doutrinários com a vivência da caridade. Advoga ser imprescindível fechar a instituição espírita nos dias de carnaval e de outras festas populares por causa das vibrações negativas, para evitar perturbações de pessoas alcoolizadas ou vândalos que se aproveitam dessas ocasiões para promoverem a desordem. A sociedade espírita, que se sustenta na realização dos postulados que apregoa, tem estruturas que a defendem de um como do outro lado da vida. Depois, cumpre aos dirigentes tomar providências mediante maior vigilância em tais ocasiões, que impeçam a intromissão de desordeiros ou doentes sem condição de ali permanecer. Acautelar-se, em exagero, do mal, é duvidar da ação do bem. Temer agir corretamente constitui ceder campo à insânia. Nestes dias, nos quais são maiores e mais frequentes os infortúnios, os insucessos e os sofrimentos, é que se deve estar a posto no lar da caridade a fim de poder ministrar socorro. Por fim, quanto às vibrações serem mais perniciosas em dias deste porte, não há dúvida. A providência a ser tomada deve constituir-se de reforço de valor e de energias salutares para enfrentar a situação. (*Nas Fronteiras da Loucura*, pp. 152 e 153).

◆Fim das obsessões◆

Quando as criaturas despertarem para a compreensão dos fenômenos profundos da vida, sem castração ou fugas e sem ganchos psicológicos ou transferências, romper-se-ão as algemas da obsessão na sua variedade imensa, ensejando o encontro do ser com a sua consciência e o descobrimento de si mesmo e das finalidades da existência corporal no mapa geral da sua trajetória eterna. (*Trilhas da Libertação*, p. 104).

◆Fixação mental◆

A viciação mental resultante do pensamento vibrando na mesma onda, gera a ideia delinquente na psicosfera pessoal do seu emitente, aglutinando forças da mesma qualidade, por sua vez emanadas por inteligências desajustadas, que se transformam em energia destruidora. Tal energia é resultante do bloqueio mental pela densidade da tensão no campo magnético da aura. Ali, então, se imprimem por força da monoideia devastadora as construções psíquicas que se convertem em instrumento de flagício pessoal ou em instrumento de suplício alheio, operando sempre no mesmo campo de vibrações mentais idênticas. Quando essas energias são dirigidas aos encarnados e sintonizam pela onda do pensamento, produzindo as lamentáveis obsessões que atingem igualmente os centros da forma, degeneram as células encarregadas do metabolismo psíquico ou físico, manifestando-se em enfermidades perturbadoras de longo curso. Por essa razão, felicidade ou desdita, cada um conduz consigo mesmo, graças à direção que oferece ao pensamento, no sentido da elevação ou do rebaixamento do espírito, direção essa que é força a se transformar em alavanca de impulsão ou em cadeia retentiva nas regiões em que se imanta. (*Nos Bastidores da Obsessão*, pp. 72 e 73).

◆Fixação mental - II◆

Médiuns vários encontravam-se em transe e os espíritos que se comunicavam eram, invariavelmente, portadores de altas fixações com a vida física que não conseguiram superar através da morte. Na sua ignorância, compraziam-se com os interesses anteriores, nutrindo-se de imagens viciosas, que ali tratava de extirpar, mediante o fenômeno da incorporação mediúnica e pela assistência que lhes ministravam os benfeitores da casa, auxiliando-os lentamente a desimantar-se e a se descobrirem ou induzindo-os a outras conquistas. (*Loucura e Obsessão*, p. 227).

◆Fixação mental e afinidades anteriores◆

Fixada a ideia infeliz, os porões do inconsciente desbordam as impressões angustiosas que dormem armazenadas, confundindo-se na consciência com as informações atuais, ao tempo em que se encontra em desordem pela influência da parasitose externa que vai se assenhoreando do campo exposto sem defesas. Por natural processo seletivo e tendo em conta as tendências, as preferências emocionais e intelectuais do paciente e a injunção produz melhor aceitação das recordações perniciosas, que servem de veículo e acesso ao pensamento do invasor. A polivalência mental, em casos desta natureza, tende ao monodeísmo, que produz os quadros da fascinação torturante e, por fim, da subjugação de difícil reversibilidade. (*Nas Fronteiras da Loucura*, p. 17).

◆Fixação mental e alterações do perispírito◆

O conhecimento das propriedades do perispírito, conforme

as lúcidas referências do eminente codificador do espiritismo, Allan Kardec, é a única forma de compreender os inúmeros enigmas que dizem respeito à saúde física, mental e emocional dos indivíduos, bem como os processos de evolução do ser humano. Sede da alma, arquiva as experiências que são vivenciadas bem como os pensamentos elaborados, transformando-os em realidade conforme a intensidade da sua constituição. Eis por que a fixação de determinadas ideias termina por se impor na face da criatura, exteriorizando o seu comportamento interior mesmo quando o disfarce se apresenta ocultando as estruturas reais da personalidade. Graças a este poder plástico, que é uma das propriedades básicas, as ideias demoradamente mantidas levam a estados obsessivo-compulsivos que terminam por alterar a forma do ser, que passa a vivenciar uma monoideia degenerativa e desagregadora da estrutura molecular de que esse corpo sutil se constitui. Essa condição permite que entidades perversas e vingativas induzam as suas vítimas a assumir posturas bizarras e infelizes mediante largos processos de hipnose a que se deixam arrastar. Esse fenômeno ocorre, todavia, porque há uma ressonância vibratória em quem entra em contato com esses técnicos espirituais encarregados de realizar processos perturbadores. (*Tormentos da Obsessão*, pp. 174 e 175).

◆Fixação mental e comando do obsessor◆

Estabelecidas as fixações mentais, o hóspede desencarnado lentamente assume o comando das funções psíquicas do seu hospedeiro, passando a manipulá-lo a bel-prazer. Isso, porém, ocorre em razão da aceitação parasitária que experimenta o enfermo, que poderia mudar de comportamento para melhor e, dessa forma, conseguir anular ou destruir as induções negativas de que se torna vítima. No entanto, afeiçoado à acomodação mental e aos hábitos irregulares, se compraz no desequilíbrio, perdendo o comando e a direção de si mesmo. (*Tormentos da Obsessão*, p. 67).

◆Fixação mental e seus mecanismos◆

Já no caso do fenômeno de que foi objeto o senhor Cravo,

observamos que não houve uma incorporação, mas a retransmissão das ideias e pensamentos, no primeiro instante, que foram fixadas no enfermo há muitos anos, quando ele se encontrava no exercício da mediunidade e começou a sintonizar essas entidades perversas que o sitiavam. Todas aquelas frases eram hipnóticas, foram direcionadas a ele através dos tempos e se tornaram gravações verbais a se repetirem sem cessar, levando-o ao desespero e à obediência. Esse é um dos hábeis mecanismos geradores de obsessões, pois o paciente não tem como deixar de estar em contato interno com os comandos devastadores, que terminam por dominar o raciocínio, a vontade e a emoção. (*Tormentos da Obsessão*, p. 169).

◆Fixação mental e seus mecanismos - II◆

O que sucede com as ideias desconcertantes. À medida que o paciente as fixa, uma energia deletéria se prolonga pela corrente sanguínea, partindo do cérebro para o coração e espraiando-se por todo o organismo, produzindo desconforto, sensação de dor, dificuldade respiratória e taquicardia, num crescendo que decorre do estado autosugestivo pessimista que ameaça com a possibilidade de morte próxima e de perigo iminente de acontecimentos nefastos e semelhantes. A mente visitada pelos pensamentos destrutivos responde com produção de energia tóxica, que alcança o coração – o chakra cerebral envia ondas eletromagnéticas ao cardíaco, que as absorve de imediato – e esparze pelo aparelho circulatório os petardos portadores de altas cargas dessa vibração, somatizando os distúrbios. (*Tormentos da Obsessão*, pp. 289 e 290).

◆Fixação mental – Início/obsessão◆

No homem, inicialmente o hóspede espiritual movido pela morbidez do ódio ou do amor insano ou por outros sentimentos, envolve a casa mental do futuro parceiro – a quem se encontra vinculado por compromissos infelizes de outras vidas, o que lhe confere receptividade por parte deste, mediante a consciência de culpa, o arrependimento desequilibrante e a afinidade por gostos e aspirações, por ser endividado – enviando mensagens persistentes em contínuas tentativas telepáticas até que sejam captadas as primeiras induções, que abrirão o campo a incursões mais ousadas e vigorosas. Digamos que este é o período em que se aloja a semente parasita na planta descuidada, que passa a alimentar a germinação com os seus recursos excedentes. A ideia esporádica, mas persistente, vai-se fixando no receptor, que de início não se dá conta, especialmente se possui predisposição para a morbidez. Se dotado de imaturidade psíquica, quando se compraz por cultivar pensamentos pessimistas, derrotistas e viciosos, passa à aceitação e ampliação do pensamento negativo que chega para ele. Nessa fase já está instalado o clima da obsessão que, não encontrando resistência, se expande, pois o invasor vai-se impondo à vítima, que o recebe com certa satisfação, convivendo com a onda mental dominadora. (*Painéis da Obsessão*, p. 93).

◆Fixação mental – *Plug*◆

De início, é uma vaga ideia que assoma, depois se repete com insistência até insculpir no receptor o clichê perturbante que dá início ao desajuste grave. Em razão disso, não existe obsessão apenas causada por um dos litigantes se não houver sintonia perfeita do outro. Quanto maior for a permanência do intercâmbio com o hospedeiro domiciliado no corpo – e entre encarnados o fenômeno é equivalente –, mais profunda se tornará a indução obsessiva, levando à alucinação total. (*Painéis da Obsessão*, p. 9).

◆Fixação mental – Sintoma de obsessão◆

Quando você escuta nos recessos da mente uma ideia torturante que teima por se fixar, interrompendo o curso dos pensamentos; quando constata, imperiosa, atuante força psíquica interferindo nos processos mentais; quando verifica a vontade sendo dominada por outra vontade que parece dominar; quando experimenta inquietação crescente na intimidade mental sem motivos reais e quando sente o impacto do desalinho espiritual em franco desenvolvimento, acautele-se, pois você se encontra em processo imperioso e ultriz de obsessão pertinaz. (*Nos Bastidores da Obsessão*, pp. 27 e 28).

◆Flagelo social – Obsessão◆

A obsessão, mesmo nos dias de hoje, constitui tormentoso flagício social. Está presente em toda parte, convidando o homem a sérios estudos. As grandes conquistas contemporâneas não conseguiram ainda erradicá-la. Ignorada propositalmente pela chamada ciência oficial, prossegue colhendo nas suas malhas, diariamente, verdadeiras legiões de incautos que se deixam arrastar a resvaladouros sombrios e truanescos, nos quais padecem, irremissivelmente, até à desencarnação lamentável, continuando, não raro, mesmo após o transpasse. (*Nos Bastidores da Obsessão*, p. 7).

◆Fluidoterapia para a plateia◆

Espíritos dedicados ao socorro pela fluidoterapia aproveitavam-se da concentração natural que se fizera no auditório interessado, passando a descarregar energias saudáveis nas pessoas, que as assimilavam, se enriquecendo de forças para o prosseguimento da luta. (*Tormentos da Obsessão*, p. 177).

◆Forças do mal – As trevas◆

Não podemos desconsiderar o adversário comum que se oculta no coletivo das trevas ou forças do mal. Esses nossos irmãos desvairados, que perderam totalmente o senso de equilíbrio, por mais incrível que pareça, pretendem instaurar o seu reino de disparates entre os seres humanos, por neles encontrarem receptividade e sintonia moral, acreditando que a sua será uma vitória incontestável contra o bem, representado por Jesus Cristo, nosso Mestre, em nome do Pai Criador. Insistem nas suas posturas absurdas, deixando-se conduzir por mentes perigosas que, na Terra, exerceram domínio sobre as multidões e se transferiram para o além-túmulo com altíssimas cargas de ódio e incompreensível sede de vingança, reconstruindo os seus impérios de alucinação, nos quais milhares de comparsas, sob seu domínio, obedecem às suas imposições cruéis. Supõem-se invencíveis, desafiando a ordem e o equilíbrio que jazem em toda parte, ampliando as inomináveis conquistas mediante o arrebanhamento de vítimas que se entregam a eles com relativa facilidade. (*Entre Dois Mundos*, pp. 53 e 54).

◆Formas-pensamento◆

Quando a mente repete os clichês da sensualidade e dos impulsos primitivos, a ideação condensa vibriões psíquicos e formas-pensamento que nutrem o paciente com as energias enfermiças de que são portadores, ao tempo em que são mais vitalizados pelo próprio num círculo vicioso e afligente. Quando se prolonga esse comportamento doentio, a desencarnação faz-se dolorosa e o despertamento espiritual ocorre na psicosfera perniciosa, transformando-se em terrível flagício, no qual o espírito sofre a agressão dessas ideações perversas que o ameaçam de consumpção como se fossem seres reais autônomos que se transformam em demônios inomináveis. Nunca será demasiado convidar a criatura humana à disciplina mental e ao saudável direcionamento das construções psíquicas salutares, porquanto, criador como é, o pensamento é fonte inesgotável de energias específicas que procedem do espírito e para ele retornam. É muito comum esse tipo de auto-obsessão, no qual se debatem incontáveis espíritos em ambos os planos da vida, sem se darem conta da sua autoria infeliz no processo afligente. As imagens exteriorizadas pela mente viciosa retornam vibrantes e contínuas, estabelecendo automaticamente um processo de ininterrupta vitalização. (*Reencontro com a Vida*, pp. 225 e 226).

◆Frivolidade social◆

A frivolidade domina, em praticamente todos os arraiais do pensamento social do planeta, as falsas necessidades que se convertem em imprescindíveis para a plenitude. A busca incessante de jogos prazerosos respondem pela desestruturação psicológica do ser, que mesmo fugindo aos compromissos aceitos antes do berço, guarda-os em forma de tendência ou de reminiscência que estimulam à realização profunda. Não se permitindo aceitar a marcha pela trilha estabelecida, à medida que os vapores da ilusão passam, os transtornos depressivos e fóbicos, as angústias e as obsessões assomam, gerando profundas perturbações em que as alegrias se estiolam e as esperanças esmaecem, dando lugar a sofrimentos que poderiam ser evitados. (*Reencontro com a Vida*, p. 141).

◆Frustração dos obsessores◆

Nossa irmã Ernestina se sentirá frustrada como todo vingador que, após a sanha do desforço, perde a razão da luta exaurinte, descobre a inutilidade dos propósitos alimentados, aturde-se, sofre e desperta para outra realidade. Cessada a razão central da sua pertinácia no tentame do mal, experimentará o recrudescer dos remorsos. Poderá ser recambiada a reencarnação ou tombará nas mãos dos asseclas, igualmente revoltados ante o fracasso dos planos de vampirização e obsessão. (*Painéis da Obsessão*, p. 150).

◆Futuro da mediunidade◆

Acreditamos que, à medida que o homem e a mulher dêem atenção às suas faculdades psíquicas, desenvolvendo-as com cuidado e penetrando-as com atenção, desdobrá-las-ão, favorecendo-se para o futuro, quando a mediunidade se tornará normal, e deixando a classificação de paranormalidade para se fixar como um sexto sentido, como denominou o professor Charles Richet. A criatura humana do futuro será portadora consciente de mais essa percepção, que hoje se apresenta envolta em mistérios e superstições que o espiritismo aclara e conduz com segurança. Assim pensando, já encontramos generalizadas na sociedade a telepatia inconsciente, a premonição, a intuição, a clarividência, entre os fenômenos anímicos, e a obsessão direta e indireta, ensaiando a psicofonia, embora ainda tumultuada. O processo de evolução é irreversível e a conquista de valores enobrecedores é inevitável. À medida que o ser evolui, torna-se menos grotesco e menos material, sutilizando as suas manifestações, que decorrem das aspirações cultivadas. (*Trilhas da Libertação*, pp. 165 e 166).

♦Futuro da mediunidade - II♦

Nesses próximos dias, a mediunidade exercida com consciência de responsabilidade oferecerá valioso contributo para a compreensão do ser holístico. Esse exercício mediúnico, porém, será com Jesus, não remunerado, não exaltado e destituído de estrelismo e de exibicionismo. Tomando cuidado com o dar de graça o que de graça se recebe, o ínclito codificador do espiritismo advertiu, elucidando que a mediunidade nobre jamais subirá aos palcos e à sua gratuidade, conforme lemos. É sempre condição *sine qua non* para merecer respeito, confiança e apoio espiritual relevante. Trabalhemos todos por esses programados dias do amanhã, oferecendo a nossa cota na certeza de que logo chegarão, felicitando-nos, bem como ao planeta que tem sido para nós formoso lar e escola de evolução. (*Trilhas da Libertação*, p. 326).

◆G◆

◆Gravidade da obsessão◆

A obsessão é parasitose profunda e grave que deve ser atendida globalmente, arrancando-lhe as raízes perigosas que repontam com mais vigor se não são extirpadas através da conquista plena do adversário em perturbação. (*Trilhas da Libertação*, p. 27).

◆Grupo de trabalho além da sessão◆

O grupo de trabalhos desobsessivos também possui graves responsabilidades que não devem ser desconsideradas. Membro atuante da equipe, cada companheiro exerce um tipo de tarefa que se reflete no êxito do conjunto conforme a conduta que mantém. Não terminando o tratamento dos obsessores e dos obsessos quando são encerrados os processos da sessão mediúnica na casa espírita, eis que prossegue além das vibrações materiais com maior intensidade. Há quem estranhe essa providência, esquecendo que, antes da divulgação do espiritismo e da educação bem conduzida da mediunidade, os socorros desobsessivos eram processados dentro desses padrões, o que aliás é feito nos lugares onde a doutrina ainda não chegou nem a mediunidade esclarecida pode ser utilizada como seria desejado. A providencial misericórdia de Deus dispõe de recursos inumeráveis para alcançar os fins a que se destina. Não obstante, conjugando-se os esforços em ambos os lados da vida, mais eficientes e rápidos são os resultados, ensejando, ao mesmo tempo, às criaturas encarnadas o conhecimento da realidade de ultratumba e a aquisição de valores pela ação da caridade desenvolvida. (*Loucura e Obsessão*, p. 215).

◆Guerras e obsessores◆

De maneira idêntica desencadeiam guerra entre grupos, povos e nações, cujos dirigentes se encontram em sintonia com as suas terríveis programações, formando verdadeiras legiões que se engalfinham em lutas encarniçadas visando alcançar os objetivos infelizes a que se propõem. Passam desconhecidas essas causas que os sociólogos, os políticos, os psicólogos e os religiosos não conseguem detectar, mas que estão vivas e atuantes nas paisagens terrestres e a reencarnação se encarregará de corrigir sob a sublime direção de Jesus. (*Tormentos da Obsessão*, p. 70).

◆H◆

◆Harmonia do centro espírita◆

Larvas mentais, ideoplastias perniciosas, vibrações deprimentes e fixações dissolventes dos frequentadores encarnados e dos espíritos desencarnados conspirariam contra a saúde psíquica e mesmo física dos participantes das tarefas e aprendizes do Evangelho, não fossem os recursos assépticos e os contributos dos mentores, por cuja preservação todos devemos lutar, esforçando-nos por manter ou criar um clima espiritual refazente, acolhedor, pacificante e inspirativo a fim de que todos nos beneficiemos. Diferença psíquica significativa tem que apresentar a casa espírita em relação a outros recintos de qualquer natureza, atestando, dessa forma, a qualidade dos seus trabalhadores espirituais e o tipo de finalidades a que se destina. (*Tramas do Destino*, p. 202).

◆Higienização dos médiuns – Reunião mediúnica◆

Uma reunião mediúnica de qualquer natureza é sempre uma realização nobre em oficina de ação conjugada, na qual os seus membros se harmonizam e se interligam a benefício dos resultados que se persegue, quais sejam, a facilidade para as comunicações espirituais, o socorro aos aflitos de ambos os planos da vida, a educação dos desorientados, as terapias especiais que são aplicadas, e, naquelas de desobsessão, face à maior gravidade do cometimento, transforma-se em clínica de saúde mental especializada, na qual cirurgias delicadas são desenvolvidas nos perispíritos dos encarnados assim como dos liberados do corpo, mediante processos mui cuidadosos que exigem equipe eficiente no que diz respeito ao conjunto de cooperadores do mundo físico. Acercando o momento do enceramento das atividades da noite, após a aplicação de passes coletivos nos médiuns e demais membros do grupo e após a dispersão das energias condensadas que haviam ficado como sequelas das comunicações e mesmo da psicosfera produzida pelos mais infelizes, o irmão Anacleto foi convidado a transmitir a mensagem final de encorajamento e de iluminação a todos os presentes por solicitação da diretoria espiritual. (*Sexo e Obsessão*, p. 84).

◆Hipnotismo e ideoplastia◆

As forças deletérias absorvidas – explicou-me o doutor Bezerra à meia-voz – impregnaram os seus centros perispirituais tão profundamente que se condensaram, impondo-lhe a compleição simiesca na sucessão do tempo. As ideias pessimistas e deprimentes que geraram nele mesmo a forma-pensamento que lhe era imposta pela hipnose de outros companheiros empedernidos no mal e impenitentes, atuaram no corpo de plasma biológico encarregando-se de submetê-lo à situação em que se encontrava. Atuando em sentido oposto através de movimentos contrários, rítmicos, circulares e da direita para a esquerda, sob comando mental bem dirigido, pode-se extrair as fixações que se condensam, liberando o paciente da poderosa constrição que o submete. Mesmo nesse caso, estamos diante de uma forma de obsessão por subjugação deformadora. Os fenômenos de licantropia, de zoantropia e monoideísmos diversos produzem a degenerescência da harmonia molecular do perispírito que aprisiona a vítima. (*Nas Fronteiras da Loucura*, p. 260).

◆Hipnotismo – Utilização pelo doutrinador◆

Algumas entidades calcetas mais rebeldes que insistiam em perturbar o trabalho tomando os preciosos minutos, eram hipnotizadas pelos diligentes trabalhadores do plano físico no que se tornavam auxiliados com segurança por hábeis técnicos da nossa esfera de ação, ali operando. Notei que as induções hipnóticas do doutrinador, carregadas de energias emanadas do cérebro físico, portadoras de mais alto teor vibratório, atingia os espíritos, por sua vez recebendo a onda mental através da cerebração do intermediário. De imediato, cediam ao sono reparador, sendo transferidos para os leitos que estavam reservados para eles, como primeiro passo para providências mais expressivas. (*Nas Fronteiras da Loucura*, p. 160).

♦Hipnose e monoideia♦

Instalada a ideia perturbadora, a hipnose contínua descarrega ondas mentais nefastas que se mesclam com as do paciente, confundindo-o e desestruturando-o até o momento em que perde a própria identidade, terminando por ceder área mental ao invasor, que passa a dirigir a ele o pensamento, a conduta e a existência. Sob essa nefanda vibração monoideísta, as delicadas células neuroniais captam a energia magnética que as invade, alterando a produção das moléculas mantenedoras do equilíbrio. (*Reencontro com a Vida*, p. 20).

♦Hipnose espiritual obsessiva♦

A hipnose espiritual obsessiva arrasta multidões de pacientes voluntários aos porões da depressão, do distúrbio do pânico, da cleptomania, do exibicionismo, dos transtornos compulsivos e da esquizofrenia ou produz mutilados emocionais, hebetados mentais e sonâmbulos espirituais em triste espetáculo no proscênio terrestre que ascende com as conquistas da ciência e da tecnologia, mas se demora nas paixões morais asselvajadas e das alucinações do insensato e perverso comportamento humano. É muito maior o número de hipnotizados espirituais do que se pode imaginar. Deambulam de um para outro lado, transitam quase sem rumo entre esculápios e psicoterapeutas na busca de soluções químicas ou mágicas sem o esforço moral em favor de uma introspecção profunda para poderem se autolibertar ou serem liberados. Aos bandos, homens e mulheres vitimados por induções hipnóticas impiedosas, atiram-se nas loucuras das drogas químicas e degenerativas, nas frustrações excêntricas e na violência quase insuportável, desejando fugir sem identificarem a força mental que os vilipendia, consumindo-os e asselvajando-os. (*Reencontro com a Vida*, pp. 21 e 22).

◆Holismo◆

A mente, exteriorizando as aspirações do espírito, impõe à organização somática as suas próprias aspirações e preferências que se corporificam, quando mórbidas, nas mais diferentes dependências e patologias, responsáveis pela desarticulação dos seus mecanismos. Assim sendo, qualquer abordagem terapêutica não deve ser parcial e sim holística, atendendo a todas as partes construtivas do ser. (*Trilhas da Libertação*, p. 19).

◆Homicídio e obsessão◆

Determinados homicídios que são planejados no mundo espiritual, nos quais os algozes se utilizam de enfermos por obsessão, armando-lhes as mãos para a consumação dos nefastos crimes. Realizam o trabalho a longo prazo, interferindo na conduta mental e moral do obsesso a ponto de interromperem-lhe os fluxos do raciocínio e da lógica, aturdindo-os e dominando-os. Tão perversos se apresentam alguns desses perseguidores infelizes quão desnaturados, que se utilizam da incapacidade de reação dos pacientes para os incorporar, podendo saciar sua sede de vingança contra aqueles que estão ao seu alcance. (*Tormentos da Obsessão*, pp. 69 e 70).

◆Homossexualismo e obsessão◆

Insiste em se perverter, atendendo mais aos impulsos do que à razão, dominado pelo instinto que retorna em outra polaridade e que não o capacita para a sua manifestação conforme desejara, correndo o risco de canalizar energias de forma equivocada. Assim acontecendo, o fenômeno se torna mais grave, produzindo danos perispirituais que irão se exteriorizar em transtornos profundos da personalidade e da aparelhagem genésica. (*Sexo e Obsessão*, pp. 192 e 193).

◆Hospício e obsessão◆

Chegando ao pavilhão em que a jovem se encontrava, não pude sopitar o choque e a curiosidade face à multidão que se agitava naquele frenocômio. Desencarnados às centenas, com fácies mui variadas, aglutinavam-se em magotes de doentes, totalmente desequilibrados, em manifesta ignorância do estado espiritual em que se demoravam. Obsessores de carantonha cruel demonstravam no rosto conturbado os ódios que os desequilibravam. Perturbadores zombeteiros, assinalados pelos vicíos em que se locupletavam com máscara de cinismo indescritíveis. Grupos de vampirizadores misturavam-se a dementes encarnados, parcialmente liberados pelo sono, em lastimável estado. Verdugos impiedosos, conhecedores das técnicas obsessivas, arrastavam suas vítimas em incríveis padecimentos, que desfaleciam de pavor, logo despertando para defrontar os adversários frios. Entidades hebetadas, simiescas umas, deformadas outras, em promiscuidade deplorável. Desencarnados ociosos, indiferentes, enchiam os pátios, os corredores como frequentadores de espetáculos circenses totalmente desconhecedores do estado em que se movimentavam, produzindo ambiente miasmático que aspiravam, intoxicando-se cada vez mais e envenenando a psicosfera terrível já reinante. Um pandemônio ensurdecedor e aparvalhante sucedia-se em cenas que variavam da bestialidade mais vil à impiedade mais selvagemente elaborada, em cujos cenários muitos encarnados sofriam indefiníveis vilipêndios e atentados. Dava-nos a impressão de que nenhuma compaixão ou sentimento de humanidade ali encontrava guarida. Os espetáculos da hediondez espiritual superavam tudo que a imaginação humana pode conceber. Aliás, ali se encontrava alguns dos campeões da insensatez e da peversidade, dos ases da mentira e da traição, dos hábeis dissimuladores que, não obstante a ausência das roupagens orgânicas, experimentavam as paixões mais açuladas que os governavam em desmandos inimagináveis. (*Grilhões Partidos*, pp. 111 e 113).

◆Hostes da sombra◆

A nossa clínica, por motivos óbvios, é detestada pelos emissários da alucinação, orientados por organizações iníquas que agem com segurança em regiões inferiores do planeta, cujos chefes se acreditam dotados de poder para enfrentar as hostes do Cristo de Deus. Ninguém que se dedique à benemerência e às realizações do progresso, com objetivos de promover o desenvolvimento moral da sociedade está isento da sua ação morbífica e da sua interferência pertinaz e inclemente. Todavia, como a misericórdia de nosso Pai não cessa de socorrer aqueles que se vinculam ao dever e à edificação do amor na Terra, nunca lhes faltam socorros hábeis, desde que sintonizem nas faixas da harmonia pela prece e pelas atitudes que os caracterizam. (*Transtornos Psiquiátricos e Obsessivos*, p. 165).

◆Humildade e mediunidade◆

A mediunidade responsável jamais subirá aos palcos, estabeleceu o nobre codificador do espiritismo, sem consequências funestas para aquele que se deixa arrastar pelo sensacionalismo e pela audácia. Sem a presença dos espíritos não ocorre o fenômeno mediúnico, e, como os nobres não se submetem a tal ridículo, não faltam os levianos e maus que se comprazem com essas excêntricas demonstrações espetaculosas, normalmente resultando, em face do mau uso, em suspensão ou perda da faculdade. (*Trilhas da Libertação*, p. 205).

◆Humildade e mediunidade - II◆

No exercício da mediunidade iluminada pelo espiritismo, a renúncia aos destaques e às glórias humanas, a humildade natural, espontânea, a ação no bem, a gratuidade dos seus serviços, a honradez e a seriedade moral constituem características essenciais ao bom servidor. Convidado o médium à auto-reparação e à auto-iluminação, a sua meta não são os bens que deixa ao desencarnar, mas os valores íntimos que sempre conduzirá. Enganam-se todos aqueles que fazem o contrário ou estimulam, apoiam a insensatez, a ambição e a vaidade dos médiuns, tornando-se verdadeiros inimigos do crescimento espiritual e moral, mesmo que seu desejo seja outro. (*Trilhas da Libertação*, p. 208).

◆Humildade e orgulho◆

A humildade é, realmente, virtude que escasseia entre as criaturas. O orgulho se disfarça de simplicidade e a prepotência assume canhestra aparência, de imediato se desvelando tão logo surja o momento de se sentirem contrariados. A sua vivência, sem embargo, equilibra e sustenta o homem na manutenção dos ideais superiores que abraça, auxiliando a vencer nas más inclinações e a superar quaisquer obstáculos que defronte pelo caminho. Colaborando na realização de autênticas autoavaliações, a humildade permite que a criatura se conscientize das limitações e necessidades que lhe impedem o avanço, emulando a superação. A crítica mordaz não a alcança, o elogio vulgar não fere, a discriminação infeliz não a atinge, a perseguição não a desanima e a tentação não a perturba se impuser a condição da humildade, porque, conselheira lúcida, ela lhe apontara o caminho seguro a percorrer, demonstrando que essas ocorrências constituem acidentes que se encontram presentes em todas as áreas do processo evolutivo. Ao mesmo tempo, em razão de dar-lhe a medida do que é e do que realmente se faz necessário para a vitória, concita-a à oração através do recurso de despe dos atavios inúteis para apresentar-se ao Senhor como realmente é, colocando-se a disposição da Sua superior vontade. (*Painéis da Obsessão*, p. 229).

♦I♦

♦Identificação das obsessões♦

Como o psiquiatra poderia identificar essa psicogênese de natureza extracerebral? Mediante a observação sistemática do enfermo, respondeu doutor Ignácio. Embora as fronteiras entre aquelas de origens fisiopsicológicas e as obsessivas sejam muito tênues, no segundo caso podem-se perceber as diferenças de comportamento através das manifestações de personalidades diversas no mesmo indivíduo. As alterações contínuas de humor, como numa luta em que hora um vence e logo depois é vencido, tipificam ações externas ao organismo. Por outro lado, o conteúdo das alucinações aponta visões reais daquelas provocadas pelos delírios psicológicos. A observação descobrirá nas manias do paciente características incomuns graças à ação dos seus perseguidores, confirmando-as nos diálogos com ele mantidos, quando, não poucas vezes, em semitranse mediúnico, expressarão atrevidamente a sua interferência. Portanto, em qualquer quadro em que se situe o doente, será sempre conveniente atendê-lo com os métodos que reorganizam os equipamentos cerebrais e os decorrentes fisiológicos. (*Transtornos Psiquiátricos e Obsessivos*, pp. 90 e 91).

♦Ideoplastia♦

Não se impressione o amigo Miranda. As alegorias religiosas influenciam muitos desencarnados que trouxeram da Terra os conceitos sobre os infernos e seus habitantes, da mesma forma que inúmeros encarnados recebem induções psíquicas de entidades impiedosas que lhe povoam as mentes com caricaturas terrificantes e fantasias aberrantes da vida espiritual, embora reconheçamos que nas regiões punitivas e reparadoras que a mente criou através dos milênios para reeducar os infratores das leis pululam quadros de dor e transitam seres em tormentos e que nenhuma fantasia consegue compor. (*Painéis da Obsessão*, p. 132).

◆Ideoplastia - II◆

Padecendo de auto-hipnose pelo prolongado período em que cultivam as ideias maléficas, deformam as matrizes perispirituais, assomando diante dos que lhes tombam inconsequentes nos círculos da aflição em formas temerosas e horripilantes, com as quais aparvalham as futuras vítimas acostumadas a imagens mentais perniciosas pelos eitos do remorso que impõe justiça. Outras vezes são vítimas das mais vigorosas mentes que submetem e deles utilizam-se para o mesmo indébito fim. (*Nas Fronteiras da Loucura*, p. 64).

◆Ideoplastia - III◆

Imprimindo a força do ódio a si mesmo, vimos transformar-se na personificação da figura satânica conforme a conceberam no passado. A face da médium alterou-se e ele, quase sobreposto à sensitiva, transfigurou-se, assumindo as características convencionais do ser infernal. A cauda terminada em lança agitava-se enquanto os detalhes gerais produziam um aspecto aterrador. Pelas narinas eliminava vapores com forte odor de enxofre e faíscas elétricas completavam o quadro formando uma figura horrenda. Os espíritos da sua hoste grosseira apavoraram-se e desencadearam uma gritaria infrene, tentando romper as redes protetoras em movimento desesperado de fuga. Era com arremetidas de tal natureza que ele e os seus semelhantes se impunham aos espíritos ignorantes, perturbados, vítimas da consciência culpada, os quais se submetiam a ele para serem punidos pelos crimes praticados, tornando-se subalternos. (*Trilhas da Libertação*, p. 299).

◆Ideoplastia - IV◆

Chamou-me a atenção, aludi, a transformação perispiritual por ele sofrida. Já a houvera visto antes, entretanto repetiu-se em vários dos seus acompanhantes. Como entendê-la? Ele se apresentava com aparência antes normal, quando odiento. Depois como se deu esse processo? Com expressão jovial e bondosa, o amigo sábio esclareceu: a plasticidade do perispírito responde por essas ocorrências. Maleável quase ao infinito, ele se comporta sempre conforme a orientação da mente e, portanto, do espírito, que nele plasma todas as manifestações. Descarregando ondas de energia específica nas tessituras delicadas da sua organização sutil, elas expressam esses conteúdos mediante contínuos fenômenos de representação. Durante o diálogo que mantivemos, ele assumiu a personificação demoníaca por ideoplastia, valendo-se de impressos modeladores conscientes. Da mesma forma, ao ser recolhido nas regiões inferiores após conveniente adestramento mental, ele logrou recompor a aparência de quando se encontrava na Terra como se aplicasse uma máscara trabalhada de dentro para fora que era mantida pela vontade consciente. Fazendo uma reflexão, deu prosseguimento: recorde-se de *O Retrato de Dorian Gray* de autoria de Oscar Wilde. Todas as ações de Dorian eram plasmadas no seu retrato até que, ao desencarnar, o infeliz retrato recompõe-se e o corpo mostra as marcas degenerativas da conduta do seu autor. Trata-se de uma bela demonstração do perispírito e sua plasticidade, que Wilde desconhecia mas que tão bem apresentou. Tuqtamich é o que vemos. Aí estão impressos os seus atos e comportamentos no espírito rebelde em processo de recomposição, qual ocorrera para dar-se a degeneração. A aparência siberiana, como a diabólica, eram máscaras trabalhadas pela mente agindo no perispírito e imprimindo-as conforme a ideação. Para tal tentame é necessário grande controle mental bem orientado, isto é, conduzir o pensamento com vigor. Depreendemos, portanto, com facilidade o acerto do conceito "querer é poder". Desde que se queira com firmeza, pode-se fazer o planejado. (*Trilhas da Libertação*, pp. 305 e 306).

♦Ideoplastia - V♦

O mesmo aconteceu aos demais irmãos, vítimas dos mecanismos equivocados de fixação mental. Alguns deles, que se tornaram usurpadores das energias dos encarnados displicentes, com os quais se afinaram, mantêm o pensamento de que são lobos humanos. Tal ideia plasmou a forma degenerada que ocultava sob as máscaras de ideoplastias vivas sustentadas no campo fluídico do perispírito maleável. (*Trilhas da Libertação*, p. 307).

♦Ideoplastia – Recomposição♦

A face espiritual passou a sofrer uma metamorfose, e como foi anteriormente plasmada em cera, ora aquecida, começou a desfazer-se ao mesmo tempo em que a alegoria que o vestia, gerada pelas imposições ideoplásticas, passou a experimentar a mesma transformação, permitindo que surgisse um homem de trinta anos, cansado prematuramente, com marcas de chicote no rosto e nas costas, recordando os suplícios a que foi repetidamente submetido. Despertando e desembaraçando da constrição que prosseguia padecendo pelo ódio que o minava, pôs-se a chorar em ímpar desespero agônico, a todos nos confrangendo. (*Loucura e Obsessão*, p. 139).

♦Idiotia, loucura e obsessão – Provas e expiações♦

A obsessão na sua fase inicial, antes da tragédia da subjugação, de mais difícil reequilíbrio, tem caráter provacional, enquanto que a idiotia e a loucura estão incursas nas expiações redentoras através das quais o espírito calceta desperta para a compreensão dos valores da vida, se enriquecendo de sabedoria para os futuros comportamentos. Assim mesmo, nos casos dessa ordem, a contribuição psicoterapêutica do espiritismo através da bioenergia, da água fluidificada, da doutrinação do paciente e dos espíritos que, possivelmente, estarão complicando o processo de desequilíbrio, a oração fraternal e intercessória são de inequívoco resultado saudável, proporcionando o bem-estar possível e a diminuição do sofrimento do paciente, a ambos encaminhando para a paz e a para a futura plenitude. (*Reencontro com a Vida*, p. 52).

◆Imantação automática e inconsciente◆

Muitas vezes, dá-se a ocorrência pelas afinidades emocionais e sensoriais vigentes entre os litigantes, facultando o intercâmbio nefasto. Por ignorância do desencarnado, a respeito do estado em que se encontra, imanta-se por automatismo vibratório a outrem, do plano físico, em faixa idêntica, transmitindo-lhe seus conflitos e sofrimentos. Embora não tenha o desejo consciente de prejudicar, as emanações psíquicas deletérias contínuas terminam por afetar aquele que experimenta a injunção. Estabelece-se, então, a obsessão simples que, não cuidada, tende a agravar-se em decorrência da maior fixação do hóspede no organismo no qual se enraíza. (*Reencontro com a Vida*, p. 211).

◆Imortalidade◆

É natural, entretanto, que ainda permaneçam alguns bastiões de intolerância e de resistência em relação às novas conquistas. Todavia, o conceito de imortalidade continua ganhando terreno nos corações humanos e contribuindo para o entendimento dos mecanismos existenciais, explicando todas as ocorrências aflitivas, todos os enigmas que inquietam o indivíduo, o seu destino e as suas aflições. Com esses sublimes conhecimentos o ser humano adquire dignidade e o sentido espiritual que lhe diz respeito, tornando-se o grande desafio a ser vencido. A questão da imortalidade deixou de ser objeto de reflexões metafísicas, tornando-se fator de análise e de constatações, tendo em vista a tragédia cotidiana da morte dos seres amados e da aparente destruição da vida. (*Transtornos Psiquiátricos e Obsessivos*, pp. 22 e 23).

◆Implantes perispirituais◆

Aprende com outros mais perversos e treinados no mecanismo obsessivo as melhores técnicas de aflição, agindo conscientemente nas áreas perispirituais do desafeto, nas quais implanta delicadas células acionadas por controle remoto que passam a funcionar como focos destruidores da arquitetura psíquica, irradiando e ampliando o campo vibratório nefasto que atingirá outras regiões do encéfalo, prolongando-se pela rede linfática e por todo o organismo, que passa a sofrer danos nas áreas afetadas. (*Tormentos da Obsessão*, p. 67).

◆Implantes perispirituais - II◆

Vejo-me em uma furna sombria iluminada por archotes vermelhos sob vigilância de figuras satânicas. Estou deitado e deverei passar por um tratamento cirúrgico. Adormeço. Sinto dores ao despertar. Fizemos um implante – afirmou um dos cirurgiões, verdadeiro monstro espiritual – para ser comandado à distância por nós. A partir de agora você fará exatamente o que desejarmos. O nosso inimigo é o crucificado nazareno, a quem detestamos. Na impossibilidade momentânea de atingi-lo, iremos desestimular o trabalho de Silvério Carlos, Seu subalterno e cupincha, objetivando retirá-lo do corpo. Você é nosso robô. Agora vá e encontre lugar para a desincumbência do seu trabalho. (*Entre Dois Mundos*, p. 195).

◆Impregnação perispiritual◆

Atitudes que se prolongam durante a permanência na organização física de tal forma se fixam nos delicados equipamentos do perispírito que exigem, não raro, tempo quase equivalente na área da renovação interior para que sejam diluídas e ultrapassadas. Para que ocorra a libertação desses condicionamentos inferiores perversos o espírito é encharcado pelos fluidos carnais e pelos correspondentes vícios morais que predominam interiormente. Não fosse o auxílio seguro da misericórdia divina a se expressar mediante a ajuda fraternal dos benfeitores espirituais, seria muito difícil a conquista do equilíbrio. Isto porque a impregnação perispiritual resultante dessas forças deletérias transfere-se, inevitavelmente, ao ser profundo, que se submete quase indefeso, estorcegando-se nas constrições dos hábitos insanos. Entretanto, a divina misericórdia lhe proporciona, através dos fenômenos mediúnicos de esclarecimento, conforme acontece nas células do espiritismo cristão durante os labores psicofônicos e psicográficos, as densas emanações da matéria exteriorizadas pelos cooperadores encarnados. (*Reencontro com a Vida*, pp. 272 e 273).

◆Indução hipnótica◆

Estamos diante de um largo processo de auto-obsessão. O nosso irmão enfermo padece de cruel hipnose, aplicada pelo seu controlador. Antes de destacá-lo para o ministério que diz administar, foi submetido a terríveis processos de indução magnética para perder a vontade, tornando-se um autômato teledirigido pelo seu comandante. Depois, por ter sido libertado da região abissal onde expungia os crimes, foi condicionado à gratidão para com aquele que atribui ser o seu benfeitor. Ideias terrificantes e fantasias mitológicas foram fixadas na sua mente a fim de que se considerasse a personificação desses absurdos que facultava assumir as personalidades, apavorando suas vítimas e dominando pelo terror por encontrar no inconsciente de tais seviciados as crenças e superstições que trouxeram da Terra, facilitando a aceitação das induções punitivas. Tão graves se fizeram essas construções ideoplásticas no infeliz rufião, que ele se acredita como manifestação de seres infernais. (*Trilhas da Libertação*, pp. 294 e 295).

◆Indução hipnótica - II◆

Além deles, as vítimas espoliadas, que a morte não consumiu e nem tirou a individualidade, ao identificar aqueles que as infelicitaram, em razão da afinidade vibratória – campo de emoções diláceradas –, são atraídas, e a irradiação inferior do ódio ou do ressentimento, da ira ou da vingança, permeia o perispírito do seu antigo algoz, produzindo inarmonia vibratória que resulta em perturbação do sistema nervoso central e endocríno, abrindo espaço para a consumação dos funestos planos de vindita. Simultaneamente, são direcionadas à mente do hospedeiro físico induções hipnóticas carregadas de pessimismo, de desconfiança, de inquietação e de mal-estar, que estabelecerão as matrizes de futuras obsessões graves. (*Reencontro com a Vida*, p. 20).

◆Infância e obsessão◆

A obsessão na infância muitas vezes é continuidade da ocorrência procedente da erraticidade. Sem impedir o processo da reencarnação, essa influência perniciosa acompanha o período infantil de desenvolvimento, gerando graves dificuldades no relacionamento entre filhos, pais, alunos, professores e na vida social saudável entre coleguinhas. Irritação, agressividade, indiferença emocional, perversidade, obtusão de raciocínio, enfermidades físicas e distúrbios psicológicos fazem parte das síndromes perturbadoras da infância que tem suas nascentes na interferência de espíritos perversos uns, traiçoeiros outros e vingativos todos eles. (*Sexo e Obsessão*, p. 53).

◆Infância e obsessão - II◆

Quando um deles apresenta na infância a parasitose obsessiva, seus genitores, igualmente aturdidos, não dispõem de recursos para os auxiliarem, utilizando da docilidade, da paciência, da compaixão e do fervor religioso, que sempre contrapõem às aflições dessa natureza. Desesperam-se com facilidade, aplicam castigos físicos e morais injustificáveis no paciente infantil, agravando mais a questão pelos resíduos nos sentimentos prejudicados, especialmente o ressentimento, o ódio, a antipatia e a consciência da injustiça de que foram objeto. À medida que atingem a maturidade e a idade adulta, adicionam a estes transtornos íntimos a mágoa contra a sociedade, que não soube respeitar as suas aflições e as aguçaram mais com rejeição, críticas ásperas e desprezo. (*Sexo e Obsessão*, p. 56).

♦Infância e obsessão - III♦

Ruth Maria se revelou uma criança frágil, silenciosa e ensimesmada, sofrendo as reminiscências inconscientes do padecimento nas regiões mais infelizes da erraticidade. Os seus inimigos não a deixaram, perturbando-lhe o sistema nervoso e tornando-a agressiva por ocasiões da puberdade, o que causava um clima de antipatia e desagrado por parte daqueles que surgiram no seu caminho na condição de benfeitores e amigos. Em razão do mau uso da inteligência na vida anterior, veio assinalada por dificuldades de raciocínio e de memorização, embora não chegasse a ser uma retardada mental. (*Painéis da Obsessão*, p. 57).

♦Infância e obsessão - IV♦

Algumas vezes, desde o berço, os litigantes permanecem mais ou menos vinculados psiquicamente. Aquele que reencarnou sofre a presença doentia do inimigo que o aflige, levando-o a uma infância atormentada, hiperativa ou molesta. Através dos anos, o sitiante aguarda que ocorra algum fator orgânico que lhe proporcione o desforço, instalando o seu pensamento nos delicados tecidos mentais, passando a desestabilizar as sinapses e a gerar perturbações no sistema nervoso simpático e autônomo. Lentamente, tem início os distúrbios em relação à vida vegetativa, à pressão arterial e aos fenômenos respiratórios, facultando a instalação da doença orgânica. (*Transtornos Psiquiátricos e Obsessivos*, pp. 111 e 112).

♦Influência da mente sobre a saúde♦

A influência da mente sobre o corpo é de grande significação para a saúde por estimular ou reter a energia que a sustenta e, quando bloqueada pelo psiquismo perturbado, cede campo à proliferação dos germes que se instalam, fomentando os distúrbios que se catalogam como doenças. Da mesma forma, a ação da vontade, aplicada com equilíbrio em favor da harmonia pessoal, desbloqueia as áreas interrompidas e a energia de sustentação das células passa a vitalizá-las, restabelecendo o campo de desenvolvimento propiciador da saúde. (*Trilhas da Libertação*, p. 15).

◆Influência do mundo espiritual (ressonância)◆

Não devemos nos esquecer de que o mundo espiritual, na sua causalidade, sempre é o agente de todas as ocorrências que têm lugar no orbe terrestre. Direta ou indiretamente, as ações que daqui procedem refletem-se na esfera física, seja mediante a interferência dos espíritos desencarnados em aflição ou em estado de elevação, seja por consequência dos compromissos anteriormente assumidos. Assim sendo, podemos asseverar que a esfera física é o resultado da ressonância dos labores daqui procedentes. (*Entre Dois Mundos*, pp. 81 e 82).

◆Intercâmbio energético◆

Não ignoramos que o intercâmbio de energias psicofísicas entre os seres inferiores desencarnados e os homens é muito maior do que se imagina. Legiões de dezenas de milhões de criaturas de ambos os planos se encharcam de vitalidade, explorando umas às outras mediante complexos processos de vampirização, simbiose e dependência, gerando uma psicosfera morbífica e aterradora. Somente o despertar da consciência logra interromper o comércio desastroso, no qual se exaurem os homens e se decompõem moralmente os espíritos. Para sustentarem tão tirânica interdependência, são criados mecanismos e técnicas contínuas de degradação das pessoas, que espontaneamente se deixam consumir pela afinidade com os seres exploradores, viciados inclementes e amolentados secularmente na extravagante parasitose. Pululam, incontáveis, os casos dessa natureza. Enfermidades degenerativas do organismo físico, desequilíbrios mentais desesperadores, disfunções nervosas de alto porte, contendas, lutas, ódios, paixões asselvajadas, guerras e tiranias têm a sua geratriz nesses antros de hediondez, onde as forças do mal, em forma de novos lucíferes da mitologia, pretendem opor-se a Deus e tomar-lhe o comando. Vão e inqualificável desvario é este do ser humano inferior. (*Trilhas da Libertação*, p. 102).

◆Intercâmbio psíquico e obsessão◆

A obsessão é o resultado do intercâmbio psíquico, emocional ou físico, entre dois seres que se amam ou que se detestam. Na raiz do fenômeno turbulento encontram-se os componentes da identificação vibratória que faculta o processo perturbador. (*Reencontro com a Vida*, p. 39).

◆Interdependência e vampirismo◆

O intercâmbio faz-se tão vigoroso que o desencarnado parece reviver fisicamente, voltando a desfrutar as sensações que sentia falta enquanto exaure aquele que lhe serve de nutriente. Exacerbam-se os apetites vulgares e ambos se engalfinham em desfrutar os mais amplos prazeres. Por consequência, a vítima desarticula as emoções e deixa-se empurrar pelas paixões servis até tombar cada vez mais no mergulho no pântano dos vícios onde se asfixia, perdendo o sentido do prazer real e vivenciando gozos exaurintes que a mantém insaciada, sendo conduzida às situações lamentáveis de degradação e de horror. Mais dolorosa torna-se a complexa interdependência quando desencarna, despertando na mesma avidez perturbadora e continuando presa do algoz que a explora penosamente até o momento em que a divina misericórdia interfere, recambiando ambos os infelizes à reencarnação libertadora. (*Reencontro com a Vida*, p. 212).

◆Interferências espirituais◆

Aqueles que se filiam às nobres hostes do espiritismo cristão nem sempre se dão conta das interferências espirituais de que são objeto. Devaneiam, duvidam e se descuidam da vigilância em relação aos pensamentos, à conduta e às aspirações. Esse comportamento dúbio – a crença e o desaviso – permite que os inimigos soezes que os vigiam acerquem-se deles ou não, emitindo ondas contínuas de ideias obsessoras que passam a se incorporar às paisagens interiores. O pouco tempo de que dispõem justificam-se, não permite aprofundar as reflexões em torno da vida espiritual que lhes diz respeito e vão aceitando as hábeis induções perniciosas que são transmitidas pelos infelizes perseguidores, terminando por dominar-lhes a vontade. Sabendo planificar com habilidade o projeto de desforço e reconhecendo no desafeto valores morais que não podem confundir nem perverter, geram situações embaraçosas onde se encontram a fim de inquietá-los, de afastá-los dos círculos de atividade moral, de benefícios pessoais e coletivos, até sitiá-los, mais tarde, e desferirem os golpes mais profundos. (*Reencontro com a Vida*, pp. 214 e 215).

◆Interferências espirituais - II◆

Quando as criaturas se derem conta do intercâmbio e da interferência dos espíritos nas suas vidas, e, instruídos nas técnicas de equilíbrio moral e emocional, agasalharem as ideias superiores que serão psicoterapia excelente e salvadora para elas, mudarão a paisagem das aflições humanas para melhor. Antes de resvalarem pela rampa da revolta ou da depressão e do vício ou da violência, aprenderão a precatar-se contra o mal e a vitalizar o bem, poupando muitas dores que a sua invigilância lhes acarreta. (*Trilhas da Libertação*, p. 254).

◆Interferências no cérebro◆

Da mesma forma, será muito difícil entender a interferência das mentes sem cérebro que conseguem emitir ondas que alteram o equilíbrio do córtex cerebral, e, por extensão, modificam a rede das comunicações através das microestruturas cerebrais e das suas contínuas emissões de energia eletromagnética e química, alterando o comportamento das construções cerebrais. Conhecendo o mecanismo neurofisiológico do ser humano, alguns espíritos perversos orientam os seus tutelados em técnicas obsessivas de forma que possam agir através dessas emissões de ondas vibratórias perturbadoras, que terminam por serem captadas pelo cérebro do encarnado em face das matrizes morais que se encontram nos seus perispíritos em decorrência dos atos infelizes praticados anteriormente, inscritos como culpa e necessidade de reparação. Começando o processo de sintonia, o tálamo se encarrega de transferir essas cargas energéticas aos gânglios de base e a todo o cérebro. Outras implicações ainda mais delicadas ocorrem sem que alguns dos perseguidores se deem conta de como estão acontecendo. (*Transtornos Psiquiátricos e Obsessivos*, p. 87).

◆Invigilância do médium◆

Se entregou à mediunidade, derrapando lamentavelmente, todavia, no personalismo doentio e na presunção exacerbada, agora experimentando complexo problema de obsessão com destaque na área da conduta sexual. É o que sucede com frequência aos portadores de mediunidade que se obstinam em desconhecer a doutrina espírita, que a todos propõe os programas saudáveis da moral e da iluminação íntima. Mediunidade sem doutrina pode ser comparada a veículo sem freio avançando na direção do abismo. (*Trilhas da Libertação*, p. 46).

◆Invigilância mental e obsessão◆

Os indivíduos tornam-se presas fáceis dos seus antigos comparsas, tombando nos processos variados de alienação obsessiva, porque, além de se descurarem da observância espiritual da existência mediante atitudes salutares, comportamento equilibrado e vida mental enriquecida pela prece e pela reflexão, não se esforçam por libertar-se dos aborrecimentos e problemas desgastantes, mediante a aplicação dos recursos físicos e especialmente dos mentais por acomodação preguiçosa ou por uma dependência emotiva e infantil que sempre transfere responsabilidades para os outros e prazeres para si. (*Painéis da Obsessão*, p. 96).

◆Isolamentos fluídicos nos trabalhos◆

Somente então dei-me conta que em torno da sala havia uma barreira fluídica de isolamento, depois da qual se encontravam dezenas de espíritos, perturbados uns, obsessores outros e alucinados diversos. Uma nova barreira foi erguida como se fosse construído um recinto apenas de fluidos, dentro do qual estavam aparelhos de som que transmitiam as comunicações de forma que fossem ouvidas por todos que se encontrassem em condições psíquicas de lográ-lo na parte exterior da sala. (*Transtornos Psiquiátricos e Obsessivos*, p. 82).

◆J◆

◆Jesus e a obsessão◆

Não há como negar: Jesus Cristo é o psicoterapeuta excepcional da humanidade, o único que pôde penetrar psiquicamente no âmago do ser, auxiliando-o na reestruturação da personalidade e da individualidade, facultando-lhe uma perfeita identificação entre o ego e o *self*, harmonizando-o para que não mais incida em compromissos degenerativos. Por isso mesmo todos aqueles que buscaram o conforto moral, a assistência para a saúde combalida ou comprometida, física ou mental, defrontaram a realidade da vida, alterando a forma existencial do comportamento que lhes seria inapreciado valor nas futuras experiências carnais. (*Tormentos da Obsessão*, p. 283).

◆Jesus e a obsessão - II◆

Recordemos o Mestre em Gadara ou Gerasa diante do obsidiado em desvalimento: nenhuma exprobração, nenhuma violência, vulgaridade alguma, sem acusação nem reproche. Examinou o drama de dor e sombra que os envolvia, auscultou os receios do perseguidor e as necessidades do perseguido, a ambos libertando conforme suas condições interiores. Calmo e íntegro, superior e amoroso, infundiu respeito, concedeu oportunidade liberativa, amparou. Não desvalorizemos as excelentes possibilidades que ele nos coloca ao alcance: oração, paciência, caridade. Permeando-nos desses poderes, serão dispensáveis a discussão, a agitação, a ofensa humilhante e a dura verdade para dobrar. Ninguém está lutando contra outrem a perseguir a própria vitória. Estamos exercitando vivência cristã fraternal e caridosa para com nós mesmos através do auxílio ao próximo. (*Grilhões Partidos*, p. 180).

◆Jesus e o trabalho como terapia◆

O trabalho é realmente um dos mais eficazes mecanismos de promoção do indivíduo. Jesus teve ocasião de acentuar, conforme anotado pelo evangelista João no capítulo 5, versículo 17: "Meu Pai trabalha até agora e eu também trabalho", demonstrando a alta significação desse procedimento. Não poucas vezes, estimulando os obsessos ao trabalho, eles reagiam justificando incapacidade de realizar alguma coisa de útil, ao que lhes objetava, informando que sempre se pode fazer algo, mínimo que seja, quando se tem interesse. E insistindo, conseguia auxiliá-los a sair da inércia, da autocompaixão, da frustração existencial ou da revolta neles instalada pela ação corrosiva da obsessão. (*Tormentos da Obsessão*, p. 289).

◆Justiça divina◆

A única justiça invariável é a que procede de Deus. Essa, à qual o amigo se refere, é a da iniquidade, da vingança e da loucura, que colhe nas suas malhas todo aquele que se desrespeitou e assumiu delitos perante a consciência. Ela funciona porque os homens, lamentavelmente, optamos pela sua hediondez, como efeito do primarismo no qual nos demoramos. Luz, porém, já, o momento para o despertar e a consciente submissão aos estatutos do amor que educam, aprimoram e plenificam. Desse modo, mesmo os gênios das trevas, que se acreditam senhores do terror, serão alcançados pelas vibrações da misericórdia do Pai e sairão da infinita desdita a que se entregaram para a dignificação interior que os levará à paz que lhes falta, à felicidade que atiraram fora e ao bem que esqueceram. (*Trilhas da Libertação*, pp. 86 e 87).

◆"Justiceiro" – Obsessor◆

A palavra soou-me estranha, ouvindo-a pronunciada pelos seus lábios. Todos os perseguidores sempre apelam para o que não fazem, que é o uso da verdadeira justiça, cuja aplicação dispensa o ódio, a mágoa e o ressentimento vitalizadores das paixões asselvajadas e destruidoras. Para sua aplicação recorrem ao crime covarde, utilizando da sua invisibilidade em relação aos homens, de modo a poder atacá-los cruelmente na defesa de interesses que já morreram e não tem qualquer sentido evocar.
(*Painéis da Obsessão*, p. 128).

◆K◆

◆Karma e mediunidade◆

Não são os médiuns, conforme sabemos, criaturas especiais destinadas à galeria espiritual dos eleitos como seres venerandos. Normalmente são espíritos muito comprometidos que dispõem das faculdades medianímicas para servir mais, reequilibrando o psiquismo desarmonizado pelo impacto das ações incorretas. Vitimados pela consciência culpada, experimentam os conflitos que defluem das atitudes exorbitantes que se permitiram. A faculdade os propicia a ajudar aqueles a quem ofenderam e se demoram em aflição, assim como a socorrer indiscriminadamente a todos que lhes acercam em carência de esclarecimento e de segurança. Cada gesto de conforto e toda ação de benemerência diminui a carga de desares que se impuseram através dos insucessos anteriores e que se ofereceram antes da reencarnação para expungir. (*Trilhas da Libertação*, pp. 195 e 196).

◆Karma e obsessão◆

Atendido, porém, desde o ventre materno com medicação salutar, traz no perispírito as condições próprias à hospedagem na ocasião oportuna que se encarrega de disciplinar o verdugo não esquecido pela vida. (*Nos Bastidores da Obsessão*, p. 40).

♦Karma e obsessão - II♦

Merece, porém, considerar o que denominamos de causas cármicas, aquelas que precedem a vida atual e que vêm impressas no psicossoma (ou perispírito) do enfermo, vinculado, pelos débitos transatos, àqueles a quem usurpou, abusou, prejudicou e que, ainda que mortos, não se aniquilaram na vida, havendo apenas perdido a forma tangível, sempre transitória e renovável. (*Grilhões Partidos*, p. 42).

♦Karma e obsessão - III♦

Há, no entanto, além dos fatores que predispõem à loucura e dentre os quais situamos o karma do espírito, nos quais se demoram incontáveis criaturas em plena fronteira, a obsessão espiritual que as impulsiona a darem o passo adiante, arrojando-as no desfiladeiro da alienação de largo porte e de difícil recuperação. (*Nas Fronteiras da Loucura*, p. 10).

♦Karma e obsessão - IV♦

Psicopatogêneses espirituais, seja as de natureza emocional pelas aptidões e impulsos que procedem das reencarnações transatas de que os enfermos não se liberam, seja pelo impositivo das obsessões infelizes produzidas por encarnados ou por espíritos que já se despiram da indumentária carnal permanecendo, no entanto, nos propósitos inferiores a que se aferram. (*Nas Fronteiras da Loucura*, p. 10).

♦Karma e obsessão - V♦

Seja qual for a causa detectada pelos cientistas da medicina, não podemos dissociar o paciente da sua enfermidade. Concluímos que os fenômenos perturbadores da nossa irmã têm suas matrizes no perispírito, decorrentes da conduta irregular de ontem e de severa obsessão atual, conforme estudaremos. Somente uma visão holística na área médica, examinando o enfermo como um ser global, espírito, perispírito e matéria, poderá ensejar-lhe uma terapia de profundidade, erradicando as causas preponderantes das enfermidades e dos transtornos de comportamento. O ser humano terá que ser estudado como um conjunto de vibrações que se apresentam sutis, semimateriais e físicas. A análise de uma parte da sua constituição como matéria ou como apenas espírito será sempre incompleta. (*Trilhas da Libertação*, p. 123).

♦L♦

♦Lamentações♦

A lamentação é portadora de miasmas que deprimem e intoxicam o paciente, mantendo-o em área de pessimismo. Otimismo, alegria e esperança de dias melhores são também psicoterapias oportunas em qualquer problema e muito especialmente na faixa do comportamento mental. As religiões preconizam a confiança e a coragem, o perdão e a fé, a humildade e a paciência, logrando êxito com os seus fiéis. Sem dúvida, essas técnicas de ação moral, ou virtudes, como se as queiram chamar, são excelentes processos de preservação do equilíbrio emocional. (*Nas Fronteiras da Loucura*, pp. 279 e 280).

♦Lei de retorno e caridade♦

Aqueles que se atribuem direitos e privilégios especiais – como se a vida em si mesma já não fosse um privilégio especial –, na má usança a que se permitem, aliciam os verdugos que os submeterão, como consequência do comportamento ingrato e pernicioso de que se utilizam, vindo a experimentar o corretivo que os despertará para o respeito ao seu irmão e aos quadros educadores da escola terrena. Naturalmente, isso não nos libera do dever de os ajudar, considerando que, a nosso turno, já atravessamos situações penosas idênticas, nas quais fomos socorridos. Outrossim, ajuda-nos a vigiar os próprios pensamentos e atos, e impediremos os devaneios e as futilidades que, não raro, induzem ao tombo nas urdiduras do erro e da criminalidade, facultando a convivência com a dor que aqui ferreteia as almas e exercita-nos a compaixão, o amor e a caridade. (*Nas Fronteiras da Loucura*, p. 45).

◆Leitura como terapia◆

Especialmente em ocorrências dessa natureza, a leitura edificante, evangélica e espírita é o medicamento eficaz e imprescindível a uma pronta conquista de resultados salutares. Outrossim, pelo mesmo processo com que o pensamento obsidente atua sobre o médium em processos obsessivos – e todo paciente que experimenta tal alienação é um médium em desequilíbrio de forças psíquicas – as construções mentais, as ideias deste são assimiladas pelo hóspede indesejável, resultando, muitas vezes, na evangelização do perseguidor, que também se modifica à instância dos preciosos ensinos que chegam. (*Tramas do Destino*, p. 96).

◆Lembranças do sono – Médiuns◆

Obviamente, ao retornarmos ao corpo somático, as lembranças das realizações espirituais desaparecem quase completamente, deixando as evocações em impressões de sonhos que se manifestavam ora como pesadelos dolorosos, ora como estados de comunhão elevada com as esferas superiores da vida. Nesse particular, os instrutores se encarregavam de ativar ou frenar os centros encarregados das lembranças, de modo que a nossa jornada humana transcorresse com a normalidade possível, sem problemas que nos perturbassem as atividades de servidores da comunidade dos homens. A recordação detalhada situa-nos entre os dois mundos, ensejando-nos um despercebimento das realidades do lado físico, propiciando-nos um desvio da atenção que se voltaria para as experiências e realidades da esfera espiritual. (*Nos Bastidores da Obsessão*, pp. 183 e 184).

◆Libertação pelo perdão◆

Nossos atos respeitam ou atentam contra as leis de Deus. Quando fazemos um bem ou um mal a alguém, estamos no contexto da ordem universal. O bem que promove quem o recebe, eleva aquele que o pratica. O mal ocorre no sentido inverso, sendo sempre pior para quem o abraça. Quando devemos a alguém, moral ou espiritualmente, o nosso desrespeito é ao soberano código do amor. É necessário estabelecermos a paz com o nosso adversário, buscando-o com humildade para esse fim e fazendo a ele o bem possível. Se, no entanto, ele se recusar, passa de vítima a algoz e isso não é permitido. Sua teimosia no desforço retarda a sua marcha, mas isto não impede que o arrependimento avance. (*Loucura e Obsessão*, p. 154).

◆Líderes das trevas◆

Estes seres, que se extraviaram em diversas reencarnações assumindo altíssimas responsabilidades negativas para eles mesmos, procedem, na sua maioria, de doutrinas religiosas cujos nomes denegriram com as suas condutas relapsas, atividades escusas e cortes extravagantes, nas quais o luxo e os prazeres tinham primazia em detrimento dos rebanhos que diziam guardar, mas que somente exploravam na razão do quanto os desprezavam. Ateus e cínicos galgavam os altos postos que desfrutavam mediante o suborno, o homicídio, as perversões sexuais e a politicagem sórdida, morrendo nos tronos das honras e glórias mentirosas para logo enfrentarem a consciência humilhada e, sob tormentos inenarráveis e sintonizando os sequazes que os aguardavam no além, serem reconvocados aos postos da loucura, dispostos a enfrentar Jesus e Deus, que negam e dizem desprezar. (*Trilhas da Libertação*, pp. 97 e 98).

◆Líderes das trevas e a luz do Consolador◆

Sandeus e absolutos anularam a consciência no mal e na força, tornando-se adversários voluntários da luz e do bem, que pretendem combater e destruir. Não se dão conta de que isso ocorre porque vivem em um planeta ainda inferior em processo de desenvolvimento, onde aqueles que o habitam também são atrasados, padecendo limites em trânsito do instinto para a razão. Inobstante, porém, luz, nesta época, o Consolador, e em toda parte doutrinas de amor e paz inauguram a Nova Idade na Terra, convidando o homem ao mergulho interior, ao rompimento dos grilhões da ignorância, à solidariedade e ao bem. A ciência dá as mãos à moral e a filosofia redescobre a ética para que a religião reate a criatura ao seu criador em um holismo profundo de fé, conhecimento e caridade, numa síntese de sabedoria transcendental. Tudo marcha na direção de Deus, é inelutável. A grande causa, a inteligência suprema, é o fulcro para o qual convergem todos, mediante a vigorosa atração da Sua própria existência. As lutas de oposição desaparecem com relativa rapidez, rompendo as barricadas e trincheiras que se tornam inúteis. A trajetória do progresso é irrefreável. Só o amor tem existência real e perene, lei que é da vida por ser a própria vida. (*Trilhas da Libertação*, pp. 98 e 99).

◆Livre-arbítrio – Obsessor◆

E porque o mal que Jean-Michel – este é o nome que teve na reencarnação anterior – persiste em preservar, arrastando seu inimigo e a si mesmo, desvairando, não pode permanecer indefinidamente, o nosso ato de misericórdia e de compaixão, não constituindo violência, porque seu discernimento encontra-se obliterado pela paixão alucinada. O mesmo ocorre com crianças e jovens ou mesmo com adultos sem amadurecimento psicológico e moral. Determinadas decisões não necessitam passar pelo crivo da opinião, porque, destituídos de discernimento, não saberiam o que ou como fazer. Não poucas vezes, determinados tratamentos cirúrgicos e psiquiátricos são decididos pela família do paciente, mesmo que sem o seu consentimento, a fim de salvar a sua existência. A responsabilidade é o melhor aval para a utilização do livre-arbítrio, mas muitos espíritos ainda não a dominam em seu atual processo de evolução. (*Sexo e Obsessão*, p. 82).

◆Local de tarefas espirituais◆

Ensinava aos companheiros do plano físico como deveriam comportar-se e preservar o recinto quanto às conversações frívolas e vulgares responsáveis pela sintonia com espíritos ociosos e malévolos que se insinuam através das mentes invigilantes e, não raro, se introduzem nos locais vedados por perturbação nas defesas em virtude das urdiduras e responsabilidades dos médiuns e diretores invigilantes. Hospital-escola para os que sofrem, o centro espírita é templo de recolhimento e oração, onde se estabelecem, se fixam e por onde transitam as forças da comunhão entre o homem e Deus. Em toda parte, sem dúvida, pode e deve o homem elevar-se ao seu Criador, no entanto, dedicando-se a misteres muito complexos e elevados, como os das incursões profundas nos cernes da alma, mediante os serviços de desobsessão, de despertamento da hibernação de que padecem muitos desencarnados, do deslinde dos vínculos infelizes e do socorro às regiões purgatoriais, no lugar em que se realizam tais relevantes obrigações não podem coexistir a leviandade e a honradez, a chufa e o verbo edificante, a esperança e a revolta. (*Tramas do Destino*, p. 201).

◆Loucura e ciência◆

Apesar das avançadas conquistas psiquiátricas, a loucura continua sendo um enigma desafiador para as mais cultivadas inteligências. Classificada na sua patologia clínica e mapeada carinhosamente, os métodos exitosos em uns pacientes redundam perniciosos e em outros são absolutamente inócuos, inexpressivos. Isso porque a terapia aplicada, apesar de dirigida ao espírito (psique), não é conduzida, em verdade, às fontes geratrizes da loucura: o espírito reencarnado e aqueles espíritos infelizes que o martirizam, no caso das obsessões. (*Grilhões Partidos*, p. 41).

◆Loucura e obsessão◆

Na imensa mole humana dos que sofrem a loucura, conforme os cânones das classificações psiquiátricas, transita um sem número de obsidiados que expungem faltas e crimes cometidos e não alcançados pela humana justiça oportunamente. São defraudadores dos dons da vida que retornam jungidos àqueles que infelicitaram, enganaram, abandonaram, mas dos quais não conseguiram se libertar. Morreram, sim, porém, não se aniquilaram. Trocaram de vestes, todavia permaneceram os mesmos. As conjunturas da lei os surpreenderam onde se alojaram e as imposições que criaram ligaram-nos vítimas a algozes, credores a devedores em graves processos de reparação compulsória. Atados mentalmente aos gravames cometidos, construíram as algemas a que se aprisionaram, em vicunlação com os que supunham ter destruído. Debatem-se presos nos mesmos elos, lutando em contínuo desgaste de vitalidade com que enlouquecem, até que as claridades do amor, do perdão – forças sublimes da vida – consigam partir as cadeias e libertá-los, facultando que se ajudem reciprocamente. Enquanto o amor se sobreponha ao ódio e o perdão à ofensa, marcharão em renhida luta, perseguindo e autoafligindo-se sem termo, pelos dédalos de horror em que se brutalizam até a selvageria mais torpe. (*Grilhões Partidos*, pp. 10 e 11).

◆Loucura e obsessão - II ◆

Naturalmente, eclodindo a manifestação da loucura, instala-se também um simultâneo processo obsessivo graças às vinculações que mantêm encarnados e desencarnados na contabilidade dos deveres múltiplos, poucas vezes desenvolvidos com retidão. Na obsessão, a loucura surge na qualidade de ulceração posterior, irreversível, em consequência das cargas fluídicas de que padece o paciente, vitimado pela perseguição implacável. Face à insidiosa presença de tal energia deletéria, desarticulam-se o equilíbrio emocional, a estabilidade nervosa, o metabolismo orgânico e, pela intoxicação de que se veem objeto, vários departamentos celulares se desorganizam, envenenando-se, ulcerando-se. (*Grilhões Partidos*, p. 64).

◆Loucura e obsessão - III◆

A obsessão é uma fronteira perigosa para a loucura irreversível. Sutil e transparente, a princípio, agrava-se em razão da tendência negativa com que a agasalha o infrator dos soberanos códigos da vida. Dando gênese a enfermidades várias, inicialmente imaginárias, que recebe por via telepática, pode se transformar em males orgânicos de consequências insuspeitadas, ao talante do agente perseguidor que induz a vítima que o hospeda a situações lamentáveis. (*Nas Fronteiras da Loucura*, p. 10).

♦Loucura e obsessão - IV♦

Em toda gênese da loucura há uma incidência obsessiva. Desde os traumatismos cranianos às manifestações mais variadas, o paciente, por encontrar-se incurso na violação das leis do equilíbrio, padece, simultaneamente, a presença negativa dos seus adversários espirituais, que pioram o seu quadro. Estando os implementos cerebrais em desarranjo por esta ou aquela razão, endógena ou exógena, mais fácil se torna a cobrança infeliz pelos desafetos violentos que aturdem o espírito que não pode se comunicar com o exterior, desequilibrando os complexos e delicados mecanismos da mente. Nas obsessões, todavia, o descontrole da aparelhagem mental advém como consequência da demorada ação do agente perturbador, cuja interferência psíquica no hospedeiro termina por produzir danos, reparáveis a princípio, e de difícil recomposição ao largo do tempo. Processos obsessivos existem, como na possessão, em que o enfermo passa a sofrer a intercorrência da loucura conforme os estudos clássicos da Psiquiatria. Seja, porém, em qual incidência estagie o doente, não nos esqueçamos de que este é um espírito enfermo, pois se enquadra nos códigos da reparação dos débitos com as matrizes psíquicas que facilitam o acoplamento da mente perseguidora, esteja em sanidade mental, sendo levado à obsessão, ou em patologia de alienação outra, piorando o estado. A ação psicoterápica da doutrina espírita, aliada às modernas técnicas de cura, contribuirá decisivamente para a mudança do quadro mental da humanidade. (*Nas Fronteiras da Loucura*, pp. 273 e 274).

◆Loucura e obsessão - V◆

Quando as obsessões se fazem prolongadas e o paciente não se dispõe à recuperação ou não a consegue, a incidência continuada dos fluidos deletérios sobre os neurônios cerebrais termina por produzir afecções e distúrbios de grave porte, que se tornam irrecuperáveis. Desse modo, as obsessões podem conduzir à loucura e à idiotia, que, por sua vez, serão ampliadas por influências espirituais perniciosas realizadas pelos adversários do enfermo, que se utilizam da sua incapacidade de autodefesa para os desforços infelizes nos quais se comprometem com a própria consciência. (*Reencontro com a Vida*, pp. 50 e 51).

◆M◆

◆Magia negra◆

Nas práticas da magia negra sempre há aqueles que se fazem receptivos às mesmas. Consciência de culpa inata, insegurança emocional, desajustes temperamentais, invigilância moral, insatisfação pessoal, ociosidade mental, conduta irregular, e, além desses fatores, os débitos passados constituem campo vibratório propício à sintonia com as induções mentais dos maus – telepatia e telementalização perniciosas –, assim como as ondas da magnetização de objetos ofertados para as práticas nefastas – imantações fluídicas – e, por fim, afinidade vibratória com os espíritos perversos e com os encantados que se deixam utilizar, na sua ignorância, para estes fins ignóbeis e para os de ordem elevada. (*Loucura e Obsessão*, p. 115).

◆Mágoa – Causa de males físicos◆

A mágoa é outro fator dissolvente no comportamento humano pelos desastres íntimos que ocasiona. Sob sua ação, desarticulam-se os equipamentos do sistema nervoso central, que sofrem a ação dos diluentes de ordem mental, interrompendo o ritmo das suas respostas na manutenção do equipamento emocional e, ao longo do tempo, de ordem fisiológica. Enfermos psicossomáticos, cuja gênese dos males que sofrem encontra-se no comportamento psíquico, defluente da franqueza da vontade como da acomodação moral. Por isso cada qual elege e constrói o paraíso ou o inferno que prefere, no íntimo, passando a vivê-lo na esfera das realidades em que transita. (*Nas Fronteiras da Loucura*, pp. 174 e 175).

◆Mal de Alzheimer◆

Chama-me a atenção, porém, na atualidade, a alta estatística de portadores do mal de Alzheimer, padecendo de lamentável degeneração neuronal, em processo expiatório aflitivo para eles mesmos e para os familiares, nem sempre preparados para essa injunção dolorosa. Incompreendido o processo degenerativo, a irritação e a revolta tomam conta da família, que maltrata o enfermo, quando este necessita de mais carinho em face do processo irreversível. A segurança dos diagnósticos já contribui para que, no início, se possa atenuar e retardar os efeitos progressivos dessa demência assustadora. Sem dúvida, trata-se de um veículo expiatório para o paciente e para o seu grupo familiar. Apesar da gravidade de que se reveste essa degenerescência, adversários desencarnados pioram o quadro, afligindo a vítima em tormentosos processos de agressão espírito-a-espírito, em razão de o paciente encontrar-se em parcial desdobramento e pela impossibilidade de utilizar o cérebro, então alucinando-o pelo medo que alcança as vascas do terror. (*Transtornos Psiquiátricos e Obsessivos*, p. 109).

◆Mal de Parkinson e obsessão◆

Em face dessas degenerações, o parkinsonismo, cujas raízes profundas estão no espírito endividado, ao manifestar-se enseja também a vinculação morbígena com os adversários vigilantes que pioram o quadro, ensejando, desse modo, a recuperação moral do enfermo. Eis, portanto, como se inicia o tormento obsessivo, que nem sempre culmina com a desencarnação do paciente. (*Transtornos Psiquiátricos e Obsessivos*, p. 111).

◆Mal-estar dos médiuns◆

Todo esforço produz efeito correspondente à energia desprendida. No caso em tela, a entrega à caridade espiritual permite que, desde o momento que se instalam as ligações espirituais entre o futuro comunicante sofredor e o médium, para a atividade programada, não raro, durante vinte e quatro ou mais horas antes até o momento da reunião, é natural que o sensitivo perceba-se agitado ou com o campo vibratório diferenciado. Quando educado psiquicamente, porém, robustece-se na lógica do benefício que irá propiciar, não se permitindo perturbar pelas vibrações emitidas pelo agente desencarnado, que já experimenta mudança de área, sentindo-as diluir-se pouco a pouco, pois essas energias são filtradas pelo perispírito do médium, que facultará uma comunicação menos agressiva e sem descontrole em face da sintonia profunda entre ambos. Assim mesmo, essa ocorrência será sempre benéfica ao médium, porque lhe diminuirá a quota de débitos para a recuperação moral, porquanto, toda atividade dignificadora conduz um peso específico positivo que diminui o quantum de dívidas que se encontra aguardando o resgate. (*Transtornos Psiquiátricos e Obsessivos*, p. 94).

◆Médicos e obsessões◆

É muito comum notar que os espíritos conscientes do mal que proporcionam àqueles a quem perseguem, sabendo que os seus obsidiados estão recorrendo à ajuda médica para ter minorados os seus males, investem contra os seus possíveis benfeitores a fim de influenciar, gerando antipatia pelo paciente e, quando há afinidade moral entre o médico e o algoz desencarnado, este leva-o a equivocar-se no diagnóstico ou pelo menos a não dar a devida atenção ao problema, ficando na superficialidade, o que não permite a correta avaliação para um eficiente tratamento. O mesmo sucede em relação aos médiuns, quando convidados ao auxílio aos portadores de alienação obsessiva: muda de situação, mas não se altera a ocorrência. (*Painéis da Obsessão*, p. 248).

◆Médium iniciante◆

O período inicial de educação mediúnica sempre se dá sob ações tormentosas. Geralmente, o médium é um espírito endividado em si mesmo, com vasta cópia de compromissos a resgatar, quanto a desdobrar, trazendo matrizes que facultam o acoplamento de mentes perniciosas do além-túmulo que o impelem ao trabalho de autoburilamento quanto ao exercício da caridade, da paciência e do amor para com os mesmos. Além disso, considerando os seus débitos, vincula-se aos cobradores que não querem perdê-lo de vista, sitiando a casa mental, afligindo-o com o recurso de um campo precioso e vasto, qual é a percepção mediúnica e tentando impedir o crescimento espiritual, mediante o qual lograria libertar-se do jugo infeliz. Criam armadilhas, situações difíceis, predispõem ao mal aquele que os sofrem, cercam-no de incompreensões, porque vivem em diferente faixa vibratória, peculiar e diversa aos que não possuem disposições medianímicas. É um calvário abençoado a fase inicial do exercício e desdobramento da mediunidade. Outrossim, esse é o meio de ampliar e desenvolver o treinamento do sensitivo, que aprende a discernir o tom psíquico dos que o acompanham, em espírito, tomando conhecimento das leis dos fluidos e armando-se de resistência para combater as más inclinações que são os ímãs a atrair os que se encontram em estado de erraticidade inferior. (*Nas Fronteiras da Loucura*, p. 202).

◆Médium iniciante - II◆

A oração, o estudo e a meditação fazem-se indispensáveis para resguardar o iniciante, assim como a ação do bem com que se faz respeitado, inclusive, pelos seus adversários ocultos. Nessa fase, aprende a preservar o silêncio e a discrição, controlando os ímpetos e estados da alma de modo a manter a linha do próprio equilíbrio sem as oscilações e variações de humor que tipificam o estado de obsessão simples. Tão habitual se tornará a disciplina no comportamento, que superará as agressões mais fortes, como não se deixará conhecer quando nos momentos de maior efusão de bênçãos. (*Nas Fronteiras da Loucura*, p. 203).

◆Mediunidade◆

A mediunidade é a faculdade cujo exercício deve ser realizado santamente com altas cargas de responsabilidade e respeito. Ninguém aplica uma função destinada à elevação do ser, de maneira irregular, que não venha a sofrer as funestas consequências da atitude leviana. Exercitá-la para o bem é um dever, e a amplitude dos fenômenos que lhe proporciona tem por meta facultar a reabilitação moral. De leviandade em leviandade, você tem agravado os compromissos que lhe cumpre ressarcir. (*Trilhas da Libertação*, p. 145).

◆Mediunidade - II◆

A sensibilidade mediúnica encontra-se presente em todas as criaturas que, vez por outra, apresentam pródromos da faculdade sem maiores consequências. No entanto, a manifestação ostensiva é propriedade somente de alguns organismos, que expressam necessidades do ser reencarnado no processo de evolução. Em razão disso, descortinamos variadíssima gama, assim como graus, da percepção mediúnica. (*Trilhas da Libertação*, p. 165).

◆Médiunidade – Claustro materno◆

A faculdade mediúnica é, de certo modo, um claustro materno que permite a fecundação de vidas em novos estados psíquicos. Melhor dizendo: o médium é sempre mãe a receber filhos do sentimento que renascem para o entendimento quando o tem entorpecido, ou se facultam fecundar pelos espíritos nobres que, através deles, corporificam ideias, expressam realizações superiores, materializam, curam e ajudam. Não serão os livros psicografados, por exemplo, filhos do médium submisso e nobre, com o amigo que os escreve por seu intermédio? Desta forma, você se colocará a serviço dessa fecunda maternidade pelo amor, dando sentido e direção correta à sua vida espiritual, sem qualquer prejuízo para a sua vida social, cultural e terrena. (*Loucura e Obsessão*, p. 296).

◆Mediunidade de cura – Perigo◆

Por mais alto potencial curador que disponha o homem,

se este não se vincula aos labores da santificação e não se engrandece interiormente mediante a vivência do cristianismo em sua pureza, torna-se detentor de graves recursos destrutivos que são utilizados por mentes infelizes e impiedosas com as quais sintoniza por processos especiais de identificação de propósitos, de inconsciência e irresponsabilidade, que passam a comandá-lo em dominação perniciosa. Aliás, a ocorrência sucede com todo aquele que se permite licenças e desequilíbrios morais. (*Tramas do Destino*, p. 229).

♦Mediunidade e obsessão♦

Qualquer médium que fuja do estudo e do exercício correto das suas faculdades medianímicas, por mais empáfia com que se apresente, encontra-se em período de obsessão sob comando equívoco. Permanece, quiçá, a mediunidade para o seu e o escarmento dos que afinem com tal disposição, no entanto, sob comando maléfico ou simplesmente alienado. No ambiente convulsionado da orgia, naturalmente a médium terminaria por assimilar altas cargas de fluidos perniciosos que lhe perturbariam o equilíbrio, tornando-se fácil presa de situações e influências nefastas. As entidades adversárias que conhecem as fraquezas humanas, por as possuírem também, como quase todos nós, e que dão plantão ao lado das suas vítimas em potencial, a fim de melhor conhecer suas debilidades, contavam, por antecipação, com esse trunfo. (*Nas Fronteiras da Loucura*, pp. 204 e 205).

♦Mediunidade e obsessão - II♦

A presença da obsessão no homem é síndrome da mediunidade nele presente. A direção moral e a atividade que se aplicam a essa faculdade responderão, de futuro, pelos resultados que se incorporarão ao *modus vivendi* da pessoa. Regularizado o problema da obsessão, abrem-se as possibilidades mais amplas para o exercício das faculdades mediúnicas. Liberado do esquema de dificuldade pessoal, não implica, de imediato, em haver resgatado a dívida. Além disso, nasce o dever de contribuir em favor do próximo, envolvido em inquietações semelhantes ou de outra natureza. Eis por que a caridade é o caminho da paz, e ao lado do conhecimento, faz-se a fonte abençoada da autoiluminação. (*Nas Fronteiras da Loucura*, p. 296).

◆Mediunidade de prova◆

Grande número, porém, de portadores de mediunidade tem compromisso com a tarefa específica, que lhe exige conhecimento, exercício, abnegação, sentimento de amor e caridade, a fim de atrair os espíritos nobres que se encarregam de auxiliar cada um na desincumbência do mister iluminativo. Trabalhadores da última hora, novos profetas se transformando nos modernos obreiros do Senhor, estão comprometidos com o programa espiritual da modificação pessoal, assim como da sociedade, com vistas à era do espírito imortal que já se encontra com os seus alicerces fincados na consciência terrestre. (*Reencontro com a Vida*, p. 71).

◆Mediunidade responsável◆

Atividades de grande porte exigem espíritos competentes a fim de conduzi-las com segurança. As incursões socorristas ao mundo espiritual, lidando com seres equivocados e perversos, são um capítulo do espiritismo experimental. Por isso mesmo, a mediunidade responsável não se permite aventuras insensatas nem se faculta entusiasmos descabidos. O labor de desobsessão é terapia avançada que exige equipes hábeis de pessoas e espíritos adestrados nas suas realizações, de modo a se conseguir os resultados positivos esperados. Não raro, candidatos apressados e desaparelhados aventuram-se em tentames públicos e privados de intercâmbio espiritual, desconhecendo as armadilhas e a astúcia dos desencarnados, procurando estabelecer contatos e procedimentos para os quais não se encontram preparados, comprometendo-se desastradamente com aqueles aos quais pretendem doutrinar ou impor suas ideias. Arrogantes uns e ingênuos outros, permitem-se a leviandade de abrir portas mediúnicas a intercâmbio desordenado, na pressuposição de que podem se fazer respeitados e obedecidos, incorrendo em grande risco de natureza psíquica. A vida espiritual é pujante, rica de movimento e de ação, base para a formação da física. Quanto se expressa na esfera corporal é pálida condensação da realidade que vibra fora dos fluidos materiais. Todo o cuidado, pois, nesse campo como noutros, é sempre proveitoso para o principiante ou mesmo para quem não possua os instrumentos morais indispensáveis. (*Trilhas da Libertação*, pp. 192 e 291).

◆Médiuns – Defesas◆

A oração e o trabalho, às vezes até a exaustão, constituíam a melhor metodologia para manter-se em paz. Não almejando outra recompensa que não fosse a vitória sobre si mesmo, não se preocupava muito com as opiniões que eram formuladas em torno da sua pessoa, tampouco com as acusações que eram assacadas contra a sua conduta, por se não deixar conduzir pelas paixões primitivas e pelos campeonatos da vacuidade. (*Entre Dois Mundos*, p. 186).

◆Médium – 24 horas◆

Acreditei que a mediunidade de que me encontrava investida deveria ser praticada somente nos dias reservados às reuniões que frequentava. Não me conscientizei de que se é médium durante as 24 horas do dia. Assim, tenho hoje a tarefa de estimular os companheiros portadores de faculdades mediúnicas para que não desfaleçam nas lutas e não se permitam justificativas para postergar os benefícios que podem ser distribuídos mediante a aplicação das forças espirituais de que são portadores. Olvidam-se muitos amigos do exercício mediúnico de que, à medida que se entregam ao afã educativo das faculdades, mais ampla penetração conseguem nas dimensões extrafísicas. Dia virá, no entanto, em que a mediunidade estará tão natural em todas as vidas, que os indivíduos se tornarão maleáveis e dóceis à inspiração dos seus guias espirituais, alargando as fronteiras da vida física. (*Entre Dois Mundos*, p. 209).

◆Mente e saúde◆

Uma mente estúrdida, desarmonizada e em desequilíbrio, é

resultado do espírito doente, devedor. Seria incoerência encontrarmos em um calceta ou em uma vítima da consciência de culpa um estado mental harmônico. Essa distonia reflete os efeitos da conduta deteriorada, fazendo-a instrumento dos fatores degenerativos que se impõem no quadro da saúde pessoal, na condição de enfermidades reparadoras. (*Trilhas da Libertação*, p. 22).

♦Mente viciosa e destruição vibratória♦

O mesmo ocorre com aqueles que se utilizaram da roupagem física para o mercado do sexo, das sensações grosseiras e vivem aspirando sempre os tóxicos de potencial elevado de destruição vibratória. No seu tormento, são destruídos pelo psiquismo que lhes consumiu as forças e a capacidade de viver acima dos baixos padrões morais aos quais se entregaram. E mesmo quando no cansaço dos anos e no desgaste da vitalidade resolvem-se por mudanças éticas e por assumir nova compostura, não logram tempo para evadir-se aos efeitos dos atos passados, tombando nas engrenagens emperradas e esfaceladas do organismo escravo das construções mentais viciosas. (*Trilhas da Libertação*, p. 19).

♦Mídia e influências negativas♦

Posturas exóticas, música estridente e primitiva, gestos selvagens e caracterizações aberrantes em açodamento às manifestações do sexo ultrajado, naqueles redutos se originavam recambiados para os palcos do mundo em bem urdida propaganda para alcançar as mentes juvenis desarmadas dos recursos defensivos a estimular-lhes os instintos, anulando os seus mecanismos da razão. Ases da informática moderna que lideram larga faixa de desavisados pelos veículos da comunicação de massa, solicitando mais ampla e sempre infinita liberdade para o vulgar, o agressivo e o servil eram, por sua vez, vítimas desses severos títeres do mundo espiritual inferior, que se locupletavam na rapina de energia daqueles que se vinculavam espontaneamente. Campeões do cinismo, sempre vanguardeiros da corrupção e da insensibilidade para com os valores éticos da vida, técnicos na ironia e no menosprezo às conquistas da moral e da justiça, eram frequentadores habituais, por sintonia psíquica, daqueles grupos onde renovavam experiências sórdidas, retornando depois ao corpo, sempre ansiosos e insatisfeitos pelo vivido, padecendo irrefreável avidez pelo novo gozar. (*Loucura e Obsessão*, p. 56).

◆Mistificação◆

Assessorado por seres malfazejos que já se utilizam de você fingindo tratar-se de mim. Porque a sua sensibilidade está ficando embotada, não se dá conta da diferença das energias deles e das minhas. A mistificação toma espaços largos e os sinais de alarme são detectados: os pacientes pioram. Para alguns são receitados produtos inadequados ao pós-operatório, às ocultas, outros adquirem infecções depois da cirurgia e mais outros sofrem risco de vida. Quando você vai parar? (*Trilhas da Libertação*, p. 149).

◆Modelador da forma – Perispírito◆

Sabemos que o perispírito, com a sua alta sensibilidade, é o veículo modelador da forma, portador de inumeráveis potencialidades, tais como: memória, penetrabilidade, tangibilidade, elasticidade e visibilidade, que manipuladas pelo espírito conscientemente ou não através da energia psíquica, exteriorizam-se no corpo físico, nele plasmando os implementos para ajudá-lo na evolução. (*Trilhas da Libertação*, p. 24).

◆Modelo organizador biológico◆

Os traumas, os estresses, os desconcertos psíquicos e as manifestações genéticas estão impressos nesse corpo intermediário, que é o modelo organizador biológico sob a ação do espírito em processo de evolução, e irão expressar-se no campo objetivo como necessidade moral de reparação de crimes e erros antes praticados. Se aquelas causas não procedem desta existência, hão de ter sido em outra anterior. Igualmente, as conquistas do equilíbrio, da saúde, da inteligência e do idealismo, resultam das mesmas realizações atuais ou transatas que assinalam o ser. (*Trilhas da Libertação*, p. 17).

♦Modificação com a doença♦

Sob a enfermidade que a amarfanhava, pôde, nos intervalos em que a reflexão a dominava, avaliar o significado da saúde, valorizando a forma como vivia, o que tinha e de que dispunha em afetividade e ocasiões de ser feliz. Após o encontro espiritual e os benefícios dele resultantes, passou a aquilatar a vida dentro de uma nova escala de valores, ansiando por alcançar a saúde. A ausência de Ricardo com a sua ação destruidora muito contribuiu para o novo estado mental e emocional da mesma. (*Nas Fronteiras da Loucura*, p. 284).

♦Modismos e espiritismo♦

Fascinados pelas promessas de quase milagres, ansiosos pelos resultados imediatistas da sua aplicação e desejando facilitar o cumprimento das leis de causa e efeito na conduta humana, começaram a aderir às estranhas práticas sem o cuidado de as estudar com seriedade a fim de colherem os bons frutos da sua aplicação, caso os tenham, ficando apenas na superfície das informações que transferiram para o centro espírita. Médiuns despreparados e atormentados, experimentando injunções obsessivas, umas sutis, outras mais vigorosas, logo se deixaram embair pelas possibilidades fenomenais e quase sobrenaturais anunciadas, abrindo portas a realizações deploráveis. Os mentores inspiraram a continuação das tarefas conforme os padrões ensinados pela codificação. Os fundadores desencarnados acorreram gentis em contínuas tentativas de auxílio, mas eram todos rechaçados pela imprevidência dos revolucionários descuidados. Informavam que se tratava de novas técnicas, apelando para a necessidade de atualização do espiritismo, por se encontrarem, alegavam, ultrapassados alguns dos seus modelos, que foram muito bons para o século XIX e metade do XX, não mais, porém, para os dias atuais, enquanto outros, ainda mais aturdidos, declaravam a necessidade de se abandonar a mediunidade em face dos transtornos que produz e da impossibilidade de se comprovar a autenticidade. Uma grande perturbação tomou conta das pessoas e logo se dividiram em grupos: os que preferiram ficar fiéis ao sistema anterior, os que desejavam impor as novas diretrizes, abrindo espaço também para as práticas animistas-africanistas por sentirem que tinham missão nessa área e, por fim, reduzido número daqueles que teimavam em considerar desnecessária a educação mediúnica. Sinal, sem dúvida, de grave interferência das trevas, esse divisionismo pernicioso, que passou a dar lugar a sistemáticas provocações de um com os outros lados, a comentários aleivosos sobre alguns como a respeito dos demais, reações de antipatia em relação àqueles que não partilhavam de uma ou de outra corrente, verdadeira competição com todos os elementos da maledicência e da animosidade a fim de constatar quem seria o vencedor. (*Transtornos Psiquiátricos e Obsessivos*, pp. 216, 217 e 218).

◆Monoideia◆

Merece que sejam ampliadas as reflexões em torno da sutileza das obsessões a fim de que se possa entender os mecanismos delicados e complexos. Quando ocorrem pensamentos repetitivos perturbadores, reduzindo a polivalência dos mesmos, restritos a uma ideia que se destaca e predomina, eis que se inicia o processo sombrio enfermiço. As fixações mentais que desestruturam o comportamento psicológico, além do caráter de instabilidade emocional, tornam-se canais para interferências negativas por parte de espíritos ociosos e doentios que andam à espreita de campos experimentais para o conúbio exploratório de energias físicas a que se imantam. (*Reencontro com a Vida*, p. 214).

◆Monoideismo e ideoplastia◆

Era o ódio o agente daquela situação dolorosa. O monoideismo, por longos anos mantido, encarregara-se de degenerar a forma perispiritual da criatura, moldando-a conforme a aspiração íntima acalentada. O desejo irrefreável de vingança e a alucinação decorrente da sede de esforço não logrado respondiam pelo autosupliciamento que ela a si mesma se impusera. (*Nas Fronteiras da Loucura*, p. 243).

♦Moral e doenças♦

Os processos degenerativos que se manifestam com enfermidades dilaceradoras e de longo trânsito procedem sempre do caráter moral do homem, com as exceções daqueles que os solicitam para ensinar aos demais abnegação, dignidade e sublimação. Originam-se nos profundos recessos do temperamento rebelde, violento e egoísta e explodem como flores em decomposição nos órgãos que se esfacelam, sem possibilidades de recuperação. Pode-se dizer que esses mecanismos ulcerativos sempre se apresentam nos déspotas, nos sanguinários e nos ditadores, quando apeados do poder ou ainda durante a sua dominação, refletindo os terríveis contingentes de energias deletérias que veiculam intimamente. Os seus estágios finais são caracterizados por dores excruciantes e decomposição do corpo, em vida, que ultrajaram com a mente perversa e insana. (*Trilhas da Libertação*, p. 18).

♦Moralização do médium♦

À medida que se moraliza, o médium se equipa de resistências para vencer as perseguições espirituais, que são um grande entrave ao êxito do seu ministério, particularmente tendo em vista as paixões inferiores que constituem um grande desafio a enfrentar a todo momento. A mediunidade, portanto, pode ser uma provação dolorosa que se transforma em tarefa de ascensão, ou um sublime labor missionário que, assim mesmo, não isenta o indivíduo dos testemunhos, das dificuldades, das renúncias e da vigilância constante que deve manter. (*Tormentos da Obsessão*, p. 44).

♦Morte física e despreparo♦

A morte, examinada do ponto de vista terrestre, prossegue

sendo a grande destruidora da alegria e da esperança e gera dissabores e infortúnio entre os homens. Interrompendo os programas estabelecidos, propicia frustração e amargura naqueles que permanecem no corpo em razão das conjunturas em que se encontram. Não possuindo, os homens, a visão correta sobre a realidade da vida, investem no corpo e nos objetivos imediatos da existência física o máximo de valores, esquecendo de colocar na sua planificação a inevitável ocorrência da desencarnação. Anestesiando a razão mediante processo automatista quase inconsciente a fim de ignorar a presença, evitam a abordagem do fenômeno biológico de transformação, assim evadindo-se do dever de uma análise mais profunda em torno do ser e da vida. Como consequência, quando se deparam com essa fatalidade, são tomados, quase sempre, de estupor ou desespero, de amargura ou revolta. O egoísmo, que predomina em suas naturezas, os fazem anelar pela permanência física dos seres queridos, mesmo quando enfermos ou limitados, sem que sejam consideradas as bênçãos que os aguardam após a libertação. (*Loucura e Obsessão*, p. 268).

◆Morte física – Levanta o véu◆

A morte é a grande desveladora dos conteúdos morais da criatura humana. Enquanto se movimenta no castelo celular, o espírito consegue olvidar compromissos e deveres, mascarar-se com personificações ilusórias e mentirosas e conduzir-se distante dos valores legítimos, ludibriando os outros e a si mesmo até o momento em que os fatores degenerativos tomam-lhe o corpo, demonstrando a fragilidade, ou os insucessos inesperados convidam-no à reflexão, de certo modo preparando-o para o retorno ao grande lar. Ninguém se detém na defensiva enganosa em torno da realidade da vida após o túmulo, porquanto todos a enfrentarão sem qualquer disfarce. Cada morte, por isso mesmo, é conforme cada existência. Nenhum privilégio a benefício de uns em detrimento de outros. Morre-se como se vive, despertando-se depois com os recursos próprios que foram armazenados. Por isso mesmo, nem sempre morrer biologicamente é desencarnar, desembaraçando-se dos liames carnais e libertando-se da argamassa celular. (*Reencontro com a Vida*, pp. 11 e 12).

♦Motéis e locais de prostituição♦

As minhas predisposições para comprometimentos na área sexual facultaram-me compromissos perturbadores e vinculações com entidades enfermas que enxameiam nos antros de prostituição e nos motéis da moda, frequentados por semelhantes encarnados que ali dão vazão aos seus instintos primários e tendências pervertidas. (*Tormentos da Obsessão*, p. 80).

♦Motivação da obsessão♦

Todo problema obsessivo procede sempre da necessidade de ambos os espíritos em luta aflitiva, vítima e algoz, criarem condições de superação das próprias inferioridades para mudar de clima psíquico, transferindo-se emocionalmente para outras faixas do pensamento. (*Nos Bastidores da Obsessão*, p. 39).

♦Mudança de hábitos mentais e oração♦

Faz-se indispensável que as mentes humanas diluam as vinculações ancestrais com os círculos morais inferiores dos quais procedem e que predominam nos seus hábitos emocionais e nos interesses morais responsáveis, por sua vez, pelos vícios e desaires que se prolongam, transformando em enfermidades da alma. O ser humano está destinado à gloria espiritual, cabendo-lhe desenovelar-se dos terríveis anéis mentais constritores que o mantêm em tormento e frustração. Para o êxito do cometimento, a seleção dos pensamentos a cultivar mediante o esforço da vontade para fixá-los, substituindo aqueles perniciosos a que está acostumado, gerará nova conduta psíquica de resultados saudáveis. Nessa fase de mudança de hábitos mentais, a oração se torna elemento de valor inestimável por lenir as dores morais e propiciar inspiração que procede desses núcleos de captação desse tipo de ondas, transformando-as em respostas portadoras de bem-estar, de alento e esperança, de beleza e harmonia. (*reencontro com a Vida*, p. 64).

◆Mundo causal◆

O mundo que ora habitamos é o causal, eterno, real. O físico é uma pobre modelagem deste. Por isso, importante em nosso labor é o ser profundo, o espírito. O que não significa desvalor para as ações de beneficência, de ajuda ao corpo, que desempenha papel de vital importância na vida. Preferencialmente, porém, o ser espiritual é o causador das glórias e quedas a que se impõe através dos pensamentos, palavras e obras. Inexoravelmente, a toda ação corresponde uma reação semelhante. Os danos ao organismo físico e psíquico podem ser reparados mediante providências e técnicas especiais, mas somente serão erradicados quando houver mudança nos seus painéis de comando pela transformação moral dos próprios pacientes. E como a morte é fenômeno inevitável da vida, sempre nos cabe a tarefa de preparar o ser para a sua imortalidade. Fazendo uma pausa oportuna, prosseguiu: o mundo espiritual é o grande lar, de onde se sai em viagem experimental de iluminação e para onde se retorna com os resultados insculpidos na consciência. Compreensivelmente, aqueles que fracassam buscam fugir da responsabilidade e acumpliciam-se com outros semelhantes em vãs tentativas de escaparem de si mesmos e da consciência divina. Formam, dessa maneira, grupos alienados que se consideram justiceiros, arremetendo contra todos que lhes inspiram inveja, antipatia, ciúme etc. Essa é uma luta inglória, por certo, pois que efêmera, tornando-se igualmente o tormento que os sevicia e os leva ao despertamento. Quando esse não se dá espontâneo, as leis da vida os recambiam à reencarnação em expiações libertadoras, dessa forma, se reajustando os implementos morais, as forças espirituais. (*Trilhas da libertação*, pp. 264 e 265).

◆Mundo espiritual – Constituição vibratória◆

O mundo espiritual, na sua real constituição vibratória, é todo organizado por energias mentais de procedência diversa, desde a divina às mais grosseiras, originadas no primarismo humano, havendo, portanto, regiões ascendentes e descendentes compatíveis com os níveis morais dos habitantes da Terra. Exceção feita àquelas felizes, construídas pelo excelso amor através dos seus arquitetos venerandos, que somente serão alcançadas após a liberação das imperfeições que prendem o espírito nas baixas províncias de sombra e de dor que envolvem a Terra. É indispensável, portanto, que o ser humano compreenda que tudo acontece conforme a sucessão de causas geradas, dando campo aos efeitos correspondentes sem milagres nem exceções, sem predestinações nem privilégios, em face de todos sermos espíritos gerados pelo mesmo Criador, fadados à harmonia que lograremos a esforço pessoal, sem disfarce nem fingimento. (*Reencontro com a Vida*, p. 156).

◆N◆

◆Necessidade de socorro◆

Obsessores e obsidiados! A obsessão, sob qualquer modalidade que se apresente, é enfermidade de longo curso, exigindo terapia especializada de segura aplicação e de resultados que não se fazem sentir apressadamente. Os tratamentos da obsessão, por conseguinte, são complexos, impondo alta dose de renúncia e abnegação àqueles que se oferecem e se dedicam a tal mister. (*Nos Bastidores da Obsessão*, p. 25).

◆Necessidades físicas – Obsessores◆

Ação nefasta daquelas entidades devassas que, obsidiando alguns incautos, também tombam nas malhas da própria rede de perturbação, experimentando o tormento da insaciabilidade e as necessidades físicas de que já deveriam encontrar-se liberados, constituindo somente impregnação dos vícios no perispírito. (*Sexo e Obsessão*, p. 148).

◆Nossos irmãos obsessores◆

Na terapia desobsessiva os cuidados para com o encarnado não podem ser menores que os cuidados para com o enfermo psíquico que o vitima em desalinho e infortúnio qual se encontra na outra dimensão da vida. Deve-se ter em mente que o fato de nem sempre se ver o perseguidor desencarnado, não significa que a tarefa destes, aliada a dos guias espirituais, deva ser a de afastá-los pura e simplesmente. Seres vivos e inteligentes, apenas despidos da matéria, sofrem e amam, odeiam e lutam, esperando a ajuda que não souberam ou não quiseram oferecer. Portanto, o amor deve alcançar a vítima de ontem que sofre há mais tempo, amparando-a de modo que desperte para não mais sofrer nem provocar sofrimento. Sem embargo, há pacientes, obsidiados ou não, para os quais, graças à sua rebeldia sistemática e à sua teimosa acomodação nas disposições inferiores, a melhor terapia é a permanência da doença, poupando-os de males maiores. (*Painéis da Obsessão*, p. 213).

◆Novos obreiros◆

Obreiros partem diariamente da espiritualidade comprometidos com a tarefa libertadora de vidas. Bem equipados, reencarnam sob vigilante e amorosa custódia dos seus guias espirituais. Todavia, passado o período inicial do anonimato e das lutas necessárias, assim que se destacam no proscênio humano, entorpecem as lembranças e acompanham a caravana de desassisados, fugindo aos deveres assumidos e propondo esfuziantes alegria, prazer, e. irresponsabilidade! Momento muito grave é este que toma conta dos homens e das mulheres terrestres. Em face da transição programada para o planeta, anunciando a Nova Era, vêm renascendo em corpos belos espíritos primitivos que estiveram retidos por séculos em regiões de sofrimento, a fim de que não retardassem o progresso geral e para que, na atualidade, avancem e tenham chance de se iluminar. Ao mesmo tempo, constituem prova para aqueloutros que se encontram em nível moral mais elevado e, desse modo, são convocados a ajudá-los no crescimento interior e no desenvolvimento dos valores adormecidos. (*Entre Dois Mundos*, pp. 36 e 37).

◆O◆

◆Obreiros – Conduta e desafios◆

O martírio por amor a Jesus é impositivo do momento, conforme acentuamos há pouco, porém com características diversas daquele que fertilizou a história do cristianismo nascente. Os mártires do passado ofereciam a existência física para demonstrar a fé na imortalidade, desprezando as ofertas do mundo transitório que trocavam pelas dadivosas concessões do reino dos céus com verdadeiro júbilo estampado na face, fortalecidos na decisão. Apesar da sua grandiloquência, é muito fácil morrer em um momento sem dores prolongadas nem expectativas angustiantes. Hoje permanecem os mesmos propósitos, no entanto os apóstolos do bem deverão viver largos anos a fim de cuidar das vidas que lhes são confiadas sob chuvas de amarguras e pedradas de ingratidão. Ao mesmo tempo, vicejam as facilidades de corrupção, de prazer doentio e fascinante, convidando à deserção, o que sempre constitui desafio para a difícil vitória. Nessa luta, o compromisso negativo estará disfarçado de sensatez e a alegria se misturará à algazarra e à vulgaridade da conduta leviana. Serão necessários muito discernimento na eleição da conduta a ser mantida e grande valor moral para manter-se feliz sem os tóxicos da mentira ou do engodo. (*Entre Dois Mundos*, p. 43).

◆Obreiros – Postura◆

Na pauta de nossa programação apenas há espaço para cooperadores experientes, considerando a gravidade dos cometimentos estabelecidos que têm normativas específicas e inadiáveis. Aqueles que se apresentarem voluntariamente e forem selecionados para essas atividades estarão enfrentando desafios e dificuldades pouco comuns envoltos em sombras densas, não obstante a proteção dos céus. Como é digno do trabalhador o seu salário, não lhes faltarão vigor nem inspiração para todos os momentos. No entanto, o êxito do empreendimento muito dependerá de como o obreiro se comporte, considerando a delicadeza e a austeridade da ação. (*Entre Dois Mundos*, pp. 42 e 43).

◆Obsessão◆

Podemos dizer, portanto, que a obsessão pode ser considerada como o choque de retorno da ação infeliz perpetrada contra alguém que enlouqueceu de dor e de revolta, necessitando de tratamento adequado e urgente. (*Tormentos da Obsessão*, p. 16).

◆Obsessão e karma◆

Assim, desde o berço o espírito imprime no encéfalo as condições cármicas para o resgate das dívidas perante a consciência cósmica, podendo, sem dúvida, a esforço de renovação interior – já que do interior procedem as condições boas e más da existência física e mental – recompor as paisagens celulares onde se manifestam os impositivos reabilitadores, exceção feita às problemáticas expiatórias. (*Grilhões Partidos*, pp. 26 e 27).

◆Obsessão indireta◆

A entidade que vergasta agora não tem diretamente com ela nenhuma vinculação atual. Antes, assim o faz para desforçar-se do genitor a quem supõe odiar. Porque ela se encontra comprometida, sofre, fazendo o pai sofrer, enquanto por esse processo se libera dos erros praticados em companhia daquele. A entidade malfazeja a subjuga por encontrar nela predisposições cármicas que facilitam o conúbio. Portadora de mediunidade, por cujo meio poderá ascender posteriormente, faculta ao irmão infeliz a obsessão. Através de compreensível afinidade fluídica com que se imantam reciprocamente. (*Grilhões Partidos*, p. 142).

◆Obsessão no plano espiritual◆

Desencarnados, igualmente alienados, sofriam, por sua vez, subjugações cruéis sob tormentos inenarráveis nas mãos dos seus sicários dos qual a morte não os libertava. (*Nas Fronteiras da Loucura*, p. 37).

◆Obsessões sutis◆

Há, igualmente, obsessões sutis e não menos perigosas que se insinuam de forma covarde e persistente. O adversário desencarnado, hábil e insidioso, projeta o seu pensamento na direção daquele a quem pretende afligir e, produzindo contínuas ressonâncias vibratórias, sitia a sua casa mental através da insistente emissão de ondas até que passa a fazer parte do raciocínio da vítima. A ideia que se fixa lentamente transforma-se num clichê forte no qual está retratada a proposta obsidente, agora fixada no pensamento. Tão delicada faz-se a injunção, que o paciente encarnado começa a acreditar que o tumulto mental que o aflige é de sua própria elaboração, derreando-se no desânimo, no pessimismo e na depressão. (*Reencontro com a Vida*, p. 212).

◆Obsessor◆

O espírito perseguidor, genericamente denominado obsessor, em verdade é alguém colhido pela própria aflição. Extranseunte do veículo somático, experimentou injunções que o tornaram revel, fazendo com que guardasse nos recessos da alma as aflições acumuladas e das quais não conseguiu se liberar sequer após o decesso celular. Sem dúvida, vítima de si mesmo e da própria incúria e invigilância, transferiu a responsabilidade do seu insucesso a outra pessoa que, por circunstância qualquer, interferiu, decerto negativamente, na mecânica dos seus malogros por ser mais fácil encontrar razões de desdita em mão de algozes imaginários a reconhecer a pesada carga da responsabilidade que deve repousar sobre os ombros pessoais como consequência das atitudes infelizes a que cada um se faz solidário. (*Grilhões Partidos*, pp. 20 e 21).

◆Obsessor encarnado◆

O amigo afeiçoado encontrava-se desanimado e exaurido nas suas energias que dedicava à prática da caridade sob todos os aspectos possíveis. Especialmente porque vivia vampirizado por antigo obsessor, que ora se encontrava ao seu lado no corpo físico e era inclemente cobrador, constituindo motivo de contínuo sofrimento. Soberbo e ingrato, o comensal da sua fraternidade extrapolava com facilidade na execução de qualquer tarefa, caracterizando-se pela crueldade esquizofrênica de que era portador e pelos distúrbios epilépticos que o estertoravam com relativa frequência quando os adversários do passado lhe dominavam a usina mental. Rebelde e vulgar, agredia a todos, gerava dificuldades, acreditando no apoio que lhe oferecia o benfeitor obrigado à carga pesada. Não têm sido poucos os momentos profundamente desagradáveis e antievangélicos propiciados pelo comparsa das trevas, agasalhado no coração do missionário do amor. Estes têm sido dias terríveis, ante os quais preocupamo-nos com as débeis resistências do nosso médium, que sorve o cálice da amargura decorrente da presença do vingador. (*Entre Dois Mundos*, p. 264).

◆O obsessor – Nosso irmão◆

Todos, porém, todos eles. Nossos irmãos da retaguarda espiritual, onde possivelmente já estivemos também, são necessitados de compaixão e misericórdia, de intercessão pela prece e oferenda dos pensamentos salutares de todos os que se encontram nas lídimas colmeias espiritistas de socorro desobsessivo, ofertando-lhes o pábulo da renovação e a rota luminescente para a nova marcha, como claro sol de discernimento íntimo para a libertação dos gravames sob os quais expungem os erros em que incidiram. (*Grilhões Partidos*, p. 24).

◆Obsessores que aguardam do lado de fora dos trabalhos◆

Retemperado o ânimo, recebi o convite do médico afeiçoado para que retornasse ao sanatório. Àquela hora, diversas atividades movimentavam a casa. À entrada, deparei-me com um grupo de entidades perversas sob o comando de aturdida mulher desencarnada, em cujo semblante estavam insculpidas as marcas da loucura que a vencia. A cólera extravasava em palavras rudes e vulgares, traduzindo a condição de inferioridade chocante em que se demorava. O aspecto deformado e vampiresco, respondia como consequência da sua atitude mental, cultivada em campos vibratórios da pior qualidade. Exalava odores pútridos e acolitava-se por um bando de quase uma vintena de espíritos atoleimados e viciosos, numa baderna ensurdecedora. "Aguardemos a saída", blasonava com voz estridente. "Hoje me compensarei, desforçando-me dele e dela me apossando. O plano não pode falhar e conto com a cooperação dos amigos". Os seguidores atendiam-na algo atemorizados, porquanto a infeliz lamentava, periodicamente, um chicote que silvava no ar. Mantinha alguns dos hábitos terrenos, especialmente na indumentária: botas e calças de cavalgar! (*Painéis da Obsessão*, pp. 131 e 132).

◆Obsessores – Técnica◆

Técnica soez nos problemas obsessivos – esclarecera Cândido em ocasião própria – é a usança de artifícios falsos de que se servem os perseguidores invisíveis, resguardados pela desencarnação. Quando o seu hospedeiro se volta para os propósitos superiores e se impõe aos princípios evangélicos de renovação, passam a agredir violenta e desapiedosamente as suas vítimas, a fim de fazê-las duvidar do resultado da terapêutica nova e induzindo-as à desistência sob a alegação de piora no estado em que se encontravam. Ao conseguirem desencorajar o candidato, dão-lhe trégua aparente, mascarando a sintomatologia infeliz e fazendo-o crer na melhora como decorrência do afastamento do compromisso recém-assumido. Quando o invigilante se supõe livre, eis que retornam os agressores mais solertes, vigorosos e pertinazes, dominando, inexoravelmente, os que lhes padecem a conjuntura perniciosa. Perfeitamente compreensível que tal ocorra, tendo em vista que a melhor forma de escravizar alguém ainda é manietá-lo à ignorância e mantê-lo no obscurantismo no qual se transita sempre com dificuldades crescentes. (*Tramas do Destino*, p. 105).

◆O obsidiado◆

Todo poblema, pois, de obsessão redunda em problema de moralidade, cuja realização o espírito se permitiu enredar, por desrespeito ético, legal e espiritual. Como ninguém se libera da conjuntura da consciência culpada, já que onde esteja o devedor se encontra a dívida e logo depois o cobrador. É da lei! No fulcro de toda obsessão estão inerentes os impositivos do reajustamento entre o devedor e o cobrador. Indubitavelmente, o estatuto divino dispõe de muitos meios para alcançar os que estão incursos nos códigos soberanos. Não é, portanto, condição única de que o defraudador seja sempre defrontado pelo fraudado, que lhe aplicará o necessário corretivo. Se assim fosse, inverter-se-ia a ordem natural e o círculo repetitivo das injunções de dívida-cobrança-dívida culminaria pela desagregação do equilíbrio moral entre os espíritos. (*Grilhões Partidos*, pp. 24 e 25).

◆Ódio e compaixão◆

O ódio que nasce do ressentimento e da necessidade de vingança, herança vigorosa do barbarismo que ainda predomina na natureza humana, nutre-se dos seus próprios fluidos e termina por consumir aquele que o vitaliza. Quando recebe os impulsos da compaixão, diluem-se as teceduras de que se constitui, alterando a vibração morbígena e, por fim, cedendo espaço à comiseração, à ternura e à fraternidade. Tudo, porém, deve começar do ponto inicial, que é o desejo de mudança e a necessidade de renovação. (*Sexo e Obsessão*, p. 236).

◆Ódio, conduta mental e obsessão◆

Temos estudado a obsessão como fator desencadeante de enfermidades orgânicas, prosseguiu com a mesma serenidade o amigo vigilante. Agora temos um fenômeno com maior complexidade ante os nossos olhos. Em face das suas atitudes, o nosso enfermo passou a sofrer o cerco das entidades perversas que interferiram no seu comportamento mental com as naturais reações psicológicas e humanas. Simultaneamente, o desencadear da animosidade que as suas atitudes provocavam fez com que as pessoas passassem a desfechar-lhe flechadas mentais, desejando-lhe a ruína, a infelicidade e a morte. A princípio, em razão de encontrar-se mergulhado em verdadeira carapaça das próprias construções psíquicas, aqueles petardos não atingiam com facilidade. Naturalmente, se diluíam no choque vibratório das suas resistências portadoras de teor diferente, em ondas de dispersão, pelo que a mente exteriorizava contra as demais pessoas. Produziam-se, nesse campo magnético, inevitáveis choques vibratórios que, ao largo do tempo, tiveram as primeiras brechas em razão da intensidade com que eram emitidos os pensamentos destrutivos, alimentados pela fúria das suas vítimas no lar e fora dele, somando força devastadora. Lentamente, as sucessivas ondas prejudiciais alcançaram os equipamentos orgânicos, desarticulando as defesas imunológicas, que foram vencidas, degenerando células e dando início, a princípio, à irrupção do bacilo de Koch, agora em fase final do processo. Casos há em que a incidência do pensamento maléfico é aceito pela mente culpada e destrambelha a intimidade da célula, interferindo no seu núcleo, acelerando a sua reprodução e dando gênese a neoplasias e a cânceres de variadas expressões. A mente é dínamo gerador de energia, cujo potencial e finalidades estão governadas pelo comportamento moral e pelo desejo de quem o emite. Há enfermidades de diferentes procedências que se instalam sob a contribuição da conduta mental dos próprios pacientes, dando margem a fenômenos de autodestruição a curto ou largo prazo, de desarticulação das defesas psíquicas e orgânicas, quando irrompem problemas graves na área da saúde, com muitas dificuldades para uma diagnose correta e para uma terapêutica segura. No caso em tela, do nosso senhor Marcondes, foram os petardos mentais dos encarnados que, por sintonia dele próprio, desencadearam os distúrbios que o afligiram dentro, naturalmente, das balizas do seu programa cármico. (*Painéis da Obsessão*, pp. 156, 157 e 158).

◆Ódio – Petardos mentais◆

Sempre estremunhado, cultiva formas-pensamento com que nutre os seus adversários desencarnados, recebendo com incidência poderosa a resposta deles transformada em energia deletéria, que terminou por arruinar-lhe a vida física e mental, já seriamente abaladas. Temos no companheiro duplamente afetado no corpo e na alma, um exemplo típico da ação do petardo mental disparado pelo ódio contra alguém que o recebe em sintonia de faixa psíquica equivalente. Vemos pessoas que se fazem odiadas por milhões de criaturas e, aparentemente, prosperam, gozam de saúde, parecem viver felizes. Entre muitos outros, reportemo-nos a alguns exemplos, historicamente próximos, como Hitler, Eichmann e Stalin. Em verdade, não escaparam de si mesmos, vitimados na trama cruel que movimentaram contra a humanidade, exterminando verdadeiras multidões e permanecendo tranquilos. Nestes casos de aparentes exceções, personagens de tal porte transformam-se em instrumentos da vida que os homens necessitam sofrer a fim de despertar para os valores mais altos da existência. São látegos a zurzir com impiedade as espáduas da sociedade, ora desatenta, ora conivente, espiando suas arbitrariedades em mãos mais canibalescas nos processos rigorosos da evolução. (*Painéis da Obsessão*, p. 155).

◆Oração e seus efeitos◆

A oração faculta claridade mental, ampliando a capacidade do entendimento e acalmando as ansiedades do coração. No entanto, são poucos aqueles que a buscam nos momentos próprios e se deixam impregnar pelas suas dúlcidas vibrações. (*Trilhas da Libertação*, p. 202).

♦Oração e seus efeitos - II♦

A oração, que é a estruturação do pensamento em comunhão com as elevadas fontes do amor divino, permite que a mente sintonize os campos de vibração sutis e elevados, realizando o mesmo processo, somente de natureza saudável e reconfortante. Captadas essas ondas pelo psiquismo, irradiam-se do espírito ao perispírito, que aumenta a resistência energética, vitalizando as células e os campos organizados da matéria e modificando a estrutura para o equilíbrio e para a harmonia. Quando alguém ora torna-se um dínamo gerador de força a emitir ondas de teor correspondente à qualidade da energia assimilada. De incomparável resultado terapêutico, a oração é também ponte de ligação com a divindade, na qual se haurem coragem e bem-estar. (*Tormentos da Obsessão*, p. 290).

♦Oração – Onda mental♦

Os desencarnados, por sua vez, sentindo-se recordados e queridos, ao captarem a onda mental que lhes é direcionada, têm diminuídas as angústias e perturbações, reconsiderando a situação em que se encontram e se reanimando e, desse modo, adquirindo forças e valor para superarem as dificuldades que os afligem, frutos amargos da insensatez a que se entregaram anteriormente. A onda mental da oração cinde a densa camada da psicosfera deletéria onde respiram aqueles a quem é enviada a mensagem de amor, e, qual um raio vigoroso, deixa a claridade da sua presença e descarga de energia benéfica de que se faz portadora. Não elimina, certamente, os débitos (nem seria justo que assim acontecesse), também não impede o insucesso, mas oferece serenidade e confiança para o enfrentamento dos efeitos perniciosos dos atos transatos, trabalhando em favor da mudança da paisagem que se nimba de diferente conteúdo propiciador de paz e de vitória, que devem ser alcançadas a partir de então. (*Reencontro com a Vida*, p. 93).

◆Oração – Poder◆

Animais e plantas captam as ondas mentais que lhes são dirigidas, refletindo no comportamento os efeitos saudáveis ou danosos do tipo de vibrações de que se constituem. No momento em que a criatura humana se conscientizar do poder da oração ou do pensamento nobre, o planeta será beneficiado pela emissão individual e coletiva de orações para recuperá-lo após todas as agressões que tem sofrido pela imprevidência e loucura dos seus habitantes, tornando-se abençoado reduto de regeneração ao invés de oficina de dolorosas provas e expiações. O pensamento vinculado a Deus, ao bem, ao amor e ao desejo sincero de ajudar, eis a oração que todos podem e devem utilizar a fim de que a felicidade se instale por definitivo nos corações. (*Reencontro com a Vida*, p. 94).

◆Oração e psicosfera◆

A prece ungida de amor, gratulatória, intercessória, suplicante, seja qual for a sua expressão, produz vibrações perfumadas no ambiente onde é proferida, produzindo uma psicosfera de paz e de renovação de forças, quando sistematicamente preservada. O simples ato de estar presente em recinto desta natureza já nos favorece, a todos de ambos os planos, com recursos benéficos, dependendo da capacidade de cada um em absorver os seus eflúvios em expansão. A oração é sempre o vigoroso tônico de que o espírito necessita para poder servir e se esclarecer a fim de alcançar a iluminação. Quando se ora, comunga-se com Deus. (*Transtornos Psiquiátricos e Obsessivos*, p. 263).

◆Oração intercessória◆

A oração intercessória realizada com unção e sentimentos elevados, envolve aquele por quem se recorre, considerando que toda emissão mental, de acordo com a sua intensidade e com o conteúdo que lhe dá frequência, termina por alcançar o que ou a quem se destina. (*Nas Fronteiras da Loucura*, p. 218).

◆Organizações das trevas◆

Os Falcões são um grupo de entidades perversas que trabalham mediante hipnose profunda, agindo nos centros perispíríticos de modo a completar os fenômenos de zoantropia psíquica dos que caem nas suas garras, vitimados pelo ódio. Constituem uma organização que se dedica à prática do mal, usurpando os códigos de justiça de que se dizem instrumentos e vampirizando as energias das suas vítimas, enquanto essas o fazem dos seus desafetos. Demoram-se em regiões de infinito sofrimento sem que o queiram, luz a misericórdia do amor, como ocorre com o paciente vinculado ao trabalho do incansável doutor Bezerra de Menezes. (*Nas Fronteiras da Loucura*, p. 245).

◆Organizações das trevas - II◆

Aparentemente, os infelizes companheiros que mourejam no anfiteatro constituem segura organização a serviço do mal. Adestrados na prática da ignomínia, supõem-se preparados para investir contra os espíritos atormentados que gravitam em ambos os lados da vida, imanados às paixões que os consomem, paixões cujo comportamento facilmente sintonizam eles e outros afins, caindo nas malhas vigorosas que, em última análise, se transformam em instrumentos de que se utiliza a lei divina para corrigir os que ainda preferem os tortuosos caminhos. Muito tempo se passará até que as leis de amor, leis da vida, portanto, se estabeleçam em definitivo entre nós. (*Nos Bastidores da Obsessão*, p. 128).

◆Organizações das trevas - III◆

Qual ocorre na Terra – e nesta em escala menor –, as sociedades que controlam o crime e o vício no além são as responsáveis pelas congêneres do planeta, sendo que alguns dos seus chefes e condutores são procedentes das originais, aquelas que permanecem na erraticidade inferior. Atribuindo-se direitos e poderes que não é lícito usufruir, funcionam como braços de justiça que alcançam os calcetas, os defraudadores, os hipócritas e criminosos de todo porte que passam triunfantes no corpo que ultrajam e degradam impunemente, como se Deus os necessitasse para tal mister. Por não poderem anular a consciência de culpa neles mesmos inscrita, ao desencarnarem despertam na paisagem que lhes é própria, a qual sintonizaram, presas daqueles a quem se vincularam. (*Trilhas da Libertação*, p. 9).

♦Otimismo♦

Não há força operante no mal que consiga penetrar numa mente assepsiada pelas energias vitalizadoras do otimismo, que se adquire pela irrestrita confiança em Deus e pela prática das ações da solidariedade e da fraternidade. (*Nos Bastidores da Obsessão*, p. 127).

◆P◆

◆Painéis da mente◆

Os atos praticados durante a existência física insculpem-se de tal forma nos painéis mentais do espírito que permanecem vigorosos mesmo depois do fenômeno orgânico da desencarnação. Naturalmente, aqueles que mais geraram aflição predominam com mais rigor, impondo comportamentos perturbadores que, não raro, transferem-se de uma para outra existência, causando distúrbios de diferentes matizes. Porém, antes de serem repassados às futuras existências carnais, continuam vivos em imagens dolorosas na memória dos desencarnados que não se deram conta do transpasse, mantendo-se em deplorável situação de aparente permanência no corpo. As imagens infelizes se repetem num caleidoscópio sombrio, mantendo a confusão mental em decorrência da gravidade de que se revestiram. Permanecem nesse estado por demorado período aqueles que se comprometeram, até quando a misericórdia divina os desperta para novas condições de consciência. (*Reencontro com a Vida*, p. 183).

◆Palestras – Benefícios/obsessores◆

Dei-me conta de que os espíritos sofredores que acompanharam os seus hospedeiros psíquicos, assim como outros que foram trazidos para participar da atividade, igualmente se beneficiaram expressivamente. Os primeiros haviam sido recambiados por vigilantes trabalhadores de nossa esfera a outras áreas de renovação e muitos outros que ficaram mergulhados em profunda reflexão continuaram se beneficiando. Outros mais que, embora retornaram aos lugares de onde vieram, levaram recursos valiosos para a alteração de conduta. (*Entre Dois Mundos*, p. 174).

◆Parasitose espiritual◆

Quando carregamos parasitas psíquicos que nos debilitam, interferindo em nosso comportamento tal qual acontece no reino vegetal, eles passam a ter controle e força sobre nós, suas vítimas, acabando por nos exaurir e nos consumir. As raízes do invasor alcançam as sedes vitais do sustentáculo e, se não extirpadas com violência, logo acarretam a morte do receptor. A terapia dirigida ao paciente assemelha-se à providência junto à árvore explorada: retirar o parasita, sustentar o tronco e cuidar da selva. Ao ser humano deve-se oferecer recurso a fim de que os plugues de fixação (as raízes) se desloquem das tomadas por falta de imantação e, lentamente, o agente estranho e explorador, devidamente esclarecido (qual parasita vegetal da árvore, podado) seja retirado sem maiores prejuízos para o hospedeiro. (*Trilhas da Libertação*, pp. 32 e 33).

◆Parasitose espiritual - II◆

Obstinado, porém, incapaz de registrar qualquer outra onda mental em face da fixidez do seu propósito mórbido, entrega-se ao parasitismo de que também se nutre, na razão direta em que depaupera aquele que lhe concede energia. O conhecimento que temos das leis divinas faculta-nos entender que somente o tempo conseguirá aquilo que, no momento, nos é vetado a fim de não violentarmos o livre-arbítrio dos litigantes ferrenhos. (*Entre Dois Mundos*, p.156).

◆Parasitose espiritual - III◆

Quanto mais violentos e vulgares os comportamentos humanos mais fáceis presas fazem-se as criaturas, submetidas aos seus algozes desencarnados. Sofrendo as injunções penosas, sustentam as forças mediante as densas emanações mentais e exteriorizações fluídicas, nas quais aqueles se locupletam, formando grupos de obsidiados em larga subjugação de refazimento improvável. Exploram-lhes as energias os espíritos que, por sua vez, passam a depender das vítimas em parasitoses inditosas e desequilibradas. (*Nas Fronteiras da Loucura*, pp. 101 e 102).

◆Parasitose espiritual - IV◆

A incidência da mente cruel sobre os delicados tecidos orgânicos termina por afetá-los, desorganizando a mitose celular e produzindo distúrbios funcionais, qual ocorre nos aparelhos digestivo e cardiovascular, abrindo campo no sistema imunológico para a instalação das doenças. No início do processo, disse, bondoso, a enfermidade é mais psíquica do que física, isto é, as sensações são absorvidas diretamente do espírito doente, perispírito a perispírito, impregnando o corpo hospedeiro da parasitose até este incorporar a energia deletéria que o desgasta no campo vibratório, atingindo, a breve prazo, a organização fisiológica. O número de portadores de doenças orgânicas, conforme as denominamos, cuja procedência é obsessiva, não tem sido anotado, sendo muito maior do que pode parecer. (*Entre Dois Mundos*, pp. 161 e 162).

◆Parasitose espiritual - V◆

Quantos desencarnados pululam vinculados uns aos outros em deplorável parasitose psíquica, a alongar-se por largos períodos de infelicidade! Quantos outros que, sofrendo as exigências mentais dos amores e desafetos terrenos que continuam direcionando seus pensamentos com altas cargas de tensões negativas sobre eles, incapazes de se libertar, tornam-se vítimas inermes, padecendo atrozmente, sem conforto íntimo nem esperança, atormentados pelos apelos que recebem e não podem atender, bem como pelos ódios que os envenenam! Escritores e artistas que optam pela obscenidade, pela violência ou pelo açodar das paixões vis tornam-se escravizados pelos que os sintonizam e gostam das suas obras, revivendo os clichês mentais que compuseram na Terra, tornando-se fonte de tormentos inimagináveis. Ainda consideremos a técnica dos espíritos obsessores mais impiedosos que se utilizam de intermediários para as suas cruéis reivindicações, controlando-os mentalmente e induzindo-os à agressão aos viajores carnais, e teremos um elenco expressivo de obsessões que excedem o quadro tradicional da perturbação mais conhecida e trabalhada, que é a de um desencarnado sobre outro reencarnado. (*Trilhas da Libertação*, pp. 31 e 32).

◆Passes◆

A terapia bioenergética contribui favoravelmente através do recebimento dos passes magnéticos e fluídicos, pelo admirável contributo que oferece de deslocar matrizes espirituais de captação negativa que funcionam como antenas registradoras de ondas-pensamento pessimistas, depressivas e obsessivas, sempre com teor negativo e doentio. (*Reencontro com a Vida*, p. 80).

◆Passe e benefícios◆

Logo depois, o pequeno grupo constituído por seis pessoas começou a aplicação dos passes, todos visivelmente inspirados pelos seus guias espirituais e por alguns de nós, atendendo à orientação do nosso diretor. Podia-se ver a assimilação dos fluídos por uns enfermos, enquanto, outros, geravam uma repelência, sem que, naquela primeira experiência pudessem beneficiar-se. Apesar dessa ocorrência, o que haviam ouvido, o ambiente onde respiravam, a harmonia que os envolviam se transformariam em benefícios que os alcançariam a longo prazo. (*Transtornos Psiquiátricos e Obsessivos*, p. 200).

◆Passe e desobsessão◆

A energia vitalizadora que era infundida na enferma passou a percorrer os vários centros de fixação físico-espiritual. E como recebendo ingota carga magnética, revigorante e anestésica, simultaneamente, essa proporcionava à organização física melhor funcionamento com mais eficaz intercâmbio metabólico de que se beneficiava o cérebro todo transformado agora em um corpo multicolorido, no qual miríades de grânulos infinitesimais ou fascículos luminosos se movimentavam, penetrando neurônios e enviando ordens restauradoras e mantenedoras da harmonia vibratória indispensável ao tônus do reequilíbrio. Percebemos que a respiração da doente se fez mais tranquila, os músculos tensos por todo o corpo relaxaram com admiráveis resultados no aparelho digestivo, particularmente desgovernado. (*Grilhões Partidos*, p. 116).

◆Passe e desobsessão - II◆

Programa paralelo de assistência fluídica, através de passes diários, a fim de manter o equilíbrio emocional possível e ao mesmo tempo impedir que espíritos zombeteiros, ociosos ou exploradores das energias fisiopsíquicas viessem a piorar a situação dos pacientes, mesmo que a eles não estivessem diretamente vinculados. Sucede o mesmo na área espiritual que ocorre na área física. Putrefação à mostra atrai as moscas que lhe espelham a degenerescência. A emanação psíquica enferma serve de nutrição a parasitas espirituais que são atraídos e nela se comprazem, originando ou ampliando as obsessões por acaso já existentes. A providência acautelatória, portanto, se revestiu de muita sabedoria, defluente da larga experiência no trato com os portadores da parasitose espiritual. (*Loucura e Obsessão*, p. 213).

◆Passista – Fluidoterapia◆

No conjunto dos cooperadores encarnados, o médium passista disciplinado e vigilante pode ser comparado a um interruptor que aciona a passagem de forças através das suas próprias potencialidades, funcionando entre os desencarnados e os portadores de quaisquer distúrbios. Nesse ministério, ao filtrar as energias procedentes de nós, transmite-as carregadas das forças pessoais, mais facilmente assimiláveis pelos necessitados em função do estágio na conjuntura fisiológica. Verdadeiro transreceptor, é indispensável gerar energias puras e salutares das quais nos utilizamos para os complexos misteres de restauração de perispíritos enfermos e organizações somáticas lesadas. (*Tramas do Destino*, pp. 228 e 229).

♦Patogenias congênitas♦

No caso dos fenômenos teratológicos das patogenias congênitas, encontramos o espírito infrator encarcerado na organização que desrespeitou impunemente quando a colocou a serviço da irresponsabilidade ou da alucinação, agora recuperando, de imediato, os delitos perpetrados, mesmo que em curto prazo expiatório. (*Painéis da Obsessão*, pp. 8 e 9).

♦Pensamentos nos dias de trabalhos♦

É necessário manter a consciência de que, nesses dias, os agentes da desordem encontram-se de plantão e tentarão a todo custo alcançar as paisagens íntimas dos médiuns. Quando se trata de servidores dignos, que não lhes concedem campo de identificação, realizam o fenômeno da ressonância mental enviando clichês vulgares na direção das suas mentes que, num momento ou noutro de descuido, de aborrecimento natural, de cansaço ou de insatisfação, são alcançadas pela onda, impressionadas pela contínua mensagem que lhes chega. Noutras vezes, conflitos que não foram resolvidos, arquivados no inconsciente, assomam durante esse período de paz, e que, para serem eliminados, devem ser aceitos, pensados naturalmente e liberados, sem o tormento de estar desejando se libertar pelo simples movimento da cabeça, como se pudesse retirar alguma coisa que se encontra aderida. Equivale dizer que, ao chegar à ideia, o médium deve examiná-la, refletindo sobre o seu conteúdo e logo substituindo-a por outra de natureza edificante. Como ninguém pode ficar sem pensar, quando se é acuado por uma ideia infeliz, o melhor é passar a mentalizar algo superior. (*Transtornos Psiquiátricos e Obsessivos*, pp. 99 e 100).

◆Pensar bem◆

O pensamento é, portanto, o veículo vigoroso que conduz o espírito à sintonia com a faixa de que se constitui e ao campo vibratório de energia que o capta. Enquanto luz a oportunidade no corpo ou fora dele, cumpre que a mente se edifique através de construções ideológicas salutares a fim de se transformarem em ações dignificantes graças à inspiração e aos impulsos vigorosos procedentes do mundo real de onde todos nos organizamos e para onde retornamos conforme o teor de qualidade psíquica e os conteúdos morais das ações praticadas. Pensar bem para agir melhor é o desafio do momento que aguarda a decisão moral dos indivíduos. (*Reencontro com a Vida*, p. 65).

◆Perdão e cura◆

Vejamos este espetáculo trágico de vinganças e ressentimentos no qual vítimas e algozes, que mudam de posição apenas periodicamente, rebolcam-se nas voragens da loucura em face da ignorância em que perseveram, vitimados pelo orgulho ferido, esse doentio filho do egoísmo enfermiço. Seria muito mais fácil a adoção do perdão, a todos beneficiando, graças ao qual pode-se compreender que o erro é fenômeno das experiências mal sucedidas, merecendo os equivocados a oportunidade de refazimento ao invés do tormento de devolver na mesma moeda o mal transitório de que alguns se dizem vítimas. (*Transtornos Psiquiátricos e Obsessivos*, p. 202).

◆Perdão e obsessão◆

Somente sucedem obsessões porque existem endividados. Todo obsessor, por mais insensível e cruel, é somente alguém doente que se viu traído e não tem sabido ou querido superar a condição de dor a que foi arrojado. Enquanto não luz o perdão da antiga vítima e a transformação moral do infrator, a problemática aflitiva prossegue, mudando apenas de forma ou de atitude de quem persegue e de quem é perseguido. (*Nas Fronteiras da Loucura*, p. 134).

◆Perdão e obsessão - II◆

É da lei que ninguém foge de si mesmo nem se impede o progresso, que é inexorável. A vítima de hoje é o apoio do perseguidor amanhã, quando permite que brilhe no íntimo o amor. Quando permanece a animosidade, a vítima transferida para a posição de algoz se infelicita porque jamais alcançará o seu final, que seria a destruição do adversário. As vidas encontram-se tão mescladas umas nas outras que sempre voltam aos mesmos sítios e pessoas até que se superem através do amor, que arrebenta as algemas e une os corações. Por isso, quem perdoa se eleva e se fortalece, enquanto aquele que permanece no ódio, rebaixa-se e desidentifica-se por largo período da realidade superior. (*Trilhas da Libertação*, pp. 138 e 139).

◆Perdão e reparação◆

Toda ação se direciona ao equilíbrio cósmico, mantendo-o ou desarticulando-o. Assim sendo, a recuperação dá-se em relação às leis da vida e não particularmente a cada indivíduo que se sente prejudicado. Eis por que o perdão oferecido pela vítima a ela mesma proporciona maior bem. Porquanto, desvinculando-se do ressentimento gerador de muitos distúrbios, o ofensor, mesmo desculpado, permanece devedor até o momento em que resgate o mal que praticou. Assim sendo, ocorrem fenômenos negativos nos quais acontecimentos de diferentes ordens se transformam em títulos de cobrança que solvem os comprometidos que se submetem às injunções liberativas. (*Trilhas da Libertação*, p. 197).

◆Perigos – Mediunidade◆

Noutro sentido, os escolhos residem no próprio médium – invariavelmente, um espírito conduzindo pesados ônus do pretérito, que cumpre resgatar a sacrifício e a extenuante esforço liberativo. Aquinhoado com as percepções que lhe atestam a sobrevivência, deixa-se, invigilante, embair pela presunção e derrapar na vaidade, atribuindo-se dons excepcionais, valores que sabe não possuir, mas finge deter, como se os espíritos dependessem dele, atendendo-o a seu talante. Logo, porém, sucumbe, manietado pela própria falácia, e perde o contato com as entidades respeitáveis, mantendo as vinculações com aqueles que lhe são afins. (*Tramas do Destino*, p. 155).

◆Perispírito e doenças◆

O conhecimento do perispírito, a terapia de profundidade e a mudança mental e comportamental do espírito reencarnado tornam-se o ponto-chave do quesito binominal "doença/saúde". Silenciou por breve momento a fim de facultar ao auditório correta assimilação do seu pensamento, prosseguindo: em boa hora os terapeutas da autoestima encaminham os seus pacientes para um trabalho de interiorização psíquica na tentativa do autodescobrimento, onde se localizam os fatores básicos da sua existência. Após esse autoencontro, torna-se possível a identificação das causas reais dos distúrbios que os afetam. Conhecidas as geratrizes do fenômeno perturbador, mais factíveis se tornam as providências para a sua erradicação e, como consequência, os seus efeitos danosos. Adicione ao perispírito a problemática das alienações mentais e patologias orgânicas que decorrem da influência dos espíritos enfermos e dos obsessores, gerando distúrbios no campo da energia com as lamentáveis decorrências em forma de doenças. Impossível dissociarmos dos problemas que afetam a saúde a presença da obsessão. O intercâmbio mental entre os desencarnados e as criaturas humanas é belo capítulo da ciência espírita, graças ao qual se demonstram a imortalidade da alma, a reencarnação, a justiça divina e a gênese de muitas ocorrências terrestres. O espírito é o ser pré-existente ao corpo e a ele sobrevivente. O perispírito é o seu envoltório plástico maleável constituído de energia específica. E o corpo físico é a condensação da energia primitiva elaborada pelo espírito. Aprofundando a sonda no âmago da energia pensante, encontra-se a vida inteligente e estuante, causadora do ser físico. (*Trilhas da Libertação*, pp. 324 e 325).

◆Perturbação no desencarne◆

O desacelerar da maquinaria orgânica, normalmente culminando com a morte fisiológica, de forma alguma representa a desencarnação propriamente dita. O processo de liberação dos fluidos que fixam o espírito aos despojos materiais é muito lento, especialmente quando a existência não transcorreu dentro dos padrões de comportamento ético, caracterizando-se pelos apegos às paixões e pela vivência dos sentidos sensoriais em detrimento das emoções transcedentes. Por consequência, os fortes vínculos perispirituais prosseguem na condição de condutores das sensações produzidas pela decomposição cadavérica e mesmo após a desestruturação molecular, reproduzindo as peculiaridades que ficaram impressas pelo largo condicionamento a que o espírito esteve submetido. Nesse período ocorrem os estados alucinatórios nos quais o ser, perdendo o contato com a realidade a que estava acostumado, não consegue penetrar nos campos vibratórios da nova dimensão em que se encontra. Noutras vezes, como mecanismo de fuga inconsciente, entra em hibernação a fim de postergar os sofrimentos que engendrou para si mesmo enquanto utiliza-se da vestimenta carnal que desgastou na futilidade ou no crime, na insensatez ou no desperdício de forças e ainda nas várias formas de suicídio, desde os indiretos até mesmo aqueles frutos da desesperação e da rebeldia. Eis por que o período de perturbação espiritual é muito variado, diferindo de cada espírito em face das conquistas amealhadas ou dos distúrbios produzidos nas estruturas psíquicas que não foram respeitadas. (*Reencontro com a Vida*, pp. 159 e 160).

◆Pesquisas parapsíquicas◆

Quando os investigadores científicos puderem dedicar maior atenção às pesquisas parapsíquicas, especialmente aquelas de natureza mediúnica (pois que, na base da ocorrência, sempre se está diante de um fenômeno mediúnico de longo porte), serão encontradas respostas para muitas incógnitas defrontadas nas terapêuticas aplicadas às enfermidades. Em alguns pacientes – não obsidiados – os resultados são surpreendentes, enquanto que noutros – os obsidiados – os efeitos são quase nulos, quando não apresentam sequelas, às vezes, injustificáveis, que são decorrentes dos fluidos doentios emitidos pelo agressor e assimilados pelas delicadíssimas engrenagens nervosas. (*Transtornos Psiquiátricos e Obsessivos*, p. 112).

◆Planejamento obsessores◆

Mediante hábeis programações adrede elaboradas, vão conquistando as resistências do seu dependente mental de forma que, quase sempre, por não haver uma reação clara e definitiva por parte da sua vítima, alcançam os objetivos morbosos a que se entregam enlouquecidos. (*Tormentos da Obsessão*, p. 69).

◆*Plug* mental◆

O remorso foi a ponte que Ricardo utilizou para dominá-la. Ao natural sentimento de culpa que nela se instalou, o inimigo impôs a ideia da loucura, amedrontando-a e fazendo-a fixar o momento do aborto delituoso que terminou por vencê-la pouco a pouco. (*Nas Fronteiras da Loucura*, p. 217).

◆*Plug* mental – Formação◆

Assaltada por vibrações negativas, a mente ociosa ou indisciplinada, viciada ou rebelde, logo registra à interferência e, porque não se ajusta a um programa educativo da vontade, recebe o impulso da ideia, permitindo aceitar a sugestão perturbadora que agasalha e vitaliza sob a natural acomodação dos complexos e recalques dos comportamentos pessimistas ou exaltados que são peculiares a cada qual. Aceita a indução, forma-se uma tomada para a ligação com a sombra em regime de intercâmbio psíquico. (*Nas Fronteiras da Loucura*, p. 17).

◆*Plugs* obsessivos◆

Deduzo que o perseguidor desencarnado, reencontrando aquele que o infelicitou e, pela lei de afinidade-débito-crédito, emitindo as ondas do sentimento rancoroso, alcança e sincroniza as matrizes morais do endividado como verdadeiros plugues que se fixam a ele, utilizando a linguagem recentemente aprendida, passando este último a experimentar o pensamento invasor que lentamente o aliena por desequilibrar as sinapses neuronais, o sistema nervoso central e algumas glândulas de secreção endócrina. Ao largo do tempo, o que era apenas uma influência perniciosa destrambelha a harmonia das comunicações mentais, transformando-se na decantada loucura. (*Transtornos Psiquiátricos e Obsessivos*, p. 108).

◆Ponte de duas vias – Obsessão◆

Assim, é sempre conveniente recordar que a obsessão é uma ponte de duas vias: o espírito que a transita e segue na direção do homem somente logra passagem porque este lhe vem em busca em face das mesmas necessidades, compromissos e grau de evolução. A ocorrência, portanto, da enfermidade obsessiva somente se dá porque ambos os litigantes são afins, sendo a aparente vítima o endividado e o cobrador, que deveria perdoar o infeliz real, carente de socorro e misericórdia. De socorro, para que adquira a paz; de misericórdia, a fim de que se desembarace do sofrimento que se alonga desde a hora em que foi ludibriado, traído ou abandonado e que, mantendo-se na injusta exigência de reparação, passa para a posição mais desditosa, que é a de algoz. (*Loucura e Obsessão*, p. 245).

◆Ponte preciosa – Mediunidade◆

Nesse sentido, a mediunidade, que é uma faculdade parafísica, graças às suas sutis teceduras nos mecanismos do espírito, através do perispírito que a exterioriza pelo corpo somático e mediante o qual recebe as respostas vibratórias, mais severas responsabilidades confere ao usuário, impondo-lhe maior soma de vigilância. Padecendo gravames e sujeita a escolhos sutis que se transformam em penosos obstáculos, a mediunidade é ponte preciosa de serviço entre os dois mundos. Incompreendida pela maioria dos usufrutuários, padece um sem-número de conjunturas e experimenta aguerrido combate de um como do outro lado da vida. Para exercê-la com nobreza é necessário escolher o caminho da abnegação e a via redentora, abraçado à caridade e ao amor, iluminado por dentro pela paciência e pela tranquilidade a fim de não se deter na ascese do ministério ou confundi-la nas sombras com que se perturba e infelicita. Sua correta condução propicia inefáveis alegrias, produzindo emoções transcendentes que visitam a alma em permanente musicalidade de harmonia. Através desse esforço, dilatam-se os registros que põem o médium em contato com as vibrações dulçorosas do mundo da verdade e franqueiam-lhe os portais do infinito por onde se adentra, estuante, restaurando as energias combalidas e alertando-o com preciosas forças a fim de não estacionar nem recuar. Relegada ao abandono, favorece a parasitose psíquica de imprevisíveis resultados que dão margem a processos obsessivos de grande porte, gerando perturbação e desdita em volta dos passos. Utilizada com leviandade, converte-se em instrumento dúplice, de que se utilizam os espíritos bons e maus conforme a direção que lhe aplique o médium e segundo as suas inclinações, desejos e paixões acalentadas interiormente. (*Tramas do Destino*, pp. 153 e 154).

◆Ponto de vista◆

A falta de visão a respeito da vida, como um todo harmonioso, responde por muitas insânias a que se entregam os homens. Quando se compreender que o corpo é efeito e não causa da vida e no qual se estabelecem as bases da elevação; quando conscientizarem os seres de que o berço é porta que se descerra para o corpo como o túmulo é a que se fecha sem que ninguém entre ou saia da vida e quando se estabelecerem metas que transponham os limites de uma breve existência corporal, será diversa a atitude a se assumir ante as ocorrências e circunstâncias do dia a dia. Somente a visão reencarnacionista responde pela forma de uma perfeita integração do espírito no processo da ascensão. (*Nas Fronteiras da Loucura*, p. 39).

◆População espiritual da casa espírita◆

Pouso e posto de socorro, alojavam-se ali caravanas espirituais em trânsito, obreiros do esclarecimento em observação, aprendizes em exercício, servidores de emergência que recolhiam recém-desencarnados em acidentes, credores de assistência imediata e entidades com programação de urgência, todos haurindo as dádivas da hospitalidade e dos valores que podiam coletar na convivência com os zelosos lidadores desencarnados que operavam com o mentor responsável. (*Tramas do Destino*, p. 202).

◆Portal de luz – Desobsessão◆

Imagine um dédalo em sombras, imensurável e hórrido, onde se demoram emanações morbíficas provenientes de células em disjunção; charco miasmático carregado de lodo instável, tendo por céu nimbos borrascosos sacudidos por descargas elétricas; paul sombrio que agasalha batráquios e ofídios, répteis e toda a fauna asquerosa; região varrida por ventos ululantes, longe da esperança onde uma tênue e célere perspectiva de paz tremeluz. Considere-se relegado a esse labirinto nefasto, longe de qualquer amparo, a mergulhar a mente em febre nos abismos do remorso que, fantasma incansável, assume proporções inimagináveis, sob o estrugir de recordações vigorosas das quais não se consegue furtar, ressumando erros propositais e casuais com que se distanciou da paz, malgrado necessite de esperança ou refazimento, silêncio para meditar ou uma aragem fresca para renovação. Escute, inerme, outros companheiros de desdita em imprecações e lamentos dominados pela própria sandice, onde a razão se fez sicário impiedoso sem entranhas e se encarrega ela mesma de justiçar com azorragues em forma de cilícios que lhe são involuntários, sem equilíbrio para uma evocação suave, um painel de ternura, amor ou prece. Avalie o significado de uma porta libertadora que subitamente se abrisse, convidativa, banhada que fosse de fraca mas significativa luz, através da qual, transposta a mínima distância entre você e ela, poderia ouvir consolo, chorar sem desespero, lenindo as próprias angústias, e repousar, além da qual, doce canto embalante ciciasse uma melopeia conhecida ou uma *berceuse* reconfortante. Após vencida, revisse paisagem esquecida e agradável e, dilatados os ouvidos, escutasse a pronúncia de um terno nome em relação a você: "irmão!", depois do que roteiro e medicamento chegassem salvadores, inaugurando experiência feliz, transpassada a expiação inominável. Você bendiria mil vezes, certamente, esse portal de acesso. Tal região, não muito longe de nós, entre os desencarnados e os encarnados, são os vales purgatoriais para os que transpõem o umbral da morte, narcotizados pela insânia e pelo crime. Tal porta fascinante é a mediunidade socorrista de que você se encontra investido na tessitura física ao alcance de um pouco de disciplina e abnegação. Examinando quanto você gostaria de receber auxílio se ali estivesse, pense nos que lá estão e não demore mais em discussões inócuas ou em desculpismo injustificável. Corra ao socorro deles, os nossos companheiros na dor iludidos em si mesmos, e abra a porta de luz da oportunidade consoladora. Mergulhe o pensamento nos exórdios do amor do Cristo e, mesmo sofrendo, atenda a estes que sofrem mais. Não lhe perguntarão quem você é, donde vem e como se apresenta, pois não lhes importa. Antes, sim, desejarão saber o que você tem, em nome de Jesus, para lhes dar. Compreenderão mais tarde a excelência da sua fé, o valor do seu devotamento, a expressão da sua bondade, a extensão das suas necessidades e também estenderão braços na direção do seu espírito. Agora necessitam de paz e libertação e Jesus precisa de você para tal mister. Não lhes atrase o socorro nem demore na sua doação. Possivelmente você já esteve ali antes, talvez seja necessário estagiar por lá. (*Nos Bastidores da Obsessão*, pp. 41, 42 e 43).

◆Positivismo◆

A boa palavra proferida com entusiasmo faz com que o cérebro e o hipotálamo secretem uma substância chamada endorfina, que atua na medula e bloqueia a dor, tal como ocorre na acupuntura. Assim, ouvir e falar de forma positiva e sorrir com natural e justa alegria, fazem muito bem a todas as pessoas. A carranca na face e o amargor contumazes denotam desconforto interior e desajuste emocional. (*Nas Fronteiras da Loucura*, p. 280).

◆Postura ante a sexualidade◆

Os esforços deverão ser redobrados e as atividades mais bem cuidadas. A fraternidade exigirá maior soma de sacrifícios e o respeito nos relacionamentos se apresentará como fator de equilíbrio para evitar que os espíritos atormentados e infelizes que pululam na sociedade atraiam-nos à sensualidade, à perversão e ao desvio dos deveres que constituem a razão de ser da própria existência. (*Sexo e Obsessão*, p. 291).

◆Postura do obsedado◆

Em qualquer problema de desobsessão a parte mais importante e difícil pertence ao paciente, que, afinal de contas, é o endividado. A este compete o difícil recurso da insistência no bem, perseverando no dever e fugindo a qualquer custo aos velhos cultos do eu enfermo e aos hábitos infelizes, mediante os quais volta a sintonizar com os seus perseguidores que, embora momentaneamente afastados, não estão convencidos da necessidade de os libertar. Oração, portanto, mas vigilância também, conforme a recomendação de Jesus. A prece oferece o tônico da resistência e a vigilância o vigor da dignidade. Armas para quaisquer situações são o escudo e a armadura do cristão. (*Nos Bastidores da Obsessão*, pp. 158 e 159).

◆Postura dos médiuns◆

Os médiuns são criaturas humanas como quaisquer outras, se diferenciam apenas pela aptidão especial que possuem para se comunicar com os espíritos. Não são santos, embora devam caminhar pela senda da retidão, nem são pecadores, apesar dos seus deslizes naturais. Costuma-se exigir muito deles, esperando que sejam modelos perfeitos do que ensinam os mentores através deles. Certamente, esta seria a condição ideal para todos. Desse modo, somos pacientes com as suas dificuldades e delíquios morais de responsabilidade deles mesmos, buscando, entretanto, auxiliá-los sempre, qual fazemos com todas as demais pessoas. É da lei que os médiuns deverão aceitar para si as instruções de que se fazem intermediários antes de as considerarem para os outros. Porém, como são frágeis na sua condição de humanidade, entendemos que todo aprendizado exige esforço e tempo, nos cabendo auxiliá-los sempre, sem cessar. (*Trilhas da Libertação*, p. 79).

◆Postura dos médiuns após as tarefas◆

O témino de qualquer ministério de desobsessão na esfera física de maneira alguma encerra os serviços de socorro e enfermagem espiritual. É conveniente que os lidadores encarnados cuidem da preservação psíquica superior do recinto tanto quanto da própria, se demorando em reflexões e conotações sadias, aplicando em si mesmos as lições ouvidas. Mesmo quando as comunicações tenham apresentado maior soma de sofredores, aos colaboradores terrenos compete a meditação quanto ao futuro que os aguarda caso não se resolvam à vivência das atitudes enobrecedoras. (*Grilhões Partidos*, p. 194).

◆Postura dos médiuns após as tarefas - II◆

Seria de bom alvitre que nos mantivéssemos serenos depois de encerradas as tarefas, demandando os lares em paz e nos demorando em elucubrações superiores a fim de prosseguirmos logo mais, quando o sono físico os recolher ao refazimento orgânico, ensejando outras possibilidades. Evitemos ressentimentos para com o irmão doente, interrogações adiáveis ou ansiedades inoportunas. Jesus, meus amigos, nossa fonte de paz, facultar-nos-á concluir os deveres à hora própria. A Ele devemos nos entregar, aguardando, pacientes, os resultados. (*Grilhões Partidos*, p. 212).

◆Postura dos trabalhadores◆

Desse modo, ninguém na Terra pode se considerar vitorioso em um empreendimento, especialmente sendo de natureza espiritual, enquanto investido da indumentária carnal. Somente após a libertação do cárcere orgânico é que poderá considerá-lo concluído, cabendo ao sábio condutor da sua vida a análise final da tarefa e o veredicto em torno da mesma. Trabalhar atentamente, buscar iluminar-se interiormente, desenvolver os sentimentos de amor e de caridade no coração, tornando a mente clara para pensar com retidão e a existência dedicada à ação, constituem pauta de deveres a que todos devemos nos afeiçoar enquanto nos encontramos no campo de batalha. (*Entre Dois Mundos*, pp. 293 e 294).

♦Posturas dos trabalhadores - II♦

Portanto, é de bom alvitre que os membros das atividades desobsessivas resguardem-se ao máximo na oração, na vigilância, no trabalho superior e na caridade, precatando-se de sofrer o desforço daqueles que se veem frustrados nos planos nefastos de perseguição. Sabendo em desbaratamento, não poucas vezes investem, furibundos, contra os trabalhadores de boa vontade domiciliados na matéria, agredindo-os, arremessando contra eles pessoas violentas, maledicentes ou cruéis com o objetivo de descoroçoá-los no ministério socorrista com que lhes facilitaria o prosseguimento do programa infeliz. Vendo-se impossibilitados de impedir a ação benfazeja dos numes tutelares, recorrem a projetos escabrosos, desanimadores e prejudiciais a fim de crucificarem os operários da caridade no mundo. De uma coerente e contínua sintonia entre os cooperadores encarnados e os bons espíritos, mental e moralmente, decorrem os resultados favoráveis da terapia anti-obsessiva, abrindo canais de saúde e paz com vistas ao futuro de todos. (*Nas Fronteiras da Loucura*, pp. 275 e 276).

♦Postura mental superior♦

Nesse sentido, convém considerar as lições superiores do espiritismo, que oferece panoramas de elevada estrutura mental e moral, facultando registros de ideias superiores capazes de manterem uma higiene psíquica libertadora de toda conexão com as entidades infelizes do mundo espiritual inferior ou com as vibrações que pairam na Terra e que procedem de vigorosas mentes ainda agrilhoadas que se imantam umas às outras, realizando intercâmbio danoso, de longo curso e de imprevisíveis consequências. (*Nos Bastidores da Obsessão*, p. 95).

◆Prece – Aparelhos de registro◆

É necessário que nos recordemos de que a lei é de justiça e na qual, porém, não vigem ausentes os recursos da misericórdia de Nosso Pai, sempre ao alcance dos que O buscam pelo conúbio oracional. A prece é de essência divina. Registros especiais captam as rogativas da Terra e as transformam em resposta. Quem se compraz na revolta sintoniza as mentes carregadas de ira que se conjugam em comércio de longa duração, assim como quem vibra esperança e amor sincroniza as forças emissoras da paz e da harmonia, estabelecendo ligações que favorecem o otimismo e a saúde. (*Grilhões Partidos*, p. 140).

◆Prece – Aparelhos de registro - II◆

Jamais um apelo da Terra é desconsiderado pelo céu. Mecanismos sutis e de delicada engrenagem se encarregam desse sublime intercâmbio através das ondas de energia que preenchem todo o espaço em variedade quase infinita, demonstrando que o amor está presente em tudo e vitaliza a todos que se façam permeáveis. (*Transtornos Psiquiátricos e Obsessivos*, p. 105).

◆Prece – Aparelhos de registro - III◆

Pessoas sinceramente afervoradas ao bem enviavam pedidos de ajuda, intercediam por familiares a um passo de tombarem nos aliciamentos extravagantes e fatais. Os seletores de preces facultavam as ligações com os núcleos superiores da vida ao mesmo tempo intercambiando forças de auxílio aos orantes contritos, enquanto aparelhagens específicas acolhiam pensamentos e forças psíquicas que se transformavam em agentes energéticos que irradiavam correntes diluentes das condensações deletérias. (*Nas Fronteiras da Loucura*, p. 29).

◆Prece – Força dinâmica◆

Quando o ser humano perceber as infinitas possibilidades de que dispõe através da oração, concederá a ela mais atenção e cuidados. Força dinâmica responsável pelo restabelecimento de energias, é constituída de vibrações específicas que penetram o orante, manifestando a vinculação com as fontes inexauríveis de onde procedem os recursos vitais. Em razão da intensidade e do hábito a que o indivíduo se permita, torna-se valioso instrumento para a conquista da paz e para a preservação da alegria, nele instaurando um estado de receptividade permanente das vibrações superiores que se encontram espalhadas no cosmo, preservando a saúde, gerando satisfação íntima e proporcionando inspiração nas mais variadas situações do caminho evolutivo. Como consequência, nenhuma louvação, rogativa ou gratidão expressa através da prece fica sem resposta adequada, desde que os sentimentos acompanhem o curso operacional. (*Sexo e Obsessão*, p. 25).

◆Prece – Fortalecimento do espírito◆

Assim, faz-se imprescindível o exercício da prece mental e habitual para fortalecer as fulgurações psíquicas que visitam o cérebro, constituindo a vida normal propícia à propagação do pensamento excelso. (*Nos Bastidores da Obsessão*, p. 37).

◆Prece e obsessão◆

A prece é dos mais eficientes recursos de que todos podemos dispor em face da ação dissolvente sobre as correntes negativas que envolvem o paciente, auxiliando-o na liberação dos fluidos que lhe são impostos pela força telepática e pela atuação contínua do adversário. Gerando vibrações de alto teor, a oração modifica a paisagem psicofísica não somente de quem padece a alienação obsessiva, mas também do agente causador, a longo prazo, despertando-os para realidades novas a que se recusam submeter caso a transformação não lhes ocorra antes, em razão de outros fatores terapêuticos. E, mesmo nesse caso, ela constitui eficaz mecanismo de libertação por diminuir as cargas tóxicas que são geradas pela mente em desequilíbrio e de imediato reabsorvidas num movimento vicioso. Quando a prece é exercida num círculo ou grupo de criaturas afeiçoadas ao bem, mais expressivos são os seus efeitos na assistência mediúnica aos que sofrem, beneficiando igualmente aqueles que mergulham nas suas correntes alternadas de alta frequência, exteriorizando como emissões de luz que atingem o fulcro a que se dirigem, fortalecendo o dínamo gerador que as disparam. Afirmava Tiago na sua Epístola Universal, conforme consta no capítulo 5, versículo 16: "Orai uns pelos outros a fim de que sareis, porque a prece da alma justa muito pode em seus efeitos". (*Nas Fronteiras da Loucura*, pp. 276 e 277).

◆Prece e seus efeitos◆

Se os homens, em geral, nos seus momentos de testemunho, se detivessem na oração, a dores maiores se furtariam. Não há apelo honesto dirigido a Deus, através da oração, que fique sem conveniente resposta. É certo que todos gostaríamos de obter ajuda, conforme pensamos ser o melhor, embora tal não ocorra. A resposta nos chega de maneira própria para a necessidade, ensejando-nos coragem e fé até o momento de libertação. A oração, de forma alguma, evita o sofrimento ou anula as dívidas. Se o fizesse, desorganizaria o equilíbrio das leis. Não obstante, propicia os meios para que se possa suportar a conjuntura, tornando-a menos penosa em face do robustecimento do ânimo e das resistências morais. Ocorre, no entanto, quase sempre, o inverso. O desespero, a revolta, o pessimismo e a amargura se associam, agitam ou bloqueiam as áreas do raciocínio, e o ser tomba na urdidura do acontecimento. (*Loucura e Obsessão*, p. 171).

◆Prece – Ponte luminosa◆

A blandícia proporcionada pela oração, quando bem entendida pela criatura humana, proporcionará no seu exercício o reconforto e a coragem para todos os momentos, sempre que recorrendo aos seus tesouros e o fazendo com mais frequência do que lhe é habitual. Quando o ser humano ora, penetra nos arcanos espirituais e se refaz, adquirindo paz e se enriquecendo de sabedoria por estabelecer uma ponte de vinculação com as fontes do conhecimento de onde promanam os bens da imortalidade. (*Sexo e Obsessão*, p. 272).

◆Predisposições para obsessões◆

Em todo o processo de imantação mental, do qual decorrem os sucedâneos da obsessão simples, da fascinação e da subjugação (conforme a classificação perfeita de Allan Kardec), há sempre fatores predisponentes e preponderantes que se perdem no intrincado das reencarnações. Toda vítima de hoje é algoz de ontem, tomando o lugar que lhe cabe no concerto cósmico. Assim considerando, em quase todos os processos de loucura (exceção feita não somente aos casos orgânicos de ataque microbiano à massa encefálica ou traumatismo por choques de objetos contundentes) defrontamos com rigorosas obsessões em que o amor desequilibrado e o ódio devastador são agentes de poderosa atuação. Quando há um processo de obsessão desta ou daquela natureza, o paciente possui os condicionamentos psíquicos (lembranças inconscientes do débito através das quais se vincula ao perseguidor) que facultam a sintonia e a aceitação das ideias sugeridas e constringentes que chegam do plano espiritual. Se o paciente é experimentado nas disciplinas morais apesar dos compromissos negativos de que padece, consegue, pela conquista de outros méritos, se não contrabalançar as antigas dívidas, pelo menos granjear recursos para resgatá-las por outros processos que não os da obsessão. As leis divinas são de justiça, indubitavelmente. No entanto, são também de amor e de misericórdia. O Senhor não deseja a punição do infrator, antes quer o seu reajuste à ordem e ao dever para a sua própria felicidade. (*Nos Bastidores da Obsessão*, pp. 98 e 99).

◆Predisposições para obsessões - II◆

As obsessões, portanto, decorrem de faltas cometidas pela vítima atual, em oportunidades outras, que não foram convenientemente reparadas. A presença da culpa instala uma tomada psíquica no devedor que permite receber o plug do seu desafeto, consciente ou inconscientemente, dando surgimento ao intercâmbio psíquico dos envolvidos na mesma trama infeliz, aí nascendo o desconforto da criatura que, lentamente, vai sendo dominada pela força do agente agressor que se assenhoreia da casamental. (*Nas Fronteiras da Loucura*, p. 287).

◆Preparação para a sessão◆

Os serviços deste porte têm uma preparação antecipada de até quarenta horas quando são trazidos os participantes desencarnados ou psiquicamente se faz a sincronia fluídica dos mesmos com os médiuns que os irão incorporar, transmitindo em psicofonia atormentada as suas necessidades, que receberão o auxílio e a orientação competentes. De outras vezes, ali se demoram os que experimentam assistência prolongada antes de serem transferidos para os setores próprios do nosso plano de ação. (*Nas Fronteiras da Loucura*, p. 156).

◆Preparação para a tarefa◆

Buscassem os companheiros do plano físico entender a gravidade dos trabalhos mediúnicos, descobririam quanto labor é realizado antes do momento da reunião e o quanto é importante a contribuição de cada um dos seus membros. Não existe o improviso entre os espíritos nobres assim como não permitem a leviandade de realização de qualquer fenômeno que não tenha sido programado antecipadamente. (***Transtornos Psiquiátricos e Obsessivos***, p. 171).

◆Presença de assistidos na desobsessão◆

Nunca estarão ultrapassadas as realizações mediúnicas de proveito incontestável além do poder que exercem para fazer novos adeptos, que então passam a interessar-se pelo estudo da doutrina e pelo seu aprofundamento. Por fim, a acusação de que afetam pessoas portadoras de desequilíbrios nas áreas mental e emocional não tem qualquer fundamento. Primeiro porque o bom senso que deve orientar os que dirigem esse admirável mister demonstra a impossibilidade de esses pacientes terem uma participação direta na reunião e segundo porque a orientação doutrinária ensina que a presença dos que se candidatam aos benefícios não é indispensável, já que para os espíritos as distâncias terrenas têm outra dimensão, dispensando-se, desse modo, aquela participação física. Ainda aqui é o despreparo de quem se arroga às condições de dirigente de sessões que responde pela incompetência. Não obstante reconheçamos a necessidade do conhecimento e da preparação doutrinária, valorizamos muito as condições morais, que são fatores predominantes para os resultados das sessões. (*Nas Fronteiras da Loucura*, p. 148).

◆Presença de obsessores◆

Causa estranheza, às vezes, que entidades perversas adentrem recintos cuidadosamente preservados e dedicados à ação do bem. Quando, porém, são atraídas pelas mentes viciosas que as preferem, não se pode evitar suas presenças. Já que se trata de eleição pessoal e como cada ser respira no clima psíquico que lhe apraz, é inevitável essa comunhão espiritual, tornando-se responsável o invigilante pelos danos que se impõe assim como por aqueles que produz nas outras almas. (*Trilhas da Libertação*, p. 233).

◆Pressão dos obsessores◆

Dei-me conta de que dois seres perversos lhe dominavam o comportamento quase por inteiro. Um deles, de aspecto repelente pela vulgaridade que se apresentava, excitava-lhe o desejo, comprimindo habilmente certa região do aparelho genésico, enquanto o outro lhe transmitia clichês mentais muito bem elaborados, em que ela se via nos braços do eleito, sendo expulsa pela esposa que surgia bruscamente e interrompia o idílio licencioso. A pobre debatia-se com sofreguidão entre as duas sensações, de lubricidade e de frustração, entregando-se ao tresvario. (*Loucura e Obsessão*, p. 35).

♦Pronto-socorro – Obsessão♦

Como existem prontos-socorros para os males físicos e para a assistência imediata dos alienados mentais em crise, já é tempo que a caridade cristã nas instituições espíritas crie serviços de urgência fluidoterápica e de consolação para quantos se debatem nos sofrimentos do mundo e não têm forças para esperar datas distantes ou dias exclusivos para o atendimento. Espíritas esclarecidos imbuídos do sentimento da caridade poderiam unir-se neste mister, reservando algum tempo disponível e se revezando num serviço de atendimento cuidadosamente programado a fim de auxiliar o próximo mais amplamente, diminuindo a margem de aflições do mundo. Seriam valiosos os resultados para todos, que conjugariam esforços no bem, contribuindo para a mudança das atuais paisagens humanas aflitivas. (*Painéis da Obsessão*, p. 242).

♦Proteção dos médiuns♦

Convém nunca esquecermos que o Senhor é o nosso pastor e nos defende, desde que não nos permitamos à leviandade de buscar os enredamentos com o mal, a perversidade e a vulgaridade. Mantendo a atitude de equilíbrio e nobreza, coloca-se uma invisível tela transparente de fluidos entre as pessoas e os instrumentos do bem, dificultando atravessar essa delicada mas poderosa barreira vibratória e franqueando o acesso de todos àqueles que podem, de alguma forma, contribuir espiritualmente a benefício do seu próximo. (*Tormentos da Obsessão*, p. 179).

♦Proteção dos trabalhos espirituais♦

Quando chegamos à entrada também notei que o edifício era defendido por uma verdadeira muralha fluídica, em torno da qual diversos espíritos, que pertenceram a algumas etnias no país, montavam guarda, joviais e diligentes. Novamente, Petitinga, sempre atento, informou-me: "como não ignoramos, as obras do Senhor são credoras de afeto e de proteção, normalmente recebendo voluntários desencarnados que se oferecem para servir, dentro das suas possibilidades, nas mais diferentes funções, especialmente como vigilantes e visitadores. O Senhor a todos concede a oportunidade de crescimento e aceita qualquer tipo de cooperação, mediante a qual crescemos interiormente". (*Transtornos Psiquiátricos e Obsessivos*, p. 262).

◆Provas para os médiuns◆

O triunfo mundano, sem dúvida, é um terrível adversário do homem de bem e grande empecilho para o seu progresso espiritual. Constato que o médium, assoberbado por problemas e dificuldades, sempre se dedica ao ministério com mais fidelidade e renúncia. Por isso mesmo não há como negar que entre as grandes provações do mundo estão incluídos o poder temporal, a fortuna, a beleza e a inteligência, porque do seu uso depende o futuro do espírito. (*Trilhas da Libertação*, p. 66).

◆Prudência, equilíbrio e desobsessão◆

Em todo e qualquer processo de alienação, seja qual for a sua etiopatogenia, é de bom alvitre que não se acenem esperanças exageradas, o que se deve ter em mente ao defrontar qualquer tipo de doença ou aflição, de problema ou necessidade. A prudência e o equilíbrio são medidas de boa conduta jamais dispensáveis no relacionamento humano, aliás, muito escassas. Salta-se de um vão entusiasmo para outro sob estímulos momentâneos, assumindo compromissos e responsabilidades para sempre que perecem amanhã, ou acenando com promessas impossíveis de se realizar que também ficam esquecidas, logo depois dando lugar a mágoas, rancores, decepções e desgostos graves que poderiam ser evitados. (*Loucura e Obsessão*, p. 326).

◆Psicodança e trabalho como terapias◆

Para a cura da depressão, assim como de outros distúrbios de comportamento, o trabalho desempenha um papel terapêutico fundamental. O mesmo acreditamos no que diz respeito à psicodança. Enquanto a mente do enfermo se encontrar direcionada para um objetivo saudável, desvinculando-se da ideia depressiva, irá regularizando a distonia e provocando uma positiva reação cerebral face à imposição do pensamento bem direcionado que agirá nos neurônios favorecendo as sinapses em ritmo equilibrado. O trabalho é um recurso muito valioso para fazer o tempo passar, informa a tradição terrestre, mas sobretudo, para que passe de maneira saudável e dignificadora, acentuamos nós. Quando o indivíduo se envolve com qualquer tipo de trabalho ou responsabilidade edificante concentra-se na sua execução e mantém-se atento aos objetivos delineados. Naturalmente estimulados pela ação mental saudável, os neurônios produzem enzimas carregadas de energia que, à semelhança de fótons especializados, produzem harmonia vibratória nos neurotransmissores, proporcionando reequilíbrio. (*Tormentos da Obsessão*, p. 287).

♦Psicopatias – Obsessores♦

Nos casos de obsessão e vampirização espiritual, estamos lidando com personalidades desencarnadas psicopatas e portadoras de alta dose de insensibilidade emocional que as tornam perversas e inclementes. (*Loucura e Obsessão*, pp. 107 e 108).

♦Psicose puerperal♦

O estrênuo Bezerra chamou-nos a atenção em torno de um processo psiquiátrico decorrente de problemas posteriores ao parto denominado de psicose puerperal. Tecnicamente, elucidou o mentor amigo, a produção dos hormônios, que se faz normalmente, torna-se fator do desequilíbrio em razão de os mesmos se transformarem em toxinas que, atuando no complexo cerebral, terminam por desarranjar a estabilidade psíquica. Mesmo em fenômeno de tal ordem, meramente fisiológico, defrontamos o espírito devedor, que volve à forma feminina sob a injunção do distúrbio para recuperar-se do mau uso passado das funções genésicas. Observa-se, igualmente, que o desarranjo hormonal sucede em jovens e senhoras durante o período catamênico, alterando o comportamento que tende à excitação psíquica para posterior queda depressiva. O espírito é sempre responsável pelo corpo de que se utiliza, suas funções físicas e psíquicas que decorrem das realizações pretéritas e do uso nobre ou vulgar elevado ou pervertido que lhe atribuiu. (*Nas Fronteiras da Loucura*, p. 54).

◆Psicosfera benéfica◆

Se quando o indivíduo permanece no rígido cumprimento dos deveres a sós e no grupo espiritual em que moureja, surgem desafios e criam-se dificuldades de relacionamento com perturbações compreensíveis, muito menos resguardado estará quando distante das defesas nas quais encontrava apoio. É natural, portanto, que sejam produzidas dissensões e cizânias desgastantes a fim de expulsá-lo do ambiente cuja psicosfera é benéfica. O orgulho e o melindre, no entanto, encarregam-se de serem os instrumentos de fácil controle para que os seus adversários aumentem em gravidade as ocorrências mesquinhas e insignificantes, dando-lhes exagerada valorização mediante a qual se desgarra ofendido, ficando a mercê de forças mais causticantes. (*Reencontro com a Vida*, pp. 215 e 216).

◆Psicosfera individual◆

As construções mentais de cada indivíduo constituem a psicosfera na qual se movimenta, alimentando-se das vibrações elaboradas e emitindo-as em todas as direções. Conforme o conteúdo de que se revestem essas exteriorizações psíquicas, formam-se campos de energia correspondente ao teor de que se constituem, propiciando bem ou mal-estar, felicidade ou desar interior. A perseverança no hábito das elaborações perniciosas e vulgares produz emanações morbíficas que se condensam à sua volta, definindo a qualidade das suas aspirações íntimas e gerando sintonias com ondas e entidades correspondentes. A sós, portanto, aquele que assim procede, gera o seu clima emocional e espiritual, que se torna parte da existência. (*Reencontro com a Vida*, p. 85).

◆Psicosfera do obsidiado◆

Surgem como efeito natural as síndromes da inquietação: as desconfianças, os estados de insegurança pessoal, as enfermidades de pequena monta e os insucessos em torno do obsidiado, que soma as angústias, dando campo às incertezas e à mais ampla perturbação interior. Gera uma psicosfera perniciosa à própria volta pela eliminação dos fluidos deletérios de que é vítima e absorve-a mais condensada por escusar ouvir sadias questões, participar de convívios amenos, ler páginas edificantes, auxiliar o próximo e renovar-se pela oração. (*Nas Fronteiras da Loucura*, p. 19).

◆Psicosfera da Terra – Desafio para os obreiros◆

A densidade de vibrações grosseiras que predominam em algumas partes do globo, onde teremos que proporcionar luz, pode gerar confusão e traumatismo emocional, ao lado das multidões espirituais enfermas que nelas se movimentam, nutrindo-se dos fluidos deletérios acumulados. Exteriorizados pelas mentes encarnadas e reabsorvidos, alguns indivíduos são vítimas de si mesmos graças aos pensamentos e comportamentos que se permitem, enquanto outros se intoxicam no ambiente pestífero em que se alojam psiquicamente, vitimados por sequazes da mesma espécie evolutiva em obsessões inomináveis. Todos, porém, dominados pelo intercâmbio de pensamentos perturbadores que obnubilam a razão e impedem o claro discernimento em torno dos valores humanos. Será, portanto, nesse clima mental e emocional que iremos colocar as balizas do amor e acender claridades que dissipem as sombras dominadoras, abrindo brechas emocionais que facultem o despertamento. Desnecessário exaltar a responsabilidade de cada obreiro e o desafio para a execução da sua tarefa. Haverá envolvimentos pessoais, reencontros com almas queridas e surpresas na constatação de ocorrências delicadas quão afligentes, descerrando algumas cortinas que velam e dificultam a compreensão dos acontecimentos. Acima de tudo, porém, Jesus permanece atento e inspirando os Seus servidores, envolvendo-os em ternura e compaixão, em misericórdia e amor. Não temam, pois, prosseguindo valorosos! (*Entre Dois Mundos*, p. 46).

◆Psicoterapia dupla◆

Jamais se deve esquecer que o espírito odiento de hoje assim se encontra porque foi vítima daquele que ora inspira compaixão e misericórdia. Qualquer atitude em favor de um e em detrimento do outro é equivocada. Tomadas as providências para a psicoterapia espiritual desobsessiva de ambos os enfermos e tendo em mente a necessidade de vivenciar o trabalho estão sendo movimentados os valores para o estabelecimento da saúde real e construção social dos sofredores de ambos os planos da vida, construindo-se um mundo verdadeiramente rico de paz e de felicidade. (*Reencontro com a Vida*, p. 59).

◆Psicoterapia preventiva◆

Como efeito, a preguiça mental é um pólo de captação das induções obsessivas pelo princípio de aceitação irracional de tudo quanto a atinge. Cabe ao homem que pensa dar plasticidade ao raciocínio, ampliando o campo das ideias e renovando-as com o aprimoramento da possibilidade de absorver os elementos salutares que o enriquecem de sabedoria e de paz íntima. Com o tempo, a capacidade de discernir dota-o com a aptidão de escolha dos valores que o impulsionam para as mais altas aspirações com plena libertação dos vícios de toda natureza, inocente como uma criança, sem os tormentos da insatisfação e equilibrado nas aspirações como um sábio que já se resolveu pela conquista em harmonia daquilo que é melhor. Podemos chamar essa atitude de psicoterapia preventiva ou tratamento para as obsessões. (*Painéis da Obsessão*, p. 97).

◆Psiquiatria espírita◆

As atividades mediúnicas, especialmente aquelas que se dedicam às terapias desobsessivas, constituem belo capítulo da psiquiatria espírita por penetrar nas causas profundas dos distúrbios psicológicos e mentais. Sendo o espírito o enfermo, nele devem ser trabalhados os fatores que respondem pelos desequilíbrios, que é a rebeldia, a insensatez, o desalinho dos sentimentos, as heranças predominantes da sua natureza animal que o esclarecimento amoroso e persuasivo modificará. Todas as terapêuticas que apenas alcançam os efeitos são transitórias pois a matriz do padecimento continua enviando vibrações desconcertantes que se refletirão no conjunto orgânico aparecendo como distúrbio de tal ou qual natureza. O importante não é o que se apresenta, mas o mecanismo através do qual se manifesta sempre enraizado nos débitos morais do paciente. (*Transtornos Psiquiátricos e Obsessivos*, p. 102).

◆Purgatório◆

Reunidos numa mesma área de identificação vibratória, suas exteriorizações morbosas produzem uma psicosfera doentia, assinalada pela aflição e pelo desespero. À medida que se torna mais densa em face da população que nessa região se movimenta, condensam-se os vapores psíquicos carregados de vibriões mentais e de formas-pensamento que adquirem vida, transformando-se em verdadeiro purgatório no qual estertoram os invigilantes e ociosos mentais. Invariavelmente, em lugares próprios do planeta (vales sombrios, cavernas escuras e úmidas, subterrâneos pavorosos e pântanos pestilentos) se homiziam esses aturdidos enganadores de si mesmos, dando surgimento a verdadeiras cidades de horror, onde passam a viver sob o domínio de algozes perversos que se comprazem em explora-los espiritualmente, nutrindo-se das suas escassas energias em deperecimento. A contínua emissão de ondas mentais doentias mais condensa o clima psíquico com substâncias especiais que são exteriorizadas, dando forma e atividade ao que vai no mundo íntimo, retornando como pesado fluido que os asfixia e leva aos estertores agônicos em que se debatem sem cessar. A esse mundo de vibrações danosas as tradições de algumas doutrinas espiritualistas ortodoxas denominaram "purgatório" e Allan Kardec, com muita propriedade, definiu-o como "erraticidade inferior". Vive-se em campos de sintonia, nos quais os semelhantes se atraem e se unem, proporcionando reciprocidade vibratória que eleva ou retarda o avanço espiritual e moral do ser. (*Reencontro com a Vida*, pp. 85 e 86).

♦Purgatório - II♦

Em razão da identidade vibratória dos grupos sociais desencarnados, os lugares que os recebem transformam-se em campos de pesadas energias onde se detêm até quando luz o amor de Deus que os arrebata desses recintos hediondos ao se melhorarem interiormente, se arrependerem e aspirarem pela felicidade e pelo bem. Outros muito mais infelizes e odientos existem nas diferentes faixas vibratórias que envolvem o planeta na sua estrutura física como fora dela e que podem ser consideradas verdadeiro inferno, com a única diferença que o teológico tem sabor de eternidade, o que violenta as leis de amor, sendo, portanto, transitório, mas, no entanto, caracterizado por inauditos padecimentos que a imaginação humana nem sequer pode avaliar. Nesse purgatório, pois, onde bracejam na dor e no conflito os espíritos descuidados e viciosos, o sofrimento que nasce da consciência culpada e do despertar lento da razão, que os vergasta com acrimônias e exigências, transitam também, periodicamente, os seres angélicos que os buscam em tentativas generosas de resgate a fim de lenirem as exulcerações da alma e os encaminharem a postos de renovação, de onde se dirigem à Terra em reencarnações expiatórias e provações redentoras abençoadas. (*Reencontro com a Vida*, p. 87).

◆Queda do trabalhador◆

    Apesar da gravidade do compromisso e da lucidez em torno da sua execução, como é compreensível, alguns irmãos menos resistentes às atrações do mal desfalecem na coragem, estacionam nos desvios atraentes, detêm-se nos melindres do personalismo doentio e afastam-se da trilha do dever, magoados com os companheiros e sobre eles atirando a responsabilidade pela sua defecção. Enfim, nem todos chegarão ao termo estabelecido, conforme é de se desejar. Mas haverá outras oportunidades para quem permanece na retaguarda, porque o Senhor é todo amor e todo misericórdia e jamais abandonando sequer aquele que O deixa por outros interesses. (*Entre Dois Mundos*, p. 293).

♦R♦

♦Raios mentais – Encarnados♦

Nesse cometimento da terapia desobsessiva, a contribuição dos amigos encarnados é sempre valiosa. Investidos das responsabilidades cristãs e sinceramente interessados no auxílio fraternal, emitem raios mentais de teor específico de que nos utilizamos para atingir os resultados superiores. Cada mente é um dínamo gerador de energias, cuja intensidade e procedência canalizam forças poderosas, conforme a direção que se dá a eles. Portadora de energias ainda desconhecidas para nós e por outros desencarnados, a onda mental agrega e também desarticula as moléculas que compõem a matéria em suas múltiplas e complexas expressões. (*Tramas do Destino*, p. 228).

♦Raiz dos desequilíbrios♦

Na raiz de todo processo de desequilíbrio mental e emocional, nas psicopatologias variadas, as causas dos distúrbios são os valores morais negativos do enfermo em processo de reeducação como decorrência das ações pretéritas ou atuais praticadas. Não existindo efeito sem causa, é compreensível que toda ocorrência infeliz de hoje resulte de atividade agressiva e destrutiva de antes. (*Tormentos da Obsessão*, p. 282).

◆Reações do obsidiado◆

Conforme a constituição temperamental, que é um fator de relevante importância, faz-se apático e tende à depressão, adentrando pela melancolia em razão da mensagem telepática deprimente e dos clichês mentais pessimistas que ressumam do arquivo da inconsciência. No sentido oposto, se é dotado de constituição nervosa excitada, torna-se agressivo, violento e em desarmonia de atitudes – explode por nada e logo se arrepende –, expondo a aparelhagem psíquica e os nervos a altas cargas de energias que danificam os sensores e condutores nervosos, com singulares prejuízos para a organização fisiopsíquica. (*Nas Fronteiras da Loucura*, p. 19).

◆Reações dos trabalhadores◆

Não é raro notar em verdadeiros apóstolos do amor e da caridade reações humanas desconcertantes, quais o ciúme e a mágoa, quando não acolhidos, quando desafiados por outrem que não concorda com as suas ideias, ou quando ressentem-se com outros que lhe parecem competidores. Acostumados a serem apoiados e respeitados em consequência da sua conduta elevada, escorregam na paixão pessoal, às vezes tomando atitudes surpreendentes que se opõem à sua própria forma de ser. É o chamado lado humano, a presença dos atavismos não superados que em nada lhes diminui a grandeza. Por essa como por outras razões, o socorro dos guias desencarnados vigilantes torna-se essencial para o êxito de qualquer espírito comprometido com a verdade. (*Entre Dois Mundos*, p. 99).

◆Recaída dos obsessores◆

Com relativa frequência, muitos internos, atraídos psiquicamente pelos seus verdugos, retornam aos sítios de hediondez, de onde foram removidos, por perfeita identificação de interesse e afinidade moral mantida entre eles. Não há impedimento para essa ocorrência, considerando o direito de cada qual de evoluir conforme as próprias possibilidades, embora os impositivos expiatórios que, na ocasião adequada, alteram o comportamento daqueles que se permitem enlanguescer na indiferença, longe de qualquer propósito de renovação. (*Tormentos da Obsessão*, p. 37).

◆Recaída na obsessão◆

A saúde mental que decorre da libertação das alienações obsessivas se faz difícil porque ela depende, sobretudo, do enfermo, no máximo do seu esforço e não exclusivamente do seu animoso perturbador. Consideremos, ainda, que a libertação de uma conjuntura deste tipo não imuniza ninguém em relação ao futuro. Desde que não se erradiquem os fatores propiciadores do desequilíbrio psíquico, a pessoa sintonizará, por fenômeno natural, outros espíritos com os quais se afinará por identidade de propósitos, de sentimentos e de ideais. (*Painéis da Obsessão*, p. 180).

◆Recaída na obsessão - II◆

Existem obsidiados que logo que se recuperam da ação perniciosa que sofrem, voltam aos mesmos sítios de antes, atraídos pelo atavismo vicioso, não corrigindo as imperfeições morais que os assinalam até que se tornam vítimas novamente, se não dos antigos adversários, mas de outros espíritos levianos e mesquinhos que neles encontram campo apropriado para vampirizações mentais e despautérios de outras expressões degradantes. (*Reencontro com a Vida*, p. 51).

◆Recaída na obsessão - III◆

O evangelista Mateus narra no capítulo 13 do seu evangelho: "mas quando o espírito imundo tiver saído de um homem, andar por lugares áridos, buscando repouso e não o achar, então dirá: 'voltarei para minha casa donde saí', e ao chegar acha-a desocupada, varrida e ordenada. Depois vai e leva consigo mais sete piores do que ele; ali entram e habitam, e o último estado daquele homem fica sendo pior do que o primeiro". Assim também acontecerá a esta geração perversa. O precioso e oportuno ensinamento refere-se, sem qualquer dúvida, à cura da obsessão quando o adversário abandona o seu antagonista. Caso não haja nele um arrependimento real, ei-lo de volta, porém acompanhado de outros espíritos insensatos e ociosos que passam a locupletar-se do psiquismo do encarnado através da turbação da sua usina mental e da sua conduta moral. Considerando, no entanto, que houve uma transformação de sentimentos do perseguidor, que deseja crescer e abandona a causa inglória a que se dedicava, ao hospedeiro cabe enriquecer a sua casa mental com pensamentos elevados e ações, a fim de que, ao chegarem os perniciosos que pululam na erraticidade, não encontrem espaço vazio para o prosseguimento da nefasta habitação. (*Reencontro com a Vida*, pp. 254 e 255).

◆Recomposição perispiritual◆

O corpo do médium tomou a posição normal na cadeira, enquanto a face da entidade experimentava uma sutil remodelação. O queixo diminuiu, o sobrolho e as maçãs do rosto recompuseram-se, a testa fez-se mais larga, os olhos tornaram-se oblíquos e o nariz se exteriorizou mais humanamente. Estávamos diante de uma recuperação. A cirurgia psíquica era feita, naquele caso, no perispírito alterado, servindo de molde refazente o psicossoma do médium encarnado em transe, por desdobramento parcial do corpo. (*Nas Fronteiras da Loucura*, p. 261).

◆Reconciliação com o inimigo◆

Jesus falou com sabedoria da necessidade que têm as pessoas de se reconciliarem depressa com os seus adversários enquanto estiverem no caminho com eles, evitando serem levadas ao Juiz e, naturalmente, após o julgamento, verem-se obrigadas a resgatar o mal ou o prejuízo que tenham causado, sendo encarceradas na prisão. Sem qualquer dúvida, o corpo físico é uma prisão de onde ninguém escapa, exceto quando terminada a prova ou a expiação a que se encontra submetido, resgatando assim o compromisso infeliz que se negou a regularizar. As atitudes, portanto, corretas, em qualquer situação prejudicial, são a tomada de consciência e posterior comportamento reparador, eliminando esse futuro foco de desequilíbrio. (*Reencontro com a Vida*, p. 78).

◆Recordações do passado◆

A recordação dos erros tem como finalidade despertar a consciência para o conveniente resgate. No passado de todos nós demoram-se muitas sombras perturbadoras que o amor de Nosso Pai nos faculta diluir. Desse modo, despertados para a realidade dos objetivos da reencarnação, que têm caráter educativo e reparador, devemos propor o dever de nos iluminarmos, auxiliando aqueles que deixamos tombados na retaguarda. Assim, à queixa contumaz e à rebeldia sistemática, sobreponhamos a paciência e a resignação com irrestrita confiança em Deus, reabilitando-nos diante de quem prejudicamos a fim de sermos felizes. (*Trilhas da Libertação*, pp. 132 e 133).

◆Recuperação – Obsidiado◆

Iniciado o programa de recuperação, deve este esforçar-se de imediato para a modificação radical do comportamento, se exercitando na prática das virtudes cristãs e, principalmente, se moralizando. A moralização do enfermo deve ter caráter prioritário, considerando que, através de uma renovação íntima bem encetada, ele demonstra para o seu desafeto a eficiência das diretrizes que lhe oferecem como normativa de felicidade. (*Nos Bastidores da Obsessão*, p. 26).

◆Recurso terapêutico – Obsessões◆

As obsessões constituem recurso terapêutico para a recuperação dos agressores. É claro que a divina justiça não necessita que a vítima se transforme em algoz, repetindo o grave erro do antagonista que ora pensa em justificar. Os mecanismos da evolução dispõem de valiosos recursos para a superação dos equivocados sem a necessidade de novos culpados. Como a natureza animal, em predomínio de paixões inferiores, une o devedor ao cobrador, o processo faz-se terapêutico para ambos os litigantes que, oportunamente, descobrem que só o amor possui o élan sublime para proporcionar a paz e a felicidade legítima. Resguardem-se em reflexões cuidadosas e ações enobrecedoras todos aqueles que, nas rudes refregas das obsessões, experimentem a libertação constritiva, procurando retribuir a situação aprazível com seu esforço para a autoiluminação e para a harmonia da sociedade. (*Reencontro com a Vida*, p. 254).

◆Recursos valiosos – Oração, vigilância e moral◆

Pessoa alguma está livre de interferência espiritual negativa em razão do seu estado de humanidade, das imperfeições que lhe são inerentes e das situações às vezes aflitivas que todos atravessam, especialmente os portadores de mediunidade, portanto, mais sensíveis, que se devem precatar com mais cuidado. Os recursos valiosos e inquestionáveis para a eliminação de qualquer foco de obsessão – em reuniões ou em indivíduos isoladamente – serão sempre a oração e o cuidado na observação das ocorrências que tenham lugar na conduta de cada um, confrontando-as com os ensinamentos do espiritismo. O procedimento moral é, igualmente, um grande e poderoso antídoto às perseguições dos espíritos viciosos e impertinentes que defrontam forte barreira vibratória decorrentes das emanações psíquicas do seu portador. (*Reencontro com a Vida*, p. 194).

◆Redes para socorro no Astral◆

Ato contínuo, o mentor ordenou: "atirai as redes!". Os destros cooperadores que estavam a postos e eram acostumados àquele tipo de socorro lançaram as redes que, ao contato com a substância asquerosa, adquiriam brilho, lampejando sobre aquela parte do paul. Segurai as redes, propôs enérgico, se estiverdes resolvidos a mudar de vida e a crescer para Deus! Em azáfama desesperadora, sob imprecações e dominados pelo desassossego, dezenas de espíritos agarraram-se às cordas entrelaçadas com sofreguidão. Observei que alguns dos encarcerados no pantanal não conseguiam segurá-las, pois pareciam desfazer-se ao seu contato, o que provocava reações de ira e de zombaria deles mesmos, revoltados. A operação demorou quase um quarto de hora, retirando os que se amparavam, ao tempo em que eram colocados em padiolas e repetindo os arremessos até que foram recolhidos. As redes, explicou, são feitas de substâncias retiradas do fluido cósmico, fortes, porém delicadas. Registram as irradiações mentais daqueles que as tocam. Se o peso específico da sua exteriorização psíquica é negativo, elas diluem-se, nos casos contrários, se enrijecem. (*Nas Fronteiras da Loucura*, pp. 197 e 198).

◆Redutos das trevas◆

As figuras mitológicas dos demônios e seus reinos, os abismos infernais e os seus torturadores de almas são relatos inicialmente feitos por pessoas que foram até lá conduzidas em desdobramento espiritual por afinidade moral ou pelos mentores, a fim de advertirem as criaturas da Terra, antros sórdidos que aqueles governam e onde instalaram o terror, dando a equivocada ideia de que naquelas paragens não há tempo a transcorrer, num conceito absurdo de eternidade a que se aferram diversas religiões, as quais mais atemorizam do que educam. Mártires e santos, profetas e escritores, artistas e poetas de quase todos os povos e épocas, os que eram médiuns visitaram esses núcleos terrificadores e conheceram os seus habitantes, trazendo na memória nítidas as suas configurações, que as fantasias e lendas enriqueceram com variações de acordo com a cultura, a região e o tempo, presentes, portanto, na historiografia da humanidade. Variando de denominação, cada agrupamento, como ocorre na Terra, tem o seu chefe e se destina a uma finalidade coercitiva, reparadora. Periodicamente, esses chefes se reúnem e elegem um comandante a quem prestam obediência e submissão, concedendo-lhe regalias reais. As ficções mais audaciosas não logram conceber a realidade do que ocorre em tais domínios. (*Trilhas da Libertação*, p. 98).

◆Redutos das trevas - II◆

A mente plasma no fluido cósmico, sob o império da vontade, o que mais ambiciona, vitalizando com as ações, que são decorrência dos desejos acalentados, o que lhe servirá de suporte para a elevação espiritual ou armadilha para a queda. Em lugares onde o comportamento mental é pernicioso, idêntico em muitas pessoas pela gama de interesses vividos, surgem redutos de incúria e sofrimento espiritual, que se ampliam de acordo com a continuidade de exteriorizações psíquicas como graças ao volume e teor delas. A recíproca é verdadeira: onde se concentram tônus psíquicos superiores abrem-se vias de comunicação com as esferas elevadas, surgem construções de paz e espíritos benignos convivem com as almas que se afinam. (*Nas Fronteiras da Loucura*, p. 200).

♦Reeducação mental e desobsessão♦

Como é compreensível, o vício mental decorrente da convivência com o hóspede gera ideoplastias perniciosas de que se alimenta psiquicamente o hospedeiro. Mesmo quando afastado o fator obsessivo, permanecem, por largo tempo, os hábitos negativos, engendrando imagens prejudiciais que constituem a psicosfera doentia na qual se movimenta o paciente. Um dos mais severos esforços que os enfermos psíquicos por obsessão devem movimentar é o da reeducação mental, adptando-se às ideias otimistas, aos pensamentos sadios e às construções edificantes. Neste capítulo, tornam-se imperiosas as leituras iluminativas, a oração inspiradora e o trabalho renovador, até que se criem hábitos morigerados propiciadores de paisagem mental abençoada pelo reconforto e pelo equilíbrio. Graças a tais fatores, nem sempre a cura da obsessão ocorre quando são afastados os pobres perseguidores, mas somente quando os seus companheiros de luta instalam no mundo íntimo as bases do legítimo amor e do trabalho fraternal em favor do próximo, tanto quanto de si mesmos, através do reto cumprimento dos deveres. (*Painéis da Obsessão*, p. 179).

♦Reencarnação♦

A reencarnação tem caráter educativo, geradora de hábitos novos e é instrumento disciplinante em face dos limites que propõe pelos impositivos da evolução. O homem não deve ser considerado como a máquina para o prazer, mas o ser eterno em contínuo processo de crescimento. O corpo é instrumento por ele mesmo – o espírito que o habita – modelado conforme as necessidades que o promovem e libertam. A visão global do ser – espírito, perispírito e matéria – é a que pode dar sentido à vida humana, facultando o entendimento das leis que a regem. (*Loucura e Obsessão*, p. 203).

♦Reencarnantes na atualidade♦

A sociedade espiritual encarregada de apressar o progresso da Terra utiliza-se de delicados e complexos equipamentos para a seleção dos espíritos que devem reencarnar, reunindo-os em grupos volumosos, todos portadores dos mesmos transtornos emocionais e necessidades de transformação moral. Dessa forma é que, massivamente, nos últimos decênios vem superpovoando o planeta e graças ao nível de desenvolvimento em que se encontram, ensejam uma visão pessimista a respeito do bem como se os valores nobres que dignificam a vida estivessem cedendo lugar à barbárie e à ignorância. Os observadores do progresso moral da humanidade, algo chocados, deixam-se enganar ante os pensamentos infelizes de que o mal vem predominando entre as criaturas, enquanto o bem apenas tem vigência em poucos indivíduos ou em alguns agrupamentos sociais. (*Reencontro com a Vida*, p. 148).

♦Reencarne de devedores♦

Logo depois que a mensagem do Consolador encontrou ressonância no mundo, inúmeros espíritos que haviam delinquido, no passado, nas fileiras do cristianismo, ora arrependidos e encorajados pelas possibilidades de serviço iluminativo, solicitaram a reencarnação com o objetivo de reparar os graves delitos, trabalhando em prol da construção da nova sociedade. (*Entre Dois Mundos*, p. 103).

♦Reencarne de um obsessor♦

O inimigo sentindo-se aprisionado pelo zigoto que dava continuidade ao fenômeno da mitose celular, esbravejava, tentando, mentalmente, romper o vínculo magnético entre ele e o futuro corpo somático para produzir a anulação da vida física. Impossibilitado, começou a agir psiquicamente no comportamento da paciente, aumentando o arrependimento, exprobrando a conduta e induzindo-a ao suicídio como solução para a desonra a que se entregara. Interferindo nas tardias reflexões da moça, ampliava-lhe o pavor a respeito do futuro e das dificuldades no lar, que derespeitara, desconsiderando a confiança dos pais e, desse modo, ameaçando-a, atemorizava-a mais, afirmando: "serei teu filho, sem o desejar. Cobrarei, nos teus braços, o que me deves". Como se irrompesse um vulcão, Raulinda, ouvindo-o e desarvorando-se, ia precipitar-se porta afora a gritar quando o amigo Vicente começou a libertá-la das energias perniciosas que a envolviam, após o que aplicou sobre ela reforço magnético de calma e confiança, levando-a a um torpor benéfico como efeito da exaustão dos acontecimentos de alto porte emocional. De imediato, passou a interferir no processo da reencarnação do aturdido espírito que não se dava conta daqueles sucessos e experimentava os primeiros choques resultantes da imantação ao ovo. (*Trilhas da Libertação*, p. 201).

♦Refazimento dos trabalhadores♦

Observamos que o fiel instrumento, que deveria encontrar-se extenuado pelas largas horas de psicofonia mui completa, apresentava-se bem e com ótimo aspecto físico. Percebendo a observação íntima, ela falou, jovialmente: "os que aplicam as horas nos jogos das paixões dissolventes gastam as forças físicas e emocionais como alguém que acende uma vela pelas duas extremidades, queimando excesso de combustível, o que acelera a sua extinção. Em nosso campo de atividade, conforme é do conhecimento do nosso Miranda, quanto mais se dá, mais se recebe. O intercâmbio mediúnico, em clima de amor e de serviço pelo próximo, proporciona permuta de forças que se renovam e estimulam, no organismo perispiritual, a regeneração celular e o surgimento de outras saídas sem desgaste excedente de energias. Em tudo, a vigência das leis da causalidade. Conforme a criatura atua, assim se situa. (*Loucura e Obsessão*, p. 230).

◆Relação sexual e trabalho mediúnico◆

Que, embora a função sexual seja de elevado significado emocional, especialmente quando decorre da presença do amor, em face, porém, dos impulsos e dos desejos lúbricos, é conveniente que, às vésperas das reuniões desobsessivas, se transfira a comunhão física para outra oportunidade, preservando a mente em harmonia sem desvio do pensamento em relação ao trabalho a que se devem entregar os parceiros. Compreendendo que o êxtase sexual renova o entusiasmo e produz reações saudáveis nos indivíduos equilibrados e amorosos, essas energias podem e devem ser canalizadas para o atendimento espiritual sem qualquer prejuízo para os envolvidos na afetividade. Como o sexo foi feito para a vida e não esta para aquele, é perfeitamente normal que se reservem ocasiões especiais para o seu intercurso. (*Transtornos Psiquiátricos e Obsessivos*, p. 96).

◆Remorrer◆

A morte do corpo não desobriga o espírito de permanecer atado ao mesmo em perturbação breve ou longa, qual é do seu conhecimento. As impressões que se demoram, como no caso das partidas para cá, mais violentas, aturdem o ser espiritual, que oscila entre as duas situações vibratórias, a anterior e a atual, sem fixar-se numa ou noutra. Chamado pelos afetos da retaguarda, condensa fluidos que deveriam diluir-se, sofrendo, e porque noutra faixa vibratória, tenta desobrigar-se dessas cargas afligentes. Terminado o atendimento aos familiares, estes reconfortam-se, rompem os elos que os prendem e, amparados, os nossos irmãos aqui repousam mais demoradamente num sono de morte com fins terapêuticos, acordado em renovação para iniciar a etapa que lhes diz respeito na vida nova. (*Nas Fronteiras da Loucura*, p. 157).

♦Renovação do obsidiado♦

É natural, desse modo, que o seu hospedeiro, aquele que vem padecendo a influência perniciosa, experimente a ausência da força constritora que o oprime e desorienta, vivenciando melhor condição emocional e mental. Nada obstante, embora livre do cobrador, não está exonerado de realizar a própria reabilitação. Em face da conduta odienta que se permitiu no passado e que deu lugar aos defeitos graves, entre os quais a infelicidade daquele que agora o libera, continua em débito perante a consciência cósmica. O alívio que experimenta não significa liquidação dos compromissos negativos, antes uma trégua a fim de que reúna forças e valor para prosseguimento na batalha de autoaprimoramento moral, indispensável à existência feliz. O perdão da vítima que permanecia enlouquecida, de maneira alguma permite ao infrator o desfrutar da paz que não merece, porque não lhe faz jus. Certamente, expungiu parte do que deverá reparar, no entanto, permanece em débito, tendo em vista o montante elevado em referência aos gravames praticados. A sua reabilitação plena, que ocorreria mediante a expiação obsessiva, agora passa para o carreiro das naturais provações, que lhe testarão as resistências morais e os sentimentos de forma a transformá-lo interiormente para melhor. Esse processo objetiva ensejar o descobrimento das responsabilidades que dizem respeito a todos os seres humanos e à compreensão dos deveres que constituem a bíblica escada de Jacó, facultando a ascensão espiritual no rumo dos paramos celestiais. Desse modo, permanecerão resíduos perturbadores nas suas paisagens psíquicas e emocionais por largo tempo, resultantes do distúrbio produzido pelo conúbio com o antigo perseguidor que ora se encontra em processo de renovação pessoal. A transformação espiritual do agente em nada modifica a estrutura íntima do paciente, que se encontra comprometido com as leis soberanas da vida, necessitando, portanto, de realizar a própria reabilitação. Ao mesmo tempo, a consciência de culpa não superada mantém-no preso nas malhas intrincadas dos reflexos emocionais em desequilíbrio. Eis por que se faz imprescindível o esforço pessoal pela transformação de conduta, pela renovação dos sentimentos e pelo aprimoramento da vontade e ação bem direcionada para o bem. (*Reencontro com a Vida*, pp. 252 e 253).

◆Renovação psíquica◆

O esforço pelo aprimoramento interior, aliado à prática do bem, abre os espaços mentais à renovação psíquica, que se enriquece de valores otimistas e positivos que se encontram no bojo do espiritismo, favorecendo a criatura humana com alegria de viver e de servir, ao tempo que a mesma adquire segurança pessoal e confiança irrestrita em Deus, avançando sem qualquer impedimento no rumo à própria harmonia. (*Reencontro com a Vida*, p. 71).

◆Reparação do mal◆

O "olho por olho, dente por dente" da antiga Lei de Talião, foi substituído pelo amor que cobre a multidão de pecados com que Jesus nos concede a ventura, através da vitória sobre o mal pela ação contínua do bem. Quando agimos mal, a nós nos prejudica o que fizemos mal. Sempre a agressão é dirigida ao equilíbrio geral e não às criaturas, embora essas se encontrem de permeio. Assim sendo, será à harmonia geral que deveremos oferecer os sacrifícios, refazendo a ordem que antes desarticulamos. Ninguém deve, portanto, nada a ninguém, senão à vida, na qual todos nos encontramos mergulhados. (*Nas Fronteiras da Loucura*, p. 258).

◆Reparação do mal - II◆

Vocês, como quase todos nós, encontram-se muito comprometidos com o passado, no qual gemem e desequilibram-se irmãos que ficaram em abandono, em masmorras infectas, vitimados por ódios devoradores. Morreram, sim, mas não se libertaram. Presos às reminiscências inditosas, debateram-se e blasfemaram, imprecando por justiça e prometendo fazê-la na loucura em que submergiram, amargurados. É indispensável refazer caminhos; faz-se inadiável o dever de reparar. Talvez não sejam eles que se beneficiem diretamente, desde que as ações de todos nós são anotadas no livro da vida. (*Painéis da Obsessão*, p. 193).

◆Repercussão vibratória◆

Os enfermos, dotados de mais aguçada sensibilidade mediúnica, absorvem fluidos desarmonizados e destrutivos de espíritos desencarnados com os quais se vinculam, dando campo a uma sintonia vigorosa que permite a transmissão das sensações e dores dos segundos para os que sofrem a ação, afligindo e submetendo nestes as resistências que, se não atendidas em tempo, se convertem em enfermidades reais, face às razões já expostas. Tornam-se verdadeiros fenômenos de incorporação, qual ocorre na psicofonia atormentada e consciente. O mais lamentável, porém, é que esta ocorrência faz-se mais habitual do que se imagina. Somente quando o homem se der conta da finalidade da vida na Terra e procurar modificar suas atitudes, é que se renovará a paisagem que, por enquanto, se faz campo de conquistas ao peso da dor e da amargura, já que não lhe apraz ainda crescer pelo amor nem pelo serviço do dever para com o bem. (*Painéis da Obsessão*, p. 54).

◆Repercussão vibratória no desencarne◆

Trata-se do fluido vital que vai se exteriorizando e desaparece pouco a pouco, facultando a decomposição cadavérica. Quando se trata de espíritos sensualistas, perversos e utilitaristas, cujos interesses sempre estiveram vinculados à matéria, essas energias continuam atando o desencarnado aos despojos orgânicos, proporcionando-lhe sofrimentos que são assimilados pelo perispírito, o que lhe dá a impressão de que a morte não ocorreu. Noutros casos, como neste, a diluição se dá lentamente até a total liberação, não produzindo danos de natureza alguma no ser desencarnado. (*Entre Dois Mundos*, p. 92).

◆Requisitos para bons médiuns◆

O exercício da mediunidade requer atenção e disciplina íntima, perseverança e assiduidade no exercício, estudo cuidadoso da doutrina, da faculdade e de si mesmo a fim de alcançar as finalidades superiores a que a mesma se destina. Quem assim não procede, poderá ser, vez ou outra, instrumento de comunicações salutares, por necessidade de emergência, todavia, a espírito responsável algum apraz lidar com médiuns levianos, indisciplinados e vulgares, como é fácil de se compreender. (*Nas Fronteiras da Loucura*, p. 204).

◆Requisitos participantes – Desobsessão◆

Os membros componentes devem esforçar-se por manter os requisitos mínimos de conseguirem instruir-se, elevando-se moral, mental e espiritualmente através do devotamento contínuo e incessante para a fixação da ideia espírita de elevação que lhes deve tomar pauta de conduta diária. Os médiuns, como os demais participantes, são convidados ao policiamento interior das emoções, dos pensamentos, das palavras e da conduta para se tornarem maleáveis às instruções de que, porventura, poderão ser instrumento. A faculdade mediúnica não os isenta das responsabilidades morais imprescindíveis à própria renovação e esclarecimento, pois que, mais facilmente, os espíritos puros se aprazem de utilizar aqueles instrumentos dóceis e esclarecidos, capazes de facilitar as tarefas a que se propõem. Os doutrinadores têm igualmente a obrigação de se evangelizar, estudando a doutrina e se capacitando para entender e colaborar nos diversos misteres do serviço em elaboração. Na mesma linha de deveres dos médiuns, não se podem descurar do problema psíquico da sintonia, a fim de estabelecerem contato com os diretores do plano espiritual que supervisionam os empreendimentos de tal natureza. (*Nos Bastidores da Obsessão*, p. 45).

◆Resignação – Terapia◆

A contribuição da honestidade e da paciência na dor são de incalculável valor, pelas energias que produzem a benefício do próprio paciente como pelo efeito moral junto aos seus sicários infelizes. Jesus lhe ofertou por agora a colheita de frutos azedos em decorrência da má sementeira do seu pomar de realizações. Todavia, faculta-lhe novo ensejo de produção. Use a lucidez e plante a messe da paz que enriquecerá os companheiros de lutas, adquirindo preciosos valores para entesourar no espírito. (*Tramas do Destino*, pp. 115 e 144).

◆Responsabilidade dos médiuns◆

Aqueles que se propõem a ajudar, compreendem a necessidade de criar condições para o desiderato. Assim, portanto, assumem consciente ou inconscientemente significativa responsabilidade espiritual com aqueles que se perturbam reciprocamente nos compromissos infelizes a que se jugulam. Logo surjam os primeiros resultados favoráveis da saúde, não podem nem devem os lidadores do socorro deixar à mercê da insegurança e da distonia psíquica em reequilíbrio os que antes estavam esmagados pelas forças dissolventes da perturbação. Despertando para a compreensão dos deveres novos e amplos, impõe ajudá-los com carinho de pais ou mestres, ministrando demoradas lições de fé e instrução contínua para a manutenção dos requisitos básicos da saúde interior a fim de que não ocorra uma reincidência mais danosa e mais grave do que a anterior. Algumas das entidades afastadas dos seus comensais nem sempre se esclarecem de imediato ou se conformam com a situação nova. Continuam acompanhando suas antigas vítimas e aguardando oportunidade. Por outro lado, diversos desencarnados responsáveis por obsessões soezes prosseguem requerendo carinhosa assistência até que se firmem os propósitos superiores e sintonizem com o auxílio dos seus mentores. Qualquer tarefa de desobsessão, portanto, representa nobre e elevada responsabilidade para todos os que nela se envolvem, requerendo conhecimento doutrinário seguro e vivência cristalina evangélica. (*Nos Bastidores da Obsessão*, p. 225).

◆Responsabilidade dos médiuns - II◆

Tendo em vista a magnitude das intervenções desta natureza, a responsabilidade daqueles que se dedicam às práticas desobsessivas é muito grande, exigindo a presença de pessoas responsáveis, sérias, dedicadas e ricas de sentimentos de amor. É claro que não poderemos esperar que as equipes sempre se encontrem possuidoras desses requisitos. No entanto, como vivemos em contínua aprendizagem, cabe-nos trabalhar incessantemente para nos melhorar, ao invés de nos deixarmos arrastar pela monotonia e pelo deslocamento mental durante as reuniões. Cada membro do grupo mediúnico, desse modo, deve assumir responsabilidades que auxiliem o conjunto. A mediunidade é somente a faculdade que o organismo expressa. A sua função é neutra, cabendo àquele que é portador a consciente aplicação dos seus inestimáveis recursos a serviço do bem, assim como ao orientador espiritual valores morais para manter o clima de equilíbrio e ordem, indispensável em quaisquer serviços dignificantes. (*Transtornos Psiquiátricos e Obsessivos*, p. 103).

◆Responsabilidade do obsidiado◆

Deve-se considerar a pessoa que sofre a injunção obsessiva responsável, direta ou indiretamente, pela sua instalação. Isto porque se encontram em germe na economia evolutiva as razões dos dramas não solucionados a que deu lugar em existências passadas ou mesmo na atual. Muitos delitos morais praticados no transcurso do processo de desenvolvimento dos valores espirituais permanecem aguardando a necessária reparação, encontrando-se insculpidos no espírito comprometido e que não se resolveu por mudança radical de atitude, alterando o quadro de responsabilidade em que se encontra incurso. Por mais hábil que seja a escamoteação de uma atitude infeliz, ela permanece no conhecimento do seu autor, bem como na consciência daquele que experimentou o guante. Estando vinculados psíquica e moralmente, responsável e vítima, ao primeiro ensejo que ocorra e os campos vibratórios facultem sintonia, volvem a encontrar-se, nascendo o intercâmbio nefasto que se transforma em transtorno obsessivo. (*Reencontro com a Vida*, p. 77).

◆Ressonância e sintonia◆

Podemos afirmar que, segundo a onda em que se movimente o indivíduo, sempre haverá uma ressonância e uma sintonia com outrem na mesma faixa vibratória. Não apenas os inimigos ou os amigos estão em intercâmbio espiritual, mas todos vivenciam experiências equivalentes em decorrência da identidade vibratória. Recordemos da recomendação do apóstolo Paulo na sua carta I Tessalonicenses, capítulo 5, versículo 17, quando afirma: "orai sem cessar". Com certeza, o apóstolo não propõe a mecanização da prece, mas sugere uma atitude terapêutica de estado oracional, isto é, a mente voltada para as ações corretas, para o comportamento equilibrado e para a insistência na prática das ações sadias e benéficas. (*Transtornos Psiquiátricos e Obsessivos*, pp. 95 e 96).

◆Resultados da desobsessão◆

Há quem indague nos arraiais espíritas por que determinados pacientes portadores de obsessão, que frequentam com assiduidade as instituições onde se vivem os postulados da doutrina revelada a Allan Kardec, que se especializam no mister do tratamento a tais alienações, não se recuperam. Muitos inquirem também sobre a razão pela qual os mentores espirituais não libertam os obsessos e subjugados em nome da caridade. Nunca será demais repetir que, em todo processo obsessivo, a aparente vítima é o legítimo algoz, apenas transferido no tempo, sendo a dívida a razão do mecanismo perturbador. Vencido pela insânia do ódio, aquele que foi dilapidado imanta-se ao infrator que o infelicitou e assume a igualmente indébita posição de cobrador ou justiceiro, incidindo, por sua vez, em erro não menor. Enquanto o amor não ilumina o defraudado, ante a mudança de comportamento do seu adversário, eis que o problema permanece. Outrossim, devidamente esclarecido sobre o equívoco em que se demora, o atual verdugo, mediante doutrinação por alguém que tenha autoridade moral sobre ele e o sensibilize, pode mudar de atitude, resolvendo abandonar a pugna, o que não isenta o incurso na dívida de a resgatar por outro processo de que se utilizam os códigos da soberana justiça. (*Painéis da Obsessão*, pp. 212 e 213).

◆Resultados da desobsessão - II◆

Quanto àqueles que frequentam as instituições espíritas vítimas de obsessões e ainda assim não se recuperam, merece que se tenha em mente o fato de que o medicamento não propicia a saúde se não for ingerido e se não for feita a posterior dieta, conforme convém, junto com outros fatores que permitem o retorno ao bem-estar. Nem todos os males devem ser solucionados conforme o ponto de vista de quem os padece, mas de acordo com programas que estabelecem o que é melhor para a criatura. A função do espiritismo é essencialmente a de iluminação da consciência com a consequente orientação do comportamento, armando o seu aprendiz com os recursos que o capacitam a vencer, superando as paixões selvagens e sublimando as tendências inferiores. Na terapia desobsessiva, o contributo do enfermo, tão logo raciocine e entenda a assistência que se ministra, é de vital importância, porquanto, serão os seus pensamentos e atos que responderão pela sua transformação moral para melhor, com a real disposição e posterior ação para recuperar-se dos males praticados, ora beneficiando aqueles que sofreram os prejuízos e por cuja regularização os mesmo se empenham, apesar dos métodos equivocados e escusos de que se utilizam. A evangelização do espírito desencarnado é de suma importância assim como a da criatura humana que se emaranhou na delinquência e ainda não se recuperou do delito praticado. (*Painéis da Obsessão*, pp. 215 e 216).

◆Retenção de obsessores◆

Desse modo, encerraremos hoje estes capítulos de perturbação e mentira que você tem experienciado. Mesmo que o nosso Davi resvale na alucinação que vitaliza e para a qual o amigo contribui, não mais lhe terá acesso à hospedagem mental nem acompanhará o desenrolar dos acontecimentos em pauta. Momento chega no qual cessa o livre-arbítrio individual e se expressa a lei. Toda liberdade tem limite e esta é a fronteira do direito e da liberdade alheia, sem o que se abrem os fossos da libertinagem e do desvario. Você e os nossos irmãos, seus servidores, ficarão aqui detidos para posterior remoção no momento hábil. (*Trilhas da Libertação*, p. 251).

◆Reunião mediúnica◆

Esclareceu, bondosamente, que os médiuns, em particular aqueles que se dedicavam ao intercâmbio iluminativo com os facínoras e perversos do além, se precatassem contra as ciladas que lhes seriam apresentadas, com o objetivo de desarticular o trabalho, muito do agrado daqueles que ainda se comprazem no mal resultante da ignorância. Instou, gentil mas conciso, para que não permitissem medrar no grupo o escalracho das incompreensões, repontando como ciúmes, maledicências e suspeitas infundadas, todas as banalidades infantis que o ego preserva a fim de gerar situações perturbadoras. Uma reunião mediúnica específica para atendimento aos obsessos e alienados mentais de ambos os lados da vida é de alta responsabilidade para todos os seus membros, que devem compreender o significado, esforçando-se para corresponder à confiança dos mentores espirituais programadores do trabalho, interessados na boa execução do compromisso. Advertiu com delicadeza para as situações geradoras do sono, resultado de intoxicações de várias ordens, para a pontualidade que não deve ser desconsiderada, para as disciplinas morais e, sobretudo, para a discrição em torno das ocorrências que ali tivessem lugar, evitando comentários desnecessários após o seu encerramento. (*Transtornos Psiquiátricos e Obsessivos*, p. 173).

◆Riscos da mediunidade◆

A mediunidade é ponte de serviço pela qual chegaram à Terra as informações do mundo espiritual, ensejando a Allan Kardec a construção da incomparável obra que legou à humanidade como patrimônio indestrutível para os tempos do futuro. No entanto, não é imprescindível para a preservação da doutrina, que a dispensa, sendo o seu exercício, sem a prudência e orientação do espiritismo, sempre um risco de imprevisíveis consequências para o seu usuário assim como para todos aqueles que compartilham das experiências sem controle. (*Tormentos da Obsessão*, p. 156).

♦Saúde holística♦

A visão holística da saúde, considerei mentalmente, possui grande abrangência de temas. Nessa interdependência de questões que predispõem a doença ou fomentam o bem-estar, constata-se a necessidade de uma equilibrada observância de itens de natureza ética em vários ramos do conhecimento, contribuindo para a harmonia. O efeito mais imediato não deve ser o único a receber consideração e interrupção pelo fato de ser, de alguma forma, possível consequência de outros fatores que permanecem ocultos. (*Trilhas da Libertação*, p. 35).

♦Sensações dos médiuns♦

Nesse momento, adentraram dois cooperadores trazendo na maca um espírito em estado desesperador. Com a forma perispiritual gravemente afetada, possuia caracteres simiescos de avançada similitude com os chimpanzés. Arfava estorcegando, adormecido. Colocado ao lado do médium, a exteriorização psíquica deste, em suave tom opalino, pareceu absorver as cargas escuras que envolviam a entidade, produzindo no instrumento humano estranha sensação de mal-estar. Subitamente, como se magneticamente atraído pela irradiação poderosa do encarnado, o sofredor se acoplou a ele, ajustando-se ao molde do perispírito com imensa dificuldade e sofrimento, produzindo um fenômeno de transfiguração atormentada. O médium retratava fielmente o que experimentava o espírito, que, desse modo, fruía a oportunidade de ter algo, amenizadas as rudes aflições. (*Nas Fronteiras da Loucura*, p. 241).

◆Sessões mediúnicas◆

No que concerne às reuniões espíritas mediúnicas, nos deparamos com o compromisso bastante diferenciado no que diz respeito à investigação pura e simples. Programadas pela espiritualidade, são constituídas por um grupo de pessoas sérias, assíduas e conscientes do seu significado, comprometidas com a ação da caridade em forma de terapêutica eficiente para os desencarnados em aflição. Os espíritos encarregados de executar o labor são os que estabelecem as diretrizes de segurança e roteiros para a ação durante o empreendimento especializado. (*Reencontro com a Vida*, p. 133).

◆Sessões práticas – Simplicidade◆

Na atualidade, as reuniões práticas do espiritismo têm caráter iluminativo em favor dos desencarnados que sofrem, sejam elas de educação da mediunidade para principiantes, sejam as de desobsessão com intermediários experientes e conhecedores dos princípios espíritas. Devem revestir-se, por isso mesmo, de simplicidade, sendo os seus membros trabalhadores sinceros e dedicados ao bem, de modo que se conjuguem os valores morais aos espirituais num todo harmonioso do qual decorrerão os resultados opimos que se devem perseguir. A entrega espontânea ao espírito de caridade que deverá prevalecer abrirá portas aos benfeitores espirituais que se encarregam de orientar as atividades programando-as com cuidado e critério de forma que beneficiem todos os partícipes, de um como do outro lado da cortina carnal. Não deve haver lugar para as disputas emocionais em torno das faculdades de que sejam portadores os seus diversos membros. Todos devem se preparar com esmero para que, no momento aprazado, as comunicações sejam bem captadas e o programa estabelecido seja cumprido. (*Reencontro com a Vida*, pp. 192 e 193).

◆Sexo desequilibrado e mediunidade◆

A mente em desalinho, repleta de clichês sensuais, impossibilitava-o de manter o pensamento numa faixa de equilíbrio que lhe propiciasse a dilatação do campo perispiritual, indispensável ao fenômeno da psicofonia e do comando do centro dos movimentos pelo desencarnado. As ideias vulgares cultivadas criavam um envoltório de energia densa negativa que impedia a exteriorização parcial do espírito encarnado e a captação da energia que provinha do cirurgião espiritual. Da área genésica do médium em busca de harmonização íntima exteriorizavam-se ondas escuras, saturadas de baixo teor vibratório que traduziam promiscuidade e cansaço das células geradoras de vitalidade, que se debatiam em luta vigorosa contra agentes psíquicos destruidores que tentavam invadi-las para desarticular a mitose durante a prófase, dando início a processos patológicos irreversíveis. (*Trilhas da Libertação*, p. 52).

◆Sexo – Médiuns◆

O exercício incorreto das funções genésicas e quaisquer deslizes da sexualidade se transformam em martírio futuro de que ninguém se eximirá no cômputo das consequências. O médium, por excelência, deve transfundir suas forças genésicas e, a critério de sua vontade disciplinada, transformá-las em energias vigorosas para o equilíbrio do espírito e para a maior potencialidade medianímica. Obviamente, todo abuso moral e físico produz desgaste correspondente. Qualquer desgaste conduz ao exaurimento não apenas das energias específicas, mas de toda a engrenagem física e psíquica do homem. (*Tramas do Destino*, p. 158).

◆Sexo – Postura atual◆

Vemos o oposto, na sôfrega e irrefreada busca do prazer que enlouquece, quando as criaturas, se exaurindo, fogem de um para outro gozo, frustradas e amargas, derrapando para abismos mais profundos. A facilidade com que se expressam muitos estudiosos do comportamento, propondo liberação em vez de educação, vivência no desequilíbrio que pretendem dar cor de fenômeno natural, ao revés de reajustamento, confirma o materialismo da nossa cultura hodierna. Mais lamentável é o fato de o conhecedor da realidade do espírito que, pressupostamente tomando postura moderna, propõe que seja assumida a realidade interior e jogada no palco das paixões em desgoverno. É certo que não recomendamos uma posição castradora, inibitiva, pois que cada qual responde pela própria ação. Todavia, conhecendo a lei da causalidade, cumpre-nos sugerir maior reflexão em torno dos envolvimentos emocionais e psicológicos, buscando as suas raízes na conduta anterior e intentando corrigir o que constitua conflito e dor mediante atitude adequada no presente, o que se torna uma terapêutica de eficiência para futuros resultados. Aprofundar feridas é o método para abrir maior campo para a infecção. Assim, fazer concessão ao fator que desencadeia o problema é uma forma de torná-lo mais agudo, terminando por tombar na conjuntura expiatória. (*Loucura e Obsessão*, pp. 202 e 203).

◆Sexo – Queda do trabalhador◆

O irmão Laércio deixou-se arrastar pelo sexo indisciplinado, desrespeitando o lar que lhe era sagrado, quando se encontrava no auge da programação espiritual. Seus inimigos, que conheciam a sua debilidade moral, impossibilitados de arrastá-lo à queda, aproximaram de seu lar uma parenta portadora de muita beleza física e sensualidade e que experimentava dificuldades matrimoniais. Recentemente foi abandonada pelo consorte e, insinuante e dependente das sensações do sexo mal conduzido, procurou apoio dos familiares, recebendo orientação e palavras de conforto. Inspirada, porém, pelos adversários do trabalhador espírita, passou a acalentar desejos lascivos em relação a ele e, pouco tempo depois, terminou por arrastá-lo ao leito do adultério, apesar da confiança que a esposa fiel depositava em ambos. Enredado nos fluidos do desejo, hipnotizado pelo prazer e fascinado pelo gozo, ele se entregou à luxúria e ao conforto que ela podia lhe proporcionar, fugindo do convívio da família, onde não mais parecia encontrar bem-estar ou alegria.

Prosseguiu na farsa de abordar temas morais sem condições íntimas para fazê-lo. Porém, passados os primeiros tempos de desequilíbrio, distante da família e sentindo-se perdido, resolveu se separar legalmente da esposa e depois da infeliz companheira que o arrastou ao tombo, passando a cultivar pensamentos perturbadores, telementalizados pelo adversário soez que o espreitava. Lentamente foi se deixando vencer, sentindo-se indigno de prosseguir na tribuna e contribuir na imprensa, mantendo somente os compromissos como educador desestimulado a fim de atender aos impositivos da lei junto aos familiares, desaparecendo de circulação. (*Entre Dois Mundos*, pp. 110 e 111).

◆Sexo e amor◆

Em se tratando de afeições e afinidades espirituais, não há porque as transladar para uniões perturbadoras e usanças sexuais perniciosas que, a princípio são encantadoras mas que sempre resultam em inevitável frustração e tardia amargura. O verdadeiro amor, o que não se frui, permanece intocado e superior, ascendendo em grandeza e crescendo em profundidade. O médium não pode esquecer: amar, sim, porém, comprometer-se moralmente pelo ditame do sexo, não, nunca! Há muitas almas na Terra sob severas disciplinas que vivem em revolta, procurando a água pura da afeição e, ao encontrá-la, tisnam-na imediatamente, tornando-a lodo. Diante desses corações, preservando-se interiormente, o médium deve proceder com atitude de amizade, com afeição fraternal e reserva moral, a fim de não se permitir leviandades, que são sempre prejudiciais. A abstinência sexual, dentro dos padrões éticos do Evangelho, constrói harmonia no espírito e no corpo. (*Tramas do Destino*, p. 159).

◆Sexo e obsessão◆

O sexo mal conduzido, em razão do envolvimento emocional e das dilacerações espirituais que produz em outrem, como naquele que o utiliza mal, abre campo para terríveis conúbios obsessivos, da mesma forma que praticado de forma vil atrai espíritos igualmente atormentados e doentes que se vinculam ao indivíduo, levando-o a processos de parasitose terrível e de difícil liberação. Desvios sexuais, aberrações nas práticas do sexo e condutas extravagantes e desarticuladoras das funções estabelecidas pelas leis da vida geram perturbações de longo curso que não se recompõem com facilidade, senão ao largo de dolorosas reencarnações expurgativas e purificadoras. (*Sexo e Obsessão*, pp. 12 e 13).

◆Sexo e obsessão - II◆

Como mecanismo de fuga dos compromissos de luta e de renovação, milhões de criaturas estúrdias e ansiosas atiram-se aos resvaladouros das paixões sexuais, procurando no prazer imediato e relaxante o que não conseguem através dos esforços renovadores do amor de jaça e do bem sem retribuição. Eis por que a obsessão do sexo, decorrente do seu uso, é sempre exigente de mais prazer e apresenta-se dominadora na sociedade terrestre dos nossos dias. Cada vez mais chocantes, as suas manifestações alargam-se, arrastando jovens e crianças inadvertidos ao paul da depravação, face à naturalidade com que os veículos de comunicação de massa exibem-no em atitudes deploráveis e aterradoras, a princípio, para se tornarem naturais depois, através da saturação e da exorbitância, tornando mais grave a situação das suas vítimas e mais controvertidos os métodos de reeducação da saúde emocional, psíquica e moral da criatura humana que tomba nas malhas delicadas mas vigorosas. (*Sexo e Obsessão*, p. 191).

◆Sexo e obsessão - III◆

Como sabemos, o sexo é o santuário da vida e não pode ser perturbado sem tormentosas consequências para o seu depositário. Em razão disso, muitos distúrbios de comportamento têm suas matrizes nos mecanismos sexuais íntimos. Os seus aspectos e sinistras vinculações sempre produzem dolorosa compunção por vê-los se negarem a despertar para a realidade, enlanguescidos e sofridos nos estados de depauperamento da energia vital, mesmo quando socorridos e amparados. O vício se instala nos tecidos delicados do espírito como necessidade semelhante aos tormentosos processos da toxicomania e do alcoolismo que tantos males causam à humanidade terrestre que estagia no corpo físico e fora dele. (*Tormentos da Obsessão*, p. 35).

◆Sexo e obsessão - IV◆

Enquanto as criaturas usarem o sexo como instrumento exclusivo de prazer e de negócio para o enriquecimento ilícito, para a fama e para alcançar metas de poder e de luxo, ei-lo transformado em recurso portador de consequências imprevisíveis. Não são poucos aqueles deuses do sexo, símbolos sexuais que aportam além da morte com ulcerações morais de grave porte em face dos desalinhos cometidos, das traições, dos desastres domésticos propiciados e dos transtornos emocionais produzidos em algumas das suas vítimas, tombando em armadilhas preparadas pelos irmãos desvairados do nosso lado, que os aguardam exultantes. As obsessões no além-tumulo que têm por causa o sexo desorientado, são terrificantes. Os responsáveis que o utilizam com objetivo de degradação e de autopromoção tornam-se vítimas de si mesmos ainda na Terra, sofrendo as inibições defluentes do abuso, os conflitos emocionais gerados pela falta de sentimento no seu uso e o asco de si próprios, embora camuflem quanto possível essas estranhas peculiaridades. Infelizes, não se completam, buscando sempre novos parceiros e entregando-se a aberrações na busca de prazer para saciar os desejos desgovernados e a angústia interior. Sublime instrumento de vida, a criatura humana o transforma por desar em veículo de degradação e de morte. (*Transtornos Psiquiátricos e Obsessivos*, pp. 205 e 206).

◆Sexo e trabalhadores espíritas◆

Não foram poucos os homens e as mulheres que reencarnaram nas fileiras da doutrina espírita, conduzindo altas responsabilidades em torno da sua divulgação e vivência corretas. Nada obstante, após alcançarem a notoriedade e mesmo certa respeitabilidade no movimento, tombam ante as facilidades em favor do uso do sexo irresponsável, comprometendo-se gravemente e gerando perturbações nos companheiros que, aturdidos, constatam que a sua não era uma conduta exemplar nem autêntica. (*Sexo e Obsessão*, p. 149).

◆Sexualidade e obsessão◆

Sexualidade – Sendo porta de santificação para a vida e altar de preservação da espécie, é também veículo de alucinantes manifestações de mentes atormentadas em estado de angústia pertinaz. Através dele sintonizam consciências desencarnadas em indescritível aflição, mergulhando em hospedagem violenta nas mentes encarnadas para se demorarem em absorções destruidoras do plasma nervoso, gerando obsessões degradantes. (*Nos Bastidores da Obsessão*, p. 29).

◆Sífilis e obsessão◆

A sífilis desencadeia a perturbação dos fenômenos cerebrais, dando lugar à instalação da loucura e sendo, portanto, responsável pela sua ocorrência, assim como sucede com outras enfermidades infecto-contagiosas. Encontrando-se o paciente nesse deplorável estado de conturbação e sem possibilidade de raciocínio adequado por decorrência da destruição contínua dos neurônios que afetam as neurocomunicações, torna-se fácil pasto para a nutrição de espíritos inferiores que dele se acercam para roubar as suas escassas energias, piorando o seu estado orgânico. Esse fenômeno que através do tempo pode transformar-se em vampirização, é mais comum do que parece entre os enfermos terrestres e os indigitados espirituais. Ainda aí vigora a lei de causa e efeito, que se utiliza desse processo para auxiliar o paciente a resgatar os seus dislates e comprometimentos injuriosos com maior rapidez. Todos e quaisquer acontecimentos são computados nas fichas morais do espírito, nunca ficando ocorrência alguma à mercê do acaso. (*Transtornos Psiquiátricos e Obsessivos*, p. 95).

♦Simbiose – Morte por afastamento♦

Ao largo do tempo o obsidiado se aliena dos demais objetivos da vida, permanecendo em fixação interior do pensamento que o constringe, cedendo a área da razão, do discernimento e deixando-se desvitalizar. Quando se infiltram as forças do hóspede na seiva psíquica do anfitrião, o desencarnado igualmente cai na armadilha que preparou, pois passa a viver as sensações e as emoções, experimentando os conflitos do subjugado, estabelecendo-se então uma interdependência entre as duas entidades. Nesse estágio, raramente fica a ligação apenas no campo psíquico, pois o invasor assenhoreia-se das forças físicas do paciente através do perispírito, humanizando-se outra vez, isto é, voltando a vivenciar as conjunturas da realidade carnal. O hospedeiro deperece enquanto o hóspede se abastece, facultando a instalação de doenças no corpo somático ou a piora delas, caso já se encontre enfermo. A simbiose se transforma também numa obsessão física, pois o desencarnado adere à câmara orgânica, explorando a vitalidade e acoplando-se aos fulcros perispirituais da criatura encarnada em doloroso e destruidor conúbio. O afastamento puro e simples do agente obsessivo normalmente produz a desencarnação do paciente, que sofre a falta e, desfalcado de energias mantenedoras da vida fisiológica, rompem-se os laços que atam o espírito à matéria, advinho a morte desta. Por sua vez, o indigitado obsessor tomba, carregado do tônus vital que foi usurpado em um processo parecido com a nova desencarnação, que o bloqueia temporariamente ou o leva a uma hibernação transitória. (*Painéis da Obsessão*, p. 94).

♦Sincronia algoz e vítima♦

É sempre a dívida moral que se encarrega de produzir sincronia entre o antigo algoz e sua vítima anterior. O mais é resultado da perseverança dos indigitados cobradores e das debilidades morais daqueles que passam a sofrer o assédio. Desse modo, o afastamento puro e simples do perseguidor não reabilita o perseguido, sendo necessários recursos de recomposição orgânica, de transformação moral e de interesse real pela conquista da saúde. Pois que, do contrário, afastado o adversário e permanecendo as condições propiciatórias, outros desencarnados licenciosos acercam-se atraídos pelos fluidos mórbidos e dão prosseguimento à parasitose, mesmo que não haja compromisso entre uns e outro. (*Transtornos Psiquiátricos e Obsessivos*, pp. 87 e 88).

◆Sintomas de mediunidade◆

A mediunidade é faculdade inerente a todos os seres humanos e um dia se apresentará ostensiva mais do que ocorre no presente momento histórico. À medida que se aprimoram os sentidos sensoriais, favorecendo com mais amplo cabedal de apreensão do mundo objetivo, amplia-se a embrionária percepção extrafísica, ensejando o surgimento natural da mediunidade. Não poucas vezes, é detectada por características especiais que podem ser confundidas com síndromes de algumas psicopatologias que, no passado, eram utilizadas para combater a sua existência. Não obstante, graças aos notáveis esforços e estudos de Allan Kardec bem como de uma plêiade de investigadores dos fenômenos paranormais, a mediunidade pode ser observada e perfeitamente aceita com respeito em face dos abençoados contributos que faculta ao pensamento e ao comportamento moral, social e espiritual das criaturas. Sutis ou vigorosos, alguns desses sintomas permanecem em determinadas ocasiões gerando mal-estar, dissabor, inquietação e transtorno depressivo, enquanto que, em outros momentos, surgem em forma de exaltação da personalidade sensações desagradáveis no organismo ou antipatias injustificáveis e animosidades maldisfarçadas, decorrência da assistência espiritual de que se é objeto. (*Reencontro com a Vida*, pp. 69 e 70).

◆Sintomas de mediunidade - II◆

Muitas enfermidades de diagnose difícil pela variedade da sintomatologia, têm suas raízes em distúrbios da mediunidade de prova, isto é, aquela que se manifesta com a finalidade de convidar o espírito a resgates aflitivos de comportamentos perversos ou doentios mantidos em existências passadas. Por exemplo, na área física: dores no corpo sem causa orgânica, cefalalgia periódica sem razão biológica, problemas do sono – insônia, pesadelos, pavores noturnos com sudorese –, taquicardias sem motivo justo, colapso periférico sem nenhuma disfunção circulatória constituindo todos eles ou apenas alguns perturbações defluentes de mediunidade em surgimento e com sintonia desequilibrada. No comportamento psicológico apresentam: ansiedade, fobias variadas, perturbações emocionais, inquietação íntima, pessimismo, desconfianças generalizadas, sensação de presenças imateriais – sombras e vultos, vozes e toques – que surgem inesperadamente tanto quanto desaparecem, sem qualquer medicação, representando distúrbios mediúnicos inconscientes que decorrem da captação de ondas mentais e vibrações que sincronizam com o perispírito do enfermo, procedentes de entidades sofredoras ou vingadoras atraídas pela necessidade de refazimento dos conflitos em que ambos, encarnado e desencarnado, se viram envolvidos. Esses sintomas, geralmente pertencentes ao capítulo das obsessões simples, revelam presença de faculdade mediúnica em desdobramento e requerem os cuidados pertinentes à sua educação e prática. (*Reencontro com a Vida*, p. 70).

◆Sintomas da obsessão◆

Podem-se perceber os estereótipos da obsessão, que facilmente se revelam por atitudes inusitadas, pelo comportamento ambivalente (equilíbrio e distonia, depressão e excitação) que aliena a criatura. Aos hábitos salutares vão-se sucedendo as reações intempestivas, rotuladas como exóticas, e a perda dos conceitos de critério e valor que dão lugar a estranhas e paradoxais formas de conduta. (*Nas Fronteiras da Loucura*, p. 20).

◆Sintonia◆

As ondas mentais exteriorizadas pelo cérebro mantêm firme intercâmbio em todos os quadrantes da Terra e fora dela. Pensamentos atuam sobre homens e mulheres desprevenidos e a sugestão campeia vitoriosa, aliciando forças positivas ou negativas com as quais sintonizam em lacerantes conúbios dos quais nascem prisões e surgem alvarás de liberdade e por onde transitam opiniões, aspirações e anseios. Merece ser relembrado o conceito do Nazareno: "onde estiver o tesouro aí o homem terá o coração", o que equivale dizer que cada ser respira o clima da província em que situa os valores que lhe servem de retentiva na retaguarda ou que constituem asas de libertação para o futuro. Pensamento e vontade – eis as duas alavancas de propulsão ao infinito e os dois elos de escravidão nos redutos infelizes e pestilenciais do inferno das paixões. (*Nos Bastidores da Obsessão*, p. 94).

◆Sintonia - II◆

Ou são induzidos por sua mente, além de outras que os controlam à distância. Realmente, a lei de sintonia vige em toda parte. Os semelhantes se atraem, vivendo o mesmo clima e as mesmas aspirações. Aqui temos um exemplo: em sintonia com Jesus atraímos o amigo a esta comunicação, porque, intimamente, está desejoso de libertar-se do labirinto no qual se perdeu. Talvez não esteja consciente dessa necessidade, que logo se transformará em aspiração máxima. O mal cansa tanto quanto o prazer satura e quando este se deriva daquele, sufoca. Fomos criados para o amor e direcionados para a grande luz. A treva é a exteriorização do que ainda somos e o sofrimento é a terapia de restauração. Ninguém, porém, está condenado para sempre. Por isso os reinos maléficos, seu e de outros, começam a desmoronar. O fototropismo do bem vence toda treva e tudo se conduz na sua direção. É inevitável. (*Trilhas da Libertação*, p. 93).

◆Sintonia - III◆

Remanescem, portanto, nos refolhos do espírito, as suas conquistas e prejuízos, que passam a constituir o clima psíquico e estabelecer a faixa vibratória na qual se expressa, sintonizando os bens imortais compatíveis conforme a onda mental que seja exteriorizada. Esse campo energético permanecerá sempre emitindo sinais característicos que facultarão a sintonia com outros da mesma natureza, incorporando forças ou perdendo-as, conforme a qualidade de emissão e captação. (*Reencontro com a Vida*, p. 78).

◆Sintonia e afinidade◆

Quando os homens compreenderem, afirmando pela vivência, que nunca estão a sós, mas sempre rodeados de entidades que se assemelham a eles e com eles se sintonizam pela afinidade mental de gostos e atitudes, sem dúvida adotarão outros hábitos de raciocínio, aspirações e comportamentos, a fim de experimentarem e manterem superior relacionamento espiritual. Disso fruirão abençoadas alegrias e experiências de paz e felicidade, porque se alçarão intimamente a situações muito diversas das que lhe são habituais. (*Tramas do Destino*, p. 251).

◆Sintonia com o bem◆

O otimismo, a satisfação de viver e o sentimento de gratidão a Deus formam um quadro de harmonia interior que passa a externar irradiações geradoras de simpatia que ao mesmo tempo produzem sintonias relevantes que capacitam para suportar as provações com redobrada coragem e não menor emoção de paz. A sintonia mental e moral dá-se nos mais variados níveis de vibrações: ascendente e descendente. (*Reencontro com a Vida*, p. 170).

◆Sintonia do dirigente◆

De alto significado em reuniões desta natureza é a sintonia mental, moral e espiritual entre aquele que a dirige no plano físico e os responsáveis espirituais pela tarefa. Porquanto a identificação dos comunicantes e o diálogo com eles muito dependem dessa afinidade. Qualquer tentativa precipitada, sem uma clara percepção de propósitos, põe a perder grandes esforços empenhados até o momento, que é a parte final de dias e até meses para ser conseguida a remoção da entidade do seu lugar e trazida ao intercâmbio libertador. O senhor Almiro era o protótipo do médium doutrinador, porque unia ao conhecimento espírita os dotes morais de que era investido, sendo muito sensível à inspiração dos mentores. Com esses requisitos, a sua palavra se impregnava de força esclarecedora capaz de conquistar os oponentes naturais com os quais trabalhava. (*Trilhas da Libertação*, pp. 89 e 90).

◆Sintonia elevada◆

Toda e qualquer concentração mental emite vibrações equivalentes ao teor de que se reveste o pensamento em fixação. Conforme o seu conteúdo, se direciona para o campo semelhante com o qual sintoniza, passando a haurir energia correspondente que lhe aumenta a capacidade de irradiação. Em face de tal resultado, o homem lúcido edifica-se mediante o cultivo de ideias elevadas, graças às quais afina-se com as fontes inexauríveis da vida. Constituindo esse mundo causal uma realidade caracterizada pela energia pura, quando lhe chegam emissões mentais significativas, estabelece o contato provedor de bênçãos que se derramam na direção da antena psíquica emissora da onda. Desse magnificente campo de superior organização promanam as admiráveis conquistas do pensamento humano que se materializam nas diferentes áreas da ciência, da arte, da filosofia, da religião e dos empreendimentos grandiosos que promovem as criaturas e a humanidade. Reflexos de amor, essas regiões felizes frequentemente são alcançadas por todos aqueles que aspiram ao bem, à harmonia e à felicidade. (*Reencontro com a Vida*, p. 63).

◆Sintonia espiritual◆

Na gloriosa majestade do cosmo vigem as leis de afinidade por equivalência de onda vibratória, produzindo a sintonia entre as mentes, os sentimentos e os seres. Conforme as faixas em que se distendem as mensagens emitidas por alguma fonte, logo se dá o processo de afinidade em ressonância, robustecendo as forças no encontro com outra semelhante. Trata-se da sintonia, mediante a qual os semelhantes se mesclam enquanto os diferentes teores vibratórios chocam-se e repelem-se. Toda vibração desencadeada repercute no infinito até encontrar outra idêntica, à qual se incorpora. Eis por que uma emanação de prece alcança o incomparável amor da mesma forma que uma faísca de ira transforma-se em incêndio devorador por encontrar equivalente que lhe aumenta a capacidade destrutiva. (*Reencontro com a Vida*, p. 167).

◆Sintonia mental dos médiuns◆

A mente do médium deve sempre estar vinculada aos ideais de enobrecimento, impedindo, desse modo, a interferência dos espíritos vulgares que se comprazem na ilusão e estimulam conduta equivocada para mais estreitarem a comunhão psíquica com aqueles que os albergam no mundo íntimo. (*Tormentos da Obsessão*, p. 261).

◆Socorro espiritual◆

Nesse intercâmbio de energias mais ou menos equivalentes, aquelas que procedem dos médiuns predominam durante o curso fenomênico, diminuindo a densidade daquelas tóxicas e, desse modo, minimizando os efeitos perniciosos. Concomitantemente, o esclarecimento verbal e a emissão da ternura, da compaixão e do amor envolvendo o enfermo desencarnado inconsequente, revitalizam os campos energéticos, encarregando de eliminar os resíduos venenosos. Ouvindo as novas diretrizes e exteriorizando os conflitos e as falsas necessidades, a catarse oportuna liberta-o da opressão emocional e do sofrimento de todo jaez, enquanto é ensejada a visão de novos horizontes que podem ser conquistados de maneira mais fácil do que imagina. A perda lenta das tormentosas sensações enseja a percepção de emoções esquecidas e renovadoras que passam a ampliar-se nas áreas antes agredidas, ora proporcionando-lhe bem-estar e paz. (*Reencontro com a Vida*, pp. 273 e 274).

◆Sofrimento do obsessor◆

Não discuto os méritos ou deméritos do paciente, antes analiso a sua situação de vítima que pretende se transformar em algoz desnecessariamente, semeando hoje altas quotas de desespero que se transformarão em tempestades aflitivas para o futuro e desabarão sobre você mesmo. Deixá-lo não será bom apenas para ele, mas principalmente para que seja alcançada a felicidade que você merece. Rompendo o laço do desforço, você estará livre para novos cometimentos através dos quais experienciará a harmonia interior que não tem fruído. Quanto a ele, o seu infortunado prejudicador não fugirá de si mesmo nem da justiça de Deus. (*Entre Dois Mundos*, p. 136).

◆Sofrimento do obsessor - II◆

Sempre se deve ter em mente durante os processos de atendimento de desencarnados, conforme ocorre nas respeitáveis entidades espíritas dedicadas à desobsessão, que a terapia essencial deverá ser proporcionada ao hoje obsessor e não somente direcionada em favor da liberdade do obsidiado. Do ponto de vista moral, o maior sofredor é o desencarnado, que prossegue em angústia, desespero e ódio em relação àquele que o defraudou. Porque visível, o encarnado, hoje na condição de vítima, inspira compaixão e parece merecer a alforria. É compreensível, mas não é justo. O enfermo portador de maior gravidade é o outro, sua vítima, que desde o momento que foi infelicitado sofre até este momento, experienciando tormentos inimagináveis. A aflição que impõe ao seu antigo algoz não representa uma expressiva percentagem do que o comburem interiormente. (*Entre Dois Mundos*, pp. 150 e 151).

◆Sofrimento e libertação◆

À medida que o homem suplanta a dependência dos vícios e se eleva emocionalmente acima do estômago e do sexo, terá conseguido o valioso recurso terapêutico preventivo em relação a essa parasitose infeliz que o mantém em círculos viciosos nas faixas mais primárias das reencarnações reeducativas. O espírito não foi criado por Deus para sofrer. O sofrimento é sua opção pessoal em face da vigência do amor que felicita em todo lugar, aguardando por ele. Todavia, como decorrência da sensualidade a que se escraviza, retarda a felicidade que lhe está destinada. Damos aqui à palavra sensualidade uma abrangência maior: paixão pelo comer, vestir, gozar e viver nos limite dos interesses pessoais, mantendo os sentimentos adstritos aos impositivos orgânicos, dos quais não prescinde sem espaço mental ou emocional para a renúncia, a abnegação e a fraternidade. Enquanto vigerem aqueles arcabouços primários na personalidade, o intercâmbio com outros semelhantes é inevitável. (*Loucura e Obsessão*, p. 244).

◆Sofrimento e mediunidade◆

As criaturas humanas ainda se prendem muito aos mitos e às informações descabidas, tornando de caráter sobrenatural e maravilhoso tudo quanto desconhecem. A mediunidade não poderia passar incólume a esse velho hábito, dando lugar a conotações absolutamente destituídas de legitimidade. Como poderá a prática do bem proporcionar males àquele que o faz? Nada obstante, porque a mediunidade necessita de educação e desenvolvimento, especialmente no que diz respeito à vida moral do seu portador, as aflições naturais, que são decorrentes das dívidas do espírito, são direcionadas como meio de as expungir. O insigne codificador estabeleceu que existe a mediunidade de prova, aquela que se apresenta de maneira atormentada, desvelando-se por meio dos sofrimentos do indivíduo, mas isto porque ele delinquiu, estando incurso nos códigos da divina justiça. Não fosse através dos fenômenos mediúnicos, seria de igual maneira por outros processos, como ocorre em relação a todas as criaturas que não são médiuns ostensivos. Através da mediunidade o resgate dos débitos dá-se de maneira produtiva, pois mediante às ações de beneficência e de autoiluminação são diminuídos na contabilidade do devedor, facultando a correspondente liberação. (*Transtornos Psiquiátricos e Obsessivos*, pp. 98 e 99).

◆Soma – Reflexo do interior do ser◆

O ser interior reflete-se no soma, que somente se recompõe e se renova sob a ação da conduta mental e moral dirigida para o equilíbrio das emoções e da existência. A ação da vontade no restabelecimento da saúde ou na manutenção da doença é de ponderável resultado, refletindo os estados de harmonia ou os conflitos que decorrem da presença ou ausência da consciência de culpa, que impõe reparação. Os estresses e traumas prolongados desgastam os controles retentivos do bem-estar e desatrelam as emoções que geram a desorganização celular. (*Trilhas da Libertação*, p. 15).

◆Sono dos médiuns nos trabalhos◆

Pouco a pouco, trabalhadores dedicados do labor desobsessivo no plano físico têm sido vitimados por lamentável torpor mental que os induz à sonolência de que não logram liberar. Tombam, inermes, seja por desinteresse da tarefa ou por invigilância, estabelecendo ou reestruturando ligações com as mentes perversas dos seus adversários espirituais que, desse modo, os bloqueiam e os impedem de aprender e servir com o objetivo de prejudicar o ministério socorrista. Seria de bom alvitre que os membros de equipes mediúnicas realmente responsáveis e conscientes da significação e da gravidade do cometimento, se impossibilitados de repousar ao cair da tarde que antecede ao compromisso espiritual, descansassem na noite da véspera o maior número de horas, precatando-se contra o desgaste natural das forças. Outrossim, procedendo dessa forma, ensejariam aos benfeitores prepará-los para a melhor cooperação, sincronizando com os portadores da mediunidade psicofônica os que irão se comunicar e com os demais, permitindo encontros refazentes e instruções oportunas durante o natural e prolongado desdobramento pelo sono fisiológico. (*Nas Fronteiras da Loucura*, p. 234).

◆Sonhos provocados por obsessores◆

Nosso irmão está sonhando, se é que podemos chamar tal

pesadelo de sonho. Os clichês infelizes armazenados por vários séculos no inconsciente profundo, nos depósitos da memória, assomam e assaltam os centros das recordações em providencial catarse liberativa. Os atos hediondos e arbitrários fixam-se indeléveis e agora retornam, abrindo espaço para as futuras realizações. É natural que ele sofra em virtude de o inconsciente recordar as atrocidades praticadas, assim iniciando o processo depurativo. Por muito tempo experimentará esse assédio, que lhe negará repouso mental e emocional, recebendo tratamento até o momento em que retorne aos experimentos expiatórios através de reencarnações penosas. São os frutos ácidos da árvore venenosa que plantou para lhe servir de recurso protetor. (*Trilhas da Libertação*, p. 304).

◆Sono e obsessão◆

Tais pacientes conduzem ao leito, antes do repouso físico, as apreensões angustiantes, as ambições desenfreadas e as paixões perturbadoras, se demorando em reflexões que as vitalizam e vivendo-as pela mente quando não encontram meios de fruí-las fisicamente. Ao se desdobrarem sob a ação do sono, encontram-se com os afins – encarnados ou não – com os quais se identificam e recebem mais ampla carga de necessidades falsas ou dão campo aos estados anelados que mais os turbam e afligem. Quando despertam trazem a mente atribulada sob incômodo cansaço físico e psíquico, encontrando dificuldade para fixar os compromissos e as lições edificantes da vida. Nessa posição – a ideia obsidente fixada e a viciação estabelecida – dá-se o intercâmbio mental. (*Nas Fronteiras da Loucura*, pp. 18 e 19).

◆Subjugação◆

No painel das obsessões, à medida que se agrava o quadro da interferência, a vontade do hospedeiro perde os contatos de comando pessoal na razão direta em que o invasor assume a governança. É mais grave quando se trata de espírito mais lúcido técnica e intelectualmente, e se assenhoreia dos centros cerebrais com a imposição de uma deliberação bem concentrada nos móveis que persegue, manipulando com habilidade os dispositivos mentais e físicos do alienado. Assim, a subjugação pode ser física, psíquica e, simultaneamente, fisiopsíquica. A primeira não implica na perda da lucidez intelectual, porquanto a ação se dá diretamente sobre os centros motores, obrigando o indivíduo, não obstante se negue à obediência, a ceder à violência que o oprime. Nesse caso, podem irromper enfermidades orgânicas por se criarem condições celulares próprias para a contaminação por vírus e bactérias ou mesmo, sob a vigorosa e contínua ação fluídica, dilacerar-se os tecidos fisiológicos ou perturbar-se o metabolismo geral com singulares prejuízos físicos. No segundo caso, o paciente é dominado mentalmente, tombando em estado de passividade, não raro sob tortura emocional, chegando a perder por completo a lucidez, o que não afeta o espírito encarnado propriamente dito, que experimenta a injunção penosa pela qual purga a irresponsabilidade e os delitos passados. Perde temporária ou definitivamente durante a sua atual reencarnação a área da consciência, não podendo se expressar livremente. (*Nas Fronteiras da Loucura*, pp. 22 e 23).

◆Subjugação – Domínio do obsessor◆

O espírito encarnado se movimenta num labirinto que o atemoriza, algemado a um adversário que lhe é impenitente, maltratando-o e aterrando-o com ameaças cruéis, parasitose firme na desconcertada casa mental. Por fim, assenhoreia, simultaneamente, os centros do comando motor e domina fisicamente a vítima, que fica inerte e subjugada, cometendo atrocidades sem nome. (*Nas Fronteiras da Loucura*, pp. 23 e 24).

◆Subjugados – Auxílio◆

Mesmo nos casos da obsessão por subjugação, a terapêutica do esforço pessoal do enfermo é valiosa. Não obstante, com os comandos da vontade dominados, a doutrinação que recebe desperta-o para o trabalho que deve realizar a benefício de si mesmo, irrigando a mente com a esperança da libertação que iniciará de dentro para fora. Nesses casos, o auxílio de outrem, oferecendo palavras de reconforto e lições de estímulo otimista, lene o coração e suaviza o atendimento espiritual, conclamando-o ao controle e governo das peças e implementos do precioso corpo com que a divindade o enriqueceu para a bênção da evolução. (*Tramas do Destino*, p. 96).

◆Suicidas obsessores◆

Nos caracteres perversos que se vingaram de si mesmos tentando se aniquilar e apagar a consciência no grande sono do nada, a ocorrência se dá de maneira diferente. A revolta atinge níveis insuportáveis e a covardia moral de que são portadores, ao invés de induzi-los à mudança de comportamento mental, torna-os verdugos uns dos outros, voltando-se também contra a sociedade humana. Porque são infelizes, comprazem-se em espraiar o desespero e alcançar o maior número possível de semelhantes na desdita em que se encontram. Neles não luzem a compaixão nem a misericórdia, alucinados conforme se apresentam, sem qualquer raciocínio lúcido ou ideia equilibrada. Ei-los, portanto, individualmente ou em grupos, atacando aqueles que se associam a eles pela conduta, que partilham emocionalmente dos seus sentimentos perversos e autodestrutivos ou voltam-se contra os que se transformaram em socorro e em oportunidade libertadora para as demais criaturas. É como se fossem nautas que, após o desastre sofrido, se voltam contra os faróis que lhes apontavam os escolhos, os recifes e os perigos, mas que não foram considerados. Nada mais tendo a perder, comprazem-se em impedir o salvamento daqueles que virão depois, em um fenômeno irracional de ira contra todos e tudo. (*Reencontro com a Vida*, p. 177).

◆Suicídio◆

A indução ao suicídio se dá através de hipnose contínua, transformando-se em verdadeiro assassínio sem que o enfermo se dê conta da situação perigosa em que se encontra. Sentindo-se vazio de objetivos existenciais, a morte se apresenta como solução para o mal-estar que experimenta, não percebendo a captação cruel da ideia autocida que se fixa na mente. Não são poucas as vezes que incorre no crime infame da destruição do próprio corpo. Foi vitimado pela força da poderosa mentalização do adversário desencarnado. (*Tormentos da Obsessão*, p. 69).

◆Suicídio e alienação mental◆

O suicídio é a culminância de um estado de alienação que se instala sutilmente. O candidato não pensa com equilíbrio, não se dá conta dos males que o seu gesto produz naqueles que o amam. Como perde a capacidade de discernimento, apega-se como única solução, esquecido de que o tempo equaciona sempre todos os problemas, não raro, melhor do que a precipitação. A pressa nervosa por fugir e o desespero que se instala no íntimo, empurram o enfermo para a saída sem retorno. (*Loucura e Obsessão*, p. 307).

◆Suicídio – Armadilha◆

Em expressivo número de transtornos da personalidade, o espírito incurso nos códigos de resgate compulsório opta pela perversidade quando não logra atender as paixões que o comburem, culminando na fuga terrível do corpo através da armadilha do suicídio. Colhido pela vida que supunha poder destruir com o gesto da revolta, é arremessado na direção de outros infelizes do mesmo gênero de rebelião, sintonizando com eles pelas vibrações densas de apaniguados do mal. Constatando o engodo que se permitiu, ludibriando a si mesmo, estorcega em aflições inomináveis, demorando-se no horror da decomposição cadavérica, cujos processos experimenta em face da imantação perispiritual de que se vê objeto, descobrindo, em grande número de vezes, a interferência de outras mentes que o induziram ao aberrante fenômeno autocida. A revolta atinge índice insuportável de desespero e a loucura se apodera dele, levando-o a corridas desvairadas e quase sem termo, logo sucedidas pela perseguição de outros semelhantes igualmente perversos que se comprazem na sua dor (e que também já a experimentaram), exaurindo as últimas resistências até estar totalmente vencido. (*Reencontro com a Vida*, pp. 175 e 176).

◆Suicídio e obsessão◆

Não desconsiderando os fenômenos de compulsão suicida e as psicoses profundas que afetam as estruturas da personalidade, pululam os intercursos obsessivos em verdadeiras epidemias que ora grassam, alarmantes. A princípio, manifesta-se como uma ideia que se insinua; outras vezes, são uns relâmpagos fulgurantes na noite escura dos sofrimentos como solução libertadora. Posteriormente, faz-se fixação do pensamento infeliz que se adentra, dominando os painéis da mente e comandando o comportamento, assomando em configuração de ser o autocídio a melhor atitude e a mais correta solução ante problemas e desafios. Com o tempo, desaparece a polivalência das conjecturas, surgindo o monoideísmo, em torno do qual giram as demais aspirações que cedem lugar ao dominador psíquico, agora senhor da área do raciocínio que se apaga para dar campo ao gesto tresvariado, enganoso e sem retorno. (*Painéis da Obsessão*, p. 12).

◆Suicídios – Homicídios – Guerras e obsessões◆

Apesar das tormentosas obsessões muito bem catalogadas por Allan Kardec – simples, por fascinação e subjugação –, os objetivos mantidos pelos perseguidores são muito variados. Eis por que as suas maldades abarcam alguns dos crimes hediondos, tais como: autocídios, homicídios, guerras e outras calamidades, face à intervenção que realizam no comportamento de todos aqueles que se afinam com os seus planos nefastos. (*Tormentos da Obsessão*, p. 68).

◆Sugadores◆

Ouvi um dos mais terríveis obsessores presentes que já o afligia tentando desgarrá-lo do corpo e informar ao indigitado companheiro: "Já não demora. Em menos de dez minutos tudo estará acabado. Vá buscar os sugadores". Fiquei perplexo ante a ordem insinuada. Mentalmente, o doutor Lustoza sugeriu-me calma, silêncio e oração. De súbito, irromperam na câmara, onde a morte triunfava, quatro entidades de aparência lupina atadas a cordas como se fossem cães, embora mantivessem alguns sinais humanoides que emitiam contristadores uivos e se movimentavam inquietas nas mãos vigorosas que lhes sustentavam as correias presas aos pescoços. Denotavam sentir o que acontecia, tal a agitação de que davam mostras. O vigilante perseguidor, com terrível ricto na face macilenta, ordenou: "Soltem os animais!".Vimos as entidades sinistras arrojarem-se sobre o defunto e, numa cena perturbadora e profundamente asquerosa, sugar as energias da pasta sanguínea, como do cadáver, retirando por absorção bucal os fluidos empestados que eram eliminados. Os sugadores locupletavam-se sobre os restos mortais como se fossem chacais famintos disputando animais abandonados pelos que os houveram destruído. Pareciam embriagar-se na volúpia pelo modo como se atiravam e roubavam as últimas energias do corpo em cadaverização. (*Painéis da Obsessão*, pp.159, 160 e 161).

◆Supremacia do bem na atualidade◆

A paisagem é comovedora, porque, sem dúvida, reencarnam também, procedentes de elevadas esferas, missionários do conhecimento e do amor, do progresso e da fraternidade, que vêm amenizar as dificuldades cruentas, tornando-se exemplos do dever, do bem e da felicidade e assim conseguindo atrair expressivo número desses irmãos atônitos, que despertam para outros significados existenciais. Fascinados pela irradiação de bondade, de ternura e de compaixão que deles emana, acompanham-nos, desenvolvendo a centelha de luz que neles se encontra emboscada. A supremacia do bem no mundo é incontestável em face das ocorrências que enobrecem o gênero humano, que já pugna com sacrifício e emoção superior pelos grandiosos valores que constituem a sociedade. Há muito joio na seara, no entanto, o trigal nutriente é mais exuberante e produtivo. Para transformar a erva má em alimento, é que a reencarnação faculta a todos as mesmas oportunidades de modificação da estrutura fundamental de que se constituem. (*Reencontro com a Vida*, p. 149).

♦T♦

♦Tarefa maior♦

Há muito por fazer em favor do nosso próximo, onde quer que se encontre. Aqueles que já despertaram para a compreensão da vida, têm a tarefa de acordar os que se demoram adormecidos sem lhes impor normas de conduta ou lhes oferecer paisagens espirituais que ainda não podem penetrar. Se alguns pudessem conhecer a realidade que ora enfrentamos, enlouqueceriam de pavor, se suicidariam, tombariam na hebetação. O nosso dever é ajudá-los a se elevarem pouco a pouco, identificando as finalidades existenciais e passando a vivê-las melhor. (*Trilhas da Libertação*, p. 114).

♦Tarefas dos mentores♦

Inicialmente, cuidam de organizar as defesas vibratórias para o grupo e para o local onde se desenvolvem, realizando atividades que se caracterizam por construções fluídicas resistentes às invasões das entidades perversas que se comprazem em criar dificuldades para os membros encarnados. Destacados especialistas para o programa de comunicações dias antes da sua execução, organizam o mister e selecionam aqueles espíritos que devem se comunicar por meio dos médiuns do grupo, elegendo-os conforme as leis das afinidades fluídicas portadoras de campos vibratórios que facultem o correto fenômeno mediúnico. Quando se trata de ocorrências especiais – comunicações de suicidas, de homicidas, de obsessores, de criminosos cruéis etc. – são esses espíritos conduzidos horas antes, às vezes mais de um dia, a fim de serem criados condicionamentos psíquicos que propiciem a diminuição das suas cargas de energia deletéria de forma que, durante a psicofonia, o médium seja poupado de desgaste excessivo e o visitante seja automaticamente beneficiado tendo diluídas as construções mentais perturbadoras e assimilando as informações que lhe serão oferecidas. Ao mesmo tempo, o conjunto vibratório opera benefícios imediatos no necessitado de orientação que o libertam das fixações dos lugares de onde procede, despertando a sua consciência para o êxito da incorporação saudável. (*Reencontro com a Vida*, p. 134).

◆Tarefas noturnas no centro espírita◆

São companheiros encarnados – explicou-nos Felinto – que vêm pedir ajuda, logo se desprendem do corpo pelo sono físico. Vinculados à nossa casa, para aqui acorrem automaticamente ou são trazidos pelos seus protetores espirituais a fim de receberem auxílio. Como o amigo sabe, o sono retém ao corpo os intoxicados por interesses mesquinhos ou o impele aos redutos de atração pessoal conforme a faixa mental a que cada um se fixa. Ao chegarem, são conduzidos a um atendimento que seleciona as questões a que se prendem, encaminhando-os depois à nossa instrutora ou a outros amigos, de acordo com a preocupação que os aflige. Todos recebem, conforme a nossa capacidade e o merecimento deles, orientação e reconforto para poderem desincumbir das provas e compromissos a que se encontram submetidos. (*Loucura e Obsessão*, p. 155).

◆Tática dos obsessores◆

As sucessivas terapias fluídicas, reativando o tom vibratório do cirurgiado, envolviam-no numa redoma de energias de teor diverso do habitual, impeditiva a interferência dos inimigos sandeus. Conhecendo os métodos de que se utilizavam os benfeitores espirituais junto ao pupilo em refazimento, o clã perturbador reconheceu a necessidade da trégua, permitindo o tempo na sua inevitável sucessão, que se encarregaria, assim esperavam os odientos algozes, de devolver o paciente tendo em pauta os seus próprios recursos, que não eram dos melhores em razão das suas dívidas para com a vida. (*Painéis da Obsessão*, p. 183).

◆Tática dos obsessores - II◆

Quando os irmãos infelizes perceberem a nova terapia que se estabelecerá onde se homiziam ao lado das suas vítimas atuais, produzirão um pandemônio generalizado com o objetivo de demonstrar que a situação mais se agravou ao invés de melhorar, exigindo afastamento da tarefa. Como não ignoramos, muitas terapias quando aplicadas ao paciente fazem o seu organismo reagir, aparentemente piorando, para depois apresentar os resultados benéficos. (*Transtornos Psiquiátricos e Obsessivos*, p. 64).

◆Tática dos obsessores - III◆

Quando não se trata da ação criminosa direta, esses espíritos buscam gerar dificuldades por meio de conflitos agressivos e desestabilizadores em que têm ação direta, utilizando pessoas de mau caráter, que se comprazem complicando o trabalho dos operosos, que invejam, instilam pensamentos perturbadores, criando grupos que se combatem reciprocamente e dando lugar a prejuízos incalculáveis ao labor que deveria desenvolver-se em clima de harmonia. Observe qualquer escola de fé, qualquer setor de dignificação humana e logo se constatam os divisionismos, as lutas pelo poder, as maledicências, as calúnias e os comportamentos traiçoeiros que tanto fazem sofrer, quando não conseguem destruir os projetos de alta valia para a humanidade. São as expressões do estágio moral em que se encontram os indivíduos, estimulados por esses desditosos inimigos do bem. (*Transtornos Psiquiátricos e Obsessivos*, p. 166).

◆Táticas dos obsessores – Desobsessão◆

A obsessão é o resultado de um demorado convívio psíquico entre dois espíritos afins, seja pelo amor possessivo que desencadeia as paixões inferiores ou através do ódio que galvaniza os litigantes, imanando-os um ao outro com vigor. Quando são tomadas as primeiras providências para a terapia desalienante, surgem os efeitos mais imediatos como decorrência dessa atitude: 1º) a revolta do inimigo, que muda a técnica da agressão, reformulando sua programática perseguidora, atacando a presa com o objetivo de desanimá-la; 2º) enseja uma falsa concessão de liberdade, isto é, afrouxa o cerco, antes pertinaz, permanecendo, porém, em vigília e aguardando a oportunidade para desferir um assalto fatal, no qual triunfem os seus planos infelizes. Na primeira hipótese, a vítima, não adestrada no conhecimento da desobsessão, porque se sente piorar, raciocina, e erradamente, que a medicação lhe está sendo mais prejudicial do que a enfermidade e, inspirada pelo cômpar, planeja abandonar o procedimento novo, o que, às vezes, realiza, permitindo à astuta entidade liberá-lo momentaneamente das sensações constritoras, para o surpreender, mais tarde, quando as suas reservas de forças fossem menores e os recursos de equilíbrio se façam pouco viáveis. No segundo caso, sentindo-se menos oprimido, o obsidiado se crê desobrigado dos novos compromissos e volve às atitudes vulgares de antes, tombando, posteriormente, na urdidura hábil do seu vigilante carcereiro espiritual. Jesus afirmou com razão que "o espírito imundo, ao sair do homem, anda por lugares áridos procurando repouso, e não o achando, diz: 'voltarei para minha casa donde saí', ao chegar, acha-a varrida e adornada. Depois vai e leva consigo mais sete espíritos piores do que ele, que ali entram e habitam. O último estado daquele homem fica sendo pior do que o primeiro". (*Painéis da Obsessão*, pp. 178 e 179).

◆Técnicas de desobsessão◆

Nos comportamentos obsessivos, as técnicas de atendimento ao paciente além de exigirem o conhecimento da enfermidade espiritual, impõem ao atendente outros valores preciosos que noutras áreas da saúde mental não são vitais, apesar da importância de que se revistam. São eles: a conduta moral superior do terapeuta (o doutrinador encarregado da desobsessão) bem como do paciente, quando este não se encontre inconsciente do problema; a habilidade afetuosa de que se deve revestir, jamais esquecendo do agente desencadeador do distúrbio, que é igualmente enfermo e vítima desditosa que procura tomar a justiça nas mãos; o contributo das suas forças mentais, dirigidas a ambos litigantes da pugna infeliz; a aplicação correta das energias e vibrações defluentes da oração ungida de fé e amor; o preparo emocional para entender e amar tanto o hóspede estranho e invisível quanto o hospedeiro impertinente e desgastante no vaivém das recidivas e desmandos. (*Loucura e Obsessão*, p. 14).

◆Técnicas dos obsessores◆

Algumas das técnicas de que se utilizam os perseguidores de encarnados atormentados que buscam o concurso do espiritismo são, em diversos casos: o aumento da agressão às suas vítimas a fim de lhes darem ideias falsas de que a frequência às sessões lhes acarretou maior dose de sofrimento, inspirando-as a debandarem, após o que, então, cessa de inopino a constrição obsessiva, fazendo crer que a melhora decorreu do abandono àqueles compromissos repentinos, para voltarem mais ferozes, mais cruéis, mais implacáveis quando tais pacientes, invigilantes quase sempre, lhes favorecem o campo fisiológico e psíquico com recursos adequados à continuação dolorosa da perseguição insana. De outras vezes agem de maneira bem característica: logo que seus clientes começam a honesta participação no estudo e na tarefa espiritista da própria libertação, seja porque a modificação no campo mental lhes impede o intercâmbio com a mesma facilidade, seja por tática de estratégia belicosa, afastam-se temporariamente os perseguidores, permanecendo, porém, em contínua vigília. Os incautos logo experimentam a falsa liberação, reconhecem a desnecessidade do conhecimento clarificador e se dizem comprometidos com programas sociais e de outra ordem, transferindo para o futuro os deveres espirituais, e partem, lépidos, a gozar. Afirmam reconhecidos ou consideram a coincidência da cura exatamente quando passaram a examinar o problema sob a luz do espiritismo, mas lamentam as circunstâncias que os obrigam a um temporário afastamento. Quando a questão já lhes parece vencida sem que as dívidas tenham sido necessariamente resgatadas desde que nada fizeram por corresponder à confiança da vida, eis que os verdugos perseverantes que os seguem retornam vigorosos e mais constringentes se fazem com altas doses de fereza, sem que os obsidiados contem com quaisquer recursos a seu favor, considerando que nada providenciaram para a hora da aflição e do desconforto. Em todo processo de desobsessão, se a vigilância, a oração e o jejum moral são condições essenciais, o otimismo e o bom-humor não podem ser relegados para trás. Tristeza é nuvem nos olhos da saúde e irritabilidade é tóxico nos tecidos da paz. (*Nos Bastidores da Obsessão*, pp. 203 e 204).

♦Técnicas dos obsessores - II♦

Em casos de gravidade como este, os espíritos envolvidos na vindita, quando se percebem em perigo, pressentindo a interrupção ou mesmo a impossibilidade de levarem adiante o programa infeliz, tomam decisão desesperada, criando situação difícil ante a qual a vítima, pressionada, entrega-se em totalidade, permitindo prosseguir na exploração vampirizadora e até mesmo a fuga alucinada pelo suicídio. (*Loucura e Obsessão*, p. 170).

♦Telecomando♦

Os seus pensamentos eram também orientados por um cruel e indigitado inimigo que se acoplara de tal forma, perispírito a perispírito, que nos passara despercebido de início. A emissão de sua onda mental fixava-se no centro do raciocínio do encarnado, distendendo-se numa rede viscosa pelo cérebro de forma que obnubilava o raciocínio lúcido. Teleguiado pela vontade dominadora, pensava em uma atitude reflexiva procedente do algoz, que lhe comandava o sistema nervoso central, produzindo os tiques de que se fazia instrumento. (*Entre Dois Mundos*, p. 69).

◆Telecomando - II◆

Eis a razão, meu amigo – elucidou o diretor espiritual – do ódio existente no seu coração, bem como na mente de terríveis chefes das trevas que se encontram em regiões infelizes comandando suas vítimas a fim de que façam o nefando trabalho que não têm como executar em razão das suas baixíssimas vibrações morais que não lhes permitem contato direto com aqueles a quem detestam. Mergulhados no ódio, multissecularmente não fruíram um momento de paz e por isso mesmo escondem-se no labirinto da tormenta espiritual onde resfolegam, manipulando todos quantos lhes caíram nas malhas. (*Entre Dois Mundos*, p. 198).

◆Tensões e doenças◆

As tensões mal direcionadas e suportadas por largo período, quando cessam, são substituídas por moléstias de largo porte na área dos desequilíbrios físicos, dando gênese a cânceres, crises asmáticas, insuficiência respiratória etc. Outras vezes propiciam estados esquizofrênicos, catatônicos, neuróticos, psicóticos e profundamente perturbadores. Quando afetam a área do comportamento moral, conduzem à ingestão e uso de drogas adictas, alcoólicas, tabagismo, que representam formas de enfermidade social, degenerando o grupo humano que padece a presença perniciosa. (*Trilhas da Libertação*, p. 14).

◆Tentações para os médiuns◆

Precatem-se os servidores do bem das ciladas ultrizes do mal que tem raízes no coração e estejam advertidos. Suportem o cerco das tentações com estoicismo e paciência, certos de que o Pai não lhes negará socorro nem proteção, propiciando-lhes o que seja mais importante e oportuno. Ademais, não recebam as calúnias dos injuriadores que não consigam derrubar. Quando influenciados pelos assessores dos gênios, mantenham-se intimoratos nos ideais abraçados. A vitória tem a grandeza da dimensão da luta travada. (*Trilhas da Libertação*, p. 107).

◆Terapia◆

Em problemas desta natureza, a terapêutica sempre deverá se iniciar pela conscientização do paciente, reeducando a sua vontade, disciplinando-o e motivando-o à aquisição de ideias nobres mediante o exercício de leituras salutares, diálogos otimistas e positivos, oração e reflexões nobres, passando à fluidoterapia ou realizando-a simultaneamente pelo processo dos passes, da água fluidificada e utilizando também a laborterapia e, em casos mais graves, os específicos da técnica psiquiátrica. (*Tramas do Destino*, p. 65).

◆Terapia com o Evangelho◆

Providencial como terapêutica inicial, é através da leitura evangélica que o espírito se irriga de esperança e se renova, abrindo verdadeiras clareiras e brechas na psicosfera densa que elabora e da qual se nutre a fim de que penetrem outras energias benéficas que o predisporão para o bem, de intervalo a intervalo, até que logrem modificar a paisagem interior, animando-se a investimentos maiores. Neste capítulo, é comum encontrar largo número de obsidiados em diversos graus de alienação que asseveram não poder ler por se verem vencidos por incoercível letargo que os toma ou pela impossibilidade total de entenderem o conteúdo das leituras que lhes são recomendadas. Merece considerarmos que, em alguns casos, o amolentamento, a falta de discernimento e a não fixação do conteúdo da leitura procedem da falta do hábito salutar e da convivência com os bons livros. A mente viciosa, indisciplinada, acostumada ao trivial, ao burlesco e ao insensato, se recusa atenção e interesse no esforço novo. Conveniente, desse modo, insistência e perseverança. Leiam pequenos textos e façam acompanhar as leituras de subsequente reflexão da parte examinada. Tente a memorização, a anotação como exercício gráfico através do que não se conceda, porém, à mente, a ociosidade nem a escusa de nada conseguir nesse capítulo. (*Tramas do Destino*, p. 94).

◆Terapia desobsessiva◆

Na terapia desobsessiva o fator pressa não encontra respaldo para a sua aceitação. O labor transcorre dentro de um clima sereno, atemporal, dependente de variadas circunstâncias e ocorrências que dependem, sobretudo, daquele que experimenta o impositivo do transtorno espiritual. A semelhança do que ocorre nos episódios de desequilíbrios psicológicos e psiquiátricos que exigem cuidadosa formulação terapêutica e prolongada assistência especializada no que tange aos distúrbios da natureza espiritual, fazem-se indispensáveis, da mesma forma, idênticos procedimentos em qualidade e temporalidade. (*Reencontro com a Vida*, p. 251).

◆Terapia de vida passada◆

A terapia de vidas passadas é uma conquista muito importante, recentemente lograda pelos nobres estudiosos das ciências da alma. Como ocorre com qualquer terapêutica, tem os seus limites bem identificados, não sendo uma panaceia capaz de produzir milagres. Em grande número de casos, os seus resultados são excelentes, principalmente pela contribuição que oferece na área das pesquisas sobre a reencarnação, entre os cientistas. Libera o paciente de muitos traumas e conflitos, propiciando a reconquista do equilíbrio psicológico para a regularização dos erros pretéritos sob outras condições. Mesmo aí, são exigidos muitos cuidados dos terapeutas, bem como conhecimento das leis do reencarnacionismo e da obsessão a fim de ser levado a bom termo o tratamento nesse campo. Nesta mais do que em outras terapias, a conduta moral do agente deve ser superior, de tal forma que não se venha a enredar com os consórcios espirituais do seu paciente ou que não perca uma pugna num enfrentamento com os mesmos, que facilmente se interpõem no campo das evocações trazidas à baila. Ainda devemos considerar que cristalizações de longo período no inconsciente não podem ser arrancadas com algumas palavras e induções psicológicas de breve duração. Neste setor, além dos muitos cuidados exigidos, o tempo é fator de alto significado para os resultados salutares que se desejam alcançar. (*Loucura e Obsessão*, p. 91).

◆Terapia de vida passada - II◆

Veja, por exemplo, o que ocorre em relação à terapia de existências passadas. Quantas críticas e quantas resistências ao método que confirma a reencarnação, que faculta inestimável socorro aos padecentes de muitos males sem que isso fira de maneira alguma o esquecimento do passado, conforme a recomendação do mestre Kardec. Não é da sua alçada levar o paciente a se recordar das existências anteriores, antes do momento em que delinquiu, em que se comprometeu, ajudando-o a trabalhar melhor a culpa, a irresponsabilidade, já que a lei é de progresso, e o Pai não deseja a eliminação do pecador, mas a do pecado. Essa valiosa contribuição da psicologia transpessoal merece todo o nosso apoio e respeito por confirmar que no perispírito encontram-se as matrizes geradoras dos distúrbios de todo porte que trabalham em favor dos processos purificadores. Os estudiosos sinceros não informam que se trata de uma panaceia para todos os males, mas de um recurso terapêutico eficiente, assim como a psicanálise em relação aos conflitos que lhe são pertinentes ou a psicologia clínica no seu ramo de observações e estudos. (*Transtornos Psiquiátricos e Obsessivos*, pp. 224 e 225).

◆Terapia espírita na obsessão◆

Graças à valiosa contribuição científica do espiritismo no laboratório da mediunidade, constatando a sobrevivência do ser e o seu intercâmbio com as criaturas terrestres, a obsessão saiu do panteão mítico para fazer parte do dia a dia de todos aqueles que pensam. Enfermidade de origem moral, exige terapêutica específica radicada na transformação espiritual para melhor de todos aqueles que experimentam a incidência. (*Tormentos da Obsessão*, p. 65).

◆Terapia espírita na obsessão - II◆

Esclareça, portanto, o portador das obsessões, mesmo aquele que se encontra no estágio mais grave da subjugação, através de mensagens esclarecedoras ao subconsciente, pela doutrinação eficaz, conclamando-o ao despertamento, do que dependerá sua renovação. Por outro lado, doutrine o invasor, o parasita espiritual. Entrementes, elucide o hospedeiro, o suporte da invasão, de modo que ele ofereça valores compensadores, eleve-se moral e espiritualmente a fim de alcançar maior círculo de vibração com que se erguerá acima e além das conjunturas, podendo se ajudar e ajudar aqueles que deixou na estrada do sofrimento, marchando com eles na condição de irmão reconhecido e generoso, portador das bênçãos da saúde e da esperança. (*Grilhões Partidos*, p. 28).

♦Terapia espírita na obsessão - III♦

Na análise dos pacientes espirituais, a terapia espírita não dispensa a de natureza psiquiátrica, seja nas depressões profundas, transtornos psicóticos maníaco-depressivos ou seja nas exaltações esquizofrênicas e paranoides. Impõe, entretanto, como primordial a renovação moral do paciente e a sua ação edificante, assumindo o valioso concurso da praxiterapia especialmente direcionada para o bem, que lhe facultará créditos a serem considerados no balanço moral da sua existência. Especificamente, para atender obsidiados, o modelo espírita, que é holístico na sua profundidade, preocupa-se com o enfermo encarnado, mas também com o desencarnado, não menos doente, procurando demovê-lo do mal que pratica porque esta nova atitude lhe fará bem. Também se preocupa com a família da aparente vítima, o seu meio social e ambiental. A transformação moral positiva do grupo familiar é um efeito saudável da terapia desobsessiva que se expressa de maneira psicológica amorosa, abrindo espaço social para o antagonizante, que então recebe o aceno para a reencarnação. Não se detém, portanto, em eliminar efeitos, ajudando o hospedeiro com desprezo pelo opositor, às vezes mais infeliz em razão da mente fixa no desar há muito sem ensejo de alívio, alucinado pelo ódio, pelo ciúme, pela sede de vingança, pelo amor atormentado. (*Trilhas da Libertação*, p. 26).

♦Terapia em doenças mentais♦

A oração ungida de amor e a vibração de afeto transformada em emissão de onda de simpatia e de saúde, são, sem qualquer dúvida, terapêuticas de invulgar resultado que o futuro adotará em qualquer situação humana em que se encontrem os indivíduos. Dia chegará, não muito distante, em que a medicina espiritual substituirá os processos agressivos deste momento como já mudamos os procedimentos antes considerados valiosos das duchas, das sanguessugas, das sangrias, do poço das serpentes, da solitária, da insulina, do eletrochoque etc. Desde agora, porém, inicia-se um novo período de psicoterapia com vistas ao futuro melhor da humanidade, no qual estão incluídos o amor, a oração, a caridade em todas as suas expressões, além das terapias acadêmicas. (*Entre Dois Mundos*, p. 145).

◆Terapia holística◆

Enferma do aparelho genésico e vítima de transtornos psicológicos. Em face do exposto, ela necessita de assistência ginecológica e psiquiátrica. Todavia, por se encontrar assinalada pela consciência de culpa que gera a auto-obsessão e pela perseguição da sua vítima em processo de perturbação obsessiva, diagnosticamos uma parasitose espiritual. Os dois distúrbios se mesclam, se tornando difícil estabelecer as fronteiras onde um começa e o outro termina. Eis por que em casos dessa natureza em que se misturam os fenômenos perturbadores, como na maioria deles, os pacientes necessitam de uma terapia holística que engloba a participação das diferentes áreas da ciência médica, a que nos referimos, e espíritas: leitura educativa, passes, água fluidificada, desobsessão e renovação íntima aplicada ao bem. Recorreríamos, também, à contribuição da Sociologia amparando o grupo familiar, indiretamente envolvido na problemática. (*Trilhas da Libertação*, p. 153).

◆Terapia preventiva◆

Concluímos – obtemperou o companheiro – quanto à excelência da terapia preventiva mediante a preservação da saúde moral, do autoconhecimento, do cultivo e vivência das ideias estimuladoras do progresso, da harmonia e do bem geral que mantém a dinâmica do equilíbrio, irrigando a vida com paz e sustentando-a em níveis elevados. O indivíduo, pois, é responsável, próximo ou remoto, por tudo quanto lhe sucede. Conforme aspira, delineia, e de acordo com o que vitaliza, ocorre. (*Trilhas da Libertação*, pp. 34 e 35).

◆Terra – Escola de almas◆

Apesar de ainda se apresentar como planeta de provas e expiações, a Terra é uma escola de bênçãos onde aprendemos a desenvolver as aptidões e a aprimorar os valores excelentes dos sentimentos. É também oficina de reparos e correções com recursos hospitalares à disposição dos pacientes que chegam à economia social. Sem dúvida, é também cárcere para os rebeldes e os violentos, que expungem o desequilíbrio em processo de imobilidade, de alucinação, de limites, resgatando as graves ocorrências que fomentaram e praticaram perturbando a ordem e a paz. Some a esses fatores a incessante interferência dos desencarnados, predominando a dos enfermos morais e agitados, e será fácil compreender a vigência e a avalanche das dores entre as criaturas. (*Trilhas da Libertação*, p. 180).

◆Terra – Escola de almas - II◆

Pedir e suplicar aos navegantes do corpo físico que amem a Terra, descobrindo as suas potencialidades de inimaginável beleza, passando a se amar mais, mediante o aprimoramento moral, de maneira que seja possível amar também ao próximo e, por consequência, a Deus, refletido no cosmo de cada ser tanto quanto no universal. A Terra é planeta ricamente dotado de valores inquestionáveis para a felicidade pessoal e grupal. Escola bendita, é ninho de esperança e oficina de crescimento interior, tanto quanto hospital de almas que se encontram enfermas, necessitadas por enquanto do ferrete do sofrimento para melhor entenderem a finalidade da existência. Construída pelo inefável amor do Pai, faz parte das infinitas moradas espalhadas na sua casa e que nos é concedida como colo de mãe a fim de que possamos conhecer a vida e conquistá-la através do esforço pelo trabalho e pelas reflexões interiores, ao mesmo tempo auxiliando-a no crescimento e na transformação que lhe estão fadados. Seus amanheceres de sol e os seus entardeceres de sombra e luz, quando surgem as primeiras estrelas, são convites à meditação e à alegria propiciadoras de ventura e espiritualização. As suas paisagens, portadoras de fascinante estesia, são musicadas pelas onomatopeias da natureza, sempre em festa. O majestoso poema de vida estudante em toda parte é invitação permanente à meditação em torno da realidade, que não pode ficar desconhecida ou empanada pelas nuvens da ignorância. (*Entre Dois Mundos*, pp. 19 e 20).

◆Trabalhadores do bem – Auxílio◆

Sem embargo, esses abnegados mensageiros alentam os que com eles sintonizam. Resguardam-nos do mal, induzem-nos à perseverança no trabalho da autoiluminação, sustentam a fé, promovem encontros circunstanciais edificantes, conduzem-nos a esferas de luz e a escolas de sabedoria quando ocorre o desprendimento parcial pelo sono, dão informações preciosas, irrigam a mente que se torna fértil de ideias elevadas, produzem euforia interior etc. Não afastam, porém, os problemas nem as lutas, por saberem que, através de tais, melhor se purificam e se elevam. No trabalho de socorro desobsessivo, direta ou indiretamente, aqueles que se envolvem são convidados a se preservarem em recato espiritual e prece com cuidados especiais. (*Tramas do Destino*, p. 107).

◆Trabalhadores fora de sintonia superior◆

Apesar de todos esses dispositivos de segurança e trabalho, os seus membros não viviam em caráter de privilégio algum, aliás privilégios que eram ali o serviço e a elevação moral. Compreensível que, aqueles que não se enquadrassem nas normas de ação elevada, mantendo os vícios mentais a que se aferravam, permanecessem em sintonia com os seus afins espirituais. Recebiam auxílio, liberavam-nos, todavia, se insistiam no culto do pessimismo, da revolta ou da leviandade, novamente se vinculavam aos seus assessores-parasitas, que mantinham com eles o consórcio extravagante, levando-os aos estados psicopatológicos consentâneos com as suas provações redentoras. Caso fosse diferente, não experimentariam as presenças das companhias espirituais de baixo teor vibratório com as quais se comprazem. Mediante a falta de esforço por libertar-se e só pelo fato de ali viverem, isso constituiria uma injustiça que não vige nos códigos do soberano amor. Cada um responde sempre pelos seus atos, respira no clima de paisagem que elege e no qual se agrada em permanecer. (*Painéis da Obsessão*, p. 223).

◆Trabalho no bem◆

O homem beneficia-se do auxílio divino, tendo diminuídas as suas aflições neste ou naquele campo, todavia, somente se libera dos erros quando os resgate, na redenção pela dor ou na ascensão pelo amor, mediante o bem que faça necessária a reparação, suscitando adquirir dignidade perante a vida que defraudou, ante a consciência pessoal que explorara. É indispensável, portanto, crescer na realização enobrecida, a fim de manter-se em paz pela rota evolutiva. (*Tramas do Destino*, p. 89).

◆Trabalho no bem - II◆

O trabalho é bênção maior para aqueles que o desenvolvem. Vemos companheiros dedicados e entusiastas laborando com otimismo em obras sociais que criam e mantêm, sendo lentamente descoroçoados, caindo em desânimo diante dos resultados, às vezes, decepcionantes, bem diversos dos que esperavam. Esfalfam-se horas seguidas para que nada falte na obra e tudo esteja em ordem, doando-se com amor e lutando com afã em favor dos objetivos nobres. Os beneficiários, no entanto, salvadas raras exceções, tornam-se exigentes, ingratos e difamadores, reagindo às boas orientações e assumindo soberbas, chocantes, que insuflam revoltas e malquerença. (*Painéis da Obsessão*, pp. 57 e 58).

◆Trabalho no bem e saúde mental◆

Visitando enfermos, socorrendo necessitados, aplicando

passes ou bionergia, como se modernizou o labor. Enfim, a caridade é um esporte da alma pouco utilizado pelos candidatos à musculação moral e inteireza espiritual. As horas ociosas são anestésico para a dignidade e brechas morais contra o equilíbrio. Preenchê-las bem é procedimento de sabedoria gerador de saúde mental. (*Loucura e Obsessão*, p. 297).

◆Trabalho no bem – Terapia desobsessiva◆

Cabia-lhe, como ainda lhe cabe, desenvolver um sério programa de iluminação interior apoiado na ação honesta sem disfarces nem pieguismos, a fim de ressarcir erros e comprovar aos inimigos espirituais a autenticidade de propósitos na sua mudança de comportamento, no que conseguiria a modificação interior de uns e o perdão de outros. (*Painéis da Obsessão*, p. 52).

◆Trabalho no bem – Terapia desobsessiva - II◆

Nesse sentido, a exortação de Allan Kardec em torno do trabalho é de uma eficácia incomum, porque o trabalho edificante é mecanismo de oração transcendental e a mente que trabalha situa-se na defensiva. A solidariedade é como uma usina que produz a força positiva do amor e, como o amor é a causa motriz do Universo, aquele que se afervora à mecânica da solidariedade sintoniza com os instrutores da ordem que dirigem o orbe. E a tolerância, que é a manifestação desse mesmo amor em forma de piedade edificante, transforma-se em couraça de luz vigorosa e maleável, capaz de destruir os petardos do ódio ultriz ou os projéteis do desejo desordenado, porquanto, na tolerância fraternal se anulam as vibrações negativas desta ou daquela procedência. (*Nos Bastidores da Obsessão*, p. 36).

◆Trabalho no bem – Terapia desobsessiva - III◆

Indispensável que se armem de fé e de ação, de modo a não reincidirem nas mesmas lamentáveis fraquezas, revivendo posições falsas, insustentáveis, com os derivativos da ociosidade e da contumaz insensatez. O trabalho contínuo, mesmo um pouco além dos chamados "limites das forças", será o meio de conquistar valor e elevação pessoal na convivência e no exercício da caridade para com os filhos do calvário. Suas vidas não lhes pertencem, senão à vida, como aliás acontece com todos nós. Preencham as suas horas com as dádivas do amor-ação a fim de que a hora vazia não os surpreenda em novos planos de negacear ante o dever com acumpliciamentos perigosos, sob as tenazes dos que lhes padeceram a arrogância e não esqueceram os sofrimentos experimentados. (*Painéis da Obsessão*, pp. 80 e 81).

◆Trabalho no bem – Terapia desobsessiva - IV◆

O maior antídoto contra a obsessão, além da comunhão mental com Deus, nunca será demasiado repetir, é a ação enobrecedora. O trabalho edificante constitui força de manutenção do equilíbrio, porquanto, desenvolvendo as atividades mentais pela concentração na responsabilidade e na preocupação para executar os deveres, desconecta os plugs que se encaixam nas matrizes psíquicas receptoras das induções obsessivas. O homem de bem que age com morigeração e sem a febricidade extenuadora, constrói uma couraça de resistência aos espíritos perturbadores e às suas descargas mentais que os desanimam quando pretendem desenvolver um cerco de alienação obsessiva. Por não se sentirem aceitos, logo desistem, partindo em busca de respostas mentais em campos de ociosidade psíquica, nos quais é mais fácil a captação do pensamento deprimente que passa a ser digerido através de um desdobramento de reflexões que levam a sua fixação, primeiro passo para o distúrbio do comportamento psicológico. (*Painéis da Obsessão*, p. 286).

◆Trabalho no bem – Terapia desobsessiva - V◆

Muitos cooperadores espirituais se exercitavam no trabalho da solidariedade adquirindo os valores positivos que os elevariam, liberando-os da carga dos instintos primários. Essa luta é de todo momento e deve ser empreendida através do esforço contínuo de autosuperação e de dedicação ao próximo. A estrada da redenção começa na primeira chispa que ilumina a ignorância de cada ser e prossegue na oportunidade de estendê-la ao próximo menos esclarecido que se encontra ao lado. (*Loucura e Obsessão*, p. 109).

◆Trabalho no bem – Terapia desobsessiva - VI◆

Os adversários, encaminhados à renovação, liberavam-se, por sua vez, da própria desdita, o que não implica em anulação, para o seu infelicitador dos males que lhes foram infligidos. A provação de quem desrespeita os códigos da soberana justiça impõe a reparação dos prejuízos causados. A ação enobrecida se encarrega desse mister, razão por que o trabalho do bem é de urgência, conclamando a todos para executá-lo e no qual se logra a transformação moral para melhor e a aquisição dos valores positivos que se investem como forma de quitação dos débitos. Assim, o homem deve ter em mente que o máximo dos sacrifícios em favor do próximo e de si mesmo é sempre menos dolorido do que os atos danosos contra alguém, mesmo que de pequena monta. Desse modo, a renúncia, a abnegação, o devotamento e a bondade em largos testemunhos de amor pesam menos do que alguns gramas de remorso. (*Loucura e Obsessão*, pp. 226 e 227).

◆Trabalhos após a reunião◆

Concluídos os trabalhos mediúnicos e afastados os membros encarnados do grupo da instituição, rumando as seus lares, continuamos em febril atividade espiritual junto àqueles que haviam sido atendidos, mas cuja terapia deveria ser mais acurada. Alguns seriam transferidos para nossa esfera de ação, outros ficariam alojados nas instalações da casa, diversos seriam liberados a fim de elegerem o melhor caminho a seguir, respeitando a liberdade de escolha de cada qual. Experimentaram a claridade que deslumbra e agora seria necessário se deixar penetrar pela luz de modo a se beneficiar largamente dos seus recursos preciosos. (*Sexo e Obsessão*, p. 89).

◆Trabalhos de cura◆

Modernamente, com alarde, vige no movimento espírita

a proclamação de reuniões especialmente dedicadas a curas, atraindo sempre pessoas que não desejam assumir graves compromissos com a vida e que somente planejam libertar-se das aflições para seguirem de imediato na busca de novos problemas. Sem qualquer dúvida, toda reunião onde dois ou mais chamam por Jesus e reúnem-se em seu nome, conforme Ele prometeu, ei-lO presente desenvolvendo o ministério de amor, de saúde e de paz. A cura real, devemos disso conscientizar-nos, vem de dentro do ser, da sua transformação moral e da sua mudança de atitude em relação ao comportamento existencial e não do exterior, como alguns pensam irresponsavelmente. As soluções apressadas não erradicam o mal, que permanece aguardando oportunidade para a recidiva piorada com os novos gravames da leviandade. Em consequência, toda reunião espírita séria e nobre é de cura, porque as energias que se movimentam no ambiente possuem qualidades para proporcionar o refazimento das organizações física, emocional, psíquica e espiritual daquele que ali se encontra. (Transtornos Psíquicos e Obsessivos, p. 220).

◆Transitoriedade do mal◆

Nunca as maquinações das forças do mal lograrão êxito nas suas façanhas. A sua aparente vitória é sempre transitória, objetivando auxiliar aquele que padece a injunção a despertar para os empreendimentos enriquecedores, a descobrir as ilusões a que se aferra e a auferir os benefícios da conduta elevada a que se deve entregar com devotamento. Desse modo, todo aquele que se afadiga no bem e na execução das atividades fomentadoras do progresso e do desenvolvimento da vida sempre encontra apoio no mundo das causas, mesmo que desconheça a realidade. O importante são os sentimentos geradores das intenções, facultando o entendimento dos métodos que devem ser aplicados na execução dos seus programas. (*Entre Dois Mundos*, p. 290).

◆Transmissão dos trabalhos ao exterior do centro espírita◆

Quando foram ligados os microfones para a transmissão interna do estudo da noite, observei que um trabalhador espiritual colocou também um equipamento espiritual sobre a mesa e pude perceber que se tratava de um vídeo-transmissor, algo sofisticado para os padrões da época. Sem entender a que se destinava, acerquei-me do amigo Dilermando e falei sobre a providência, sendo esclarecido que havia sido instalado um serviço de projeção para as dependências externas, objetivando alcançar a malta que rebolcava no desvairado sítio à instituição. (*Sexo e Obsessão*, p. 296).

♦Transtornos cerebrais♦

São atraídos psiquicamente aos antigos verdugos, com eles mantendo intercurso vibratório danoso, que a esses últimos conduz a transtornos obsessivos infelizes. O cérebro do hospedeiro, bombardeado pelas ondas mentais sucessivas do hóspede em desalinho, recebe as partículas mentais que podem ser consideradas verdadeiros elétrons com alto poder desorganizador das conexões neuronais, afetando os neurotransmissores como a serotonina, a noradrenalina, a dopamina e outros mais, aos quais se encontra associado o equilíbrio emocional e o do pensamento. (*Tormentos da Obsessão*, pp. 281 e 282).

♦Transtorno psicótico – Mecanismo♦

Assim considerando, podemos afirmar também que nos casos de loucura convencional, o transtorno psicótico encontra-se no espírito que o transfere através do modelo organizador biológico e imprime no corpo, em forma de alienação, não é verdade? Sem qualquer dúvida – respondeu o psiquiatra uberabense –, tudo o que ocorre na área somática o perispírito transfere ao espírito, fazendo o mesmo em relação ao corpo quando os procedimentos são dele: ideias, raciocínios, comportamentos defluentes de desejos, ambições, necessidades e tormentos. O ser real é sempre o responsável por todas as ocorrências. Por isso mesmo pode mudar de domicílio carnal várias vezes, mas onde quer que vá leva consigo o material e o mobiliário que constituirão a nova habitação, como ocorre com os moluscos gastrópodes. (*Transtornos Psiquiátricos e Obsessivos*, pp. 88 e 89).

♦Tratamento das obsessões♦

Educar o paciente à luz do Evangelho, insistindo junto a ele com afabilidade, pela transformação moral e criando em torno de si condições psíquicas harmônicas com que se refará emocionalmente, estimulando a contribuir com a parte que lhe diz respeito. Atraí-lo a ações dignificantes e de beneficência, com que granjeará simpatias e vibrações positivas que o fortalecerão, mudando o seu campo psíquico. Estimular o hábito da oração e da leitura edificante, ao mesmo tempo trabalhando o seu caráter, que deve se tornar maleável ao bem e refratário ao vício. É necessária a aplicação dos recursos fluídicos, seja através do passe ou da água magnetizada, da oração intercessória com que se vitalizam os núcleos geradores de forças estimulantes da saúde com o poder de desconectarem os plugs das respectivas matrizes, de modo que o endividado se reabilite perante a consciência cósmica pela aplicação dos valores e serviços dignificadores. (*Nas Fronteiras da Loucura*, p. 25).

♦Tratamento das obsessões - II♦

Qualquer tentativa de tratamento deverá ser iniciada pelo conhecimento das razões que desencadearam o acontecimento infeliz. Como não há razão para alguém impor a sua vontade sobre a de outrem, particularmente no que diz respeito às ingratas obsessões, também a ninguém é facilitado o direito de afligir o seu próximo sem incorrer em penalidade que a si mesmo se impõe em face das soberanas leis que estabelecem o respeito à vida de todos. (*Reencontro com a Vida*, p. 40).

♦Tratamento de obsessão – Infância♦

A terapêutica bio-energética, a sua participação nas aulas de orientação evangélica sob a luz do pensamento espírita, a água magnetizada e a psicoterapia da bondade, do esclarecimento e da paciência dos genitores a libertariam da influência perniciosa, auxiliando-a no desenvolvimento normal. Concomitantemente, em ambiente propício, os benfeitores da vida maior poderiam também conduzir o seu desafeto ao tratamento espiritual desobsessivo, alterando completamente o quadro em questão. (*Sexo e Obsessão*, p. 57).

♦Tratamento médico em obsessões♦

Não ignoramos que muitos pacientes, vítimas de transtornos fisiológicos, uns e outros de ordem psicológica, necessitam do atendimento nos moldes que vêm recebendo e ao mesmo tempo reconhecendo a necessidade de outros mais serem libertados do alcoolismo, das drogas e dos imensos conflitos que caracterizam os distúrbios pelos procedimentos habituais. Certamente, confirmamos que todos eles são espíritos enfermos em processo de reabilitação moral, fragilizados em decorrência dos delitos perpetrados que geraram as causas atuais das próprias aflições. No caso dos obsidiados, como efeito das perturbações espirituais que padecem, experimentam descontrole dos mecanismos nervosos e do pensamento, para cuja recuperação os tratamentos normais irão produzir excelentes resultados por auxiliar os equipamentos em destrambelho, recompondo o que a insidiosa energia penetrante desorganizara. Cessada a interferência espiritual, ficam os efeitos do trâmite encerrado, requerendo ajustamento e renovação. Felizmente, os processos contemporâneos aplicados na recuperação do paciente mental são humanos e dignos de encômios, embora alguns compreensíveis mal-estares que o enfermo experimenta são sempre menores, no entanto, que os distúrbios que os afligem. (*Transtornos Psiquiátricos e Obsessivos*, pp. 89 e 90).

◆U◆

◆Última chance – Legiões das trevas◆

Legiões que se demoravam retidas nestas faixas ainda assinaladas pela barbárie e portadoras dos instintos agressivos em afloramento, vêm sendo trazidas à reencarnação em massa, obtendo a oportunidade de fazer a opção para a liberdade ou o exílio. Encontram corpos geneticamente sadios, com excelentes possibilidades, de que se podem utilizar para a grande escolha. (*Nas Fronteiras da Loucura*, p. 171).

◆União do grupo mediúnico◆

Em face da concentração sincera, os membros da mesa vinculavam-se por meio de tênue cordão de energia luminosa que se tornava mais ou menos brilhante ligando um ao outro, à medida que ocorriam as comunicações. Do grupo de cooperadores fora da mesa, as ondas mentais eram canalizadas na direção dos médiuns que as captavam, fortalecendo os equipamentos delicados propiciatórios das comunicações. (*Transtornos Psiquiátricos e Obsessivos*, p. 180).

◆Universalismo◆

Dispensável dizer que o ministério socorrista está sendo levado a efeito em diferentes nações da Terra, porquanto a finalidade é a de construir a harmonia entre as criaturas em particular e os povos em geral, atendendo aos específicos delineamentos religiosos de cada qual, bem como às suas culturas e idiossincrasias. O amor de Deus não tem partidarismos nem preferências nacionais e estende-se a todos aqueles que criou, em igualdade de condições. Cada beneficiado, porém, recolhe a quota que lhe diz respeito com maior ou menor capacidade de assimilação e de necessidade. (*Entre Dois Mundos*, p. 52).

◆Vaidade dos médiuns◆

Cercado pela admiração de pessoas incautas e bajuladoras, não resistiu à tentação da vaidade. Acreditando ser especialmente intelectualizado e supondo ser superior aos frequentadores do ambiente onde desenvolveu o conhecimento básico da doutrina, começou a insistir que o espiritismo não pode ser encarado como religião. Se utilizando de verbalismo complexo e de hábeis textos retóricos, procurou justificar a tese com fundamentos pueris, embaraçando os mais simples, que não tinham como contestá-lo. Sem dúvida, tratava de sua habilidade pessoal a fim de fugir às responsabilidades morais que o Evangelho estabelece como essenciais, para a desincumbência dos compromissos espirituais que houvera assumido. Descomprometido com a visão religiosa, logo tentou demonstrar que a convicção derivada da observação dos fatos não podia se apoiar em estatutos morais transitórios, heranças infelizes das religiões decadentes, como afirmava, abandonando a tribuna e deixando à margem o ideal de servir. Os seus inimigos espirituais, que inflavam a sua insensatez, logo o induziram à carreira política, em que poderia servir à humanidade sem vínculos com doutrinas místicas que mais perturbam as massas do que as orientam. (*Entre Dois Mundos*, pp. 73 e 74).

◆Vaidade dos médiuns - II◆

O melhor amigo de todo médium em processo de evolução é sempre a dificuldade que o impele ao bem, à oração e à meditação, conduzindo-o à humildade. Não são poucos aqueles que soçobram nas águas turvas da vaidade e da presunção, exameando por toda parte e tombando em sutis quão perigosas obsessões que passam a experimentar. (*Trilhas da Libertação*, p. 49).

◆Valores espirituais e família◆

Quando os valores espirituais fizerem parte dos compromissos domésticos e as grades escolares incluírem disciplinas biopsicológicas, bioéticas, morais e espirituais sem os prejuízos das informações religiosas punitivas e castradoras, conforme fracassaram no passado, a consciência de responsabilidade vicejará nos educandos, preparando-os para desempenhos seguros e ditosos em torno do matrimônio, da família, dos deveres humanos, sociais e edificantes da humanidade. A reencarnação enseja o aprimoramento espiritual e trabalha antecipadamente, não anulando ou impedindo as opções do livre-arbítrio de cada qual na construção da sua plenitude. (*Reencontro com a Vida*, p. 143).

◆Vampirismo◆

Os vampirismos, em linha geral, são um estágio avançado da alienação e da zoantropia dos desencarnados que tombaram nas garras da própria insânia, deixando-se dominar por mentes impiedosas da erraticidade inferior, as quais se atribuem a governança dos destinos que permitem submissão em face do comportamento alucinado mantido na Terra. Por outro lado, as suas vítimas encarnadas experimentam as pungentes angústias, que decorrem da conjuntura infaustosa, em subjugações cruéis de curso demorado que se alongam além da sepultura. Sob outro aspecto, o vampirismo entre desencarnados que se odeiam constitui lamentável acontecimento que sensibiliza e propõe imediata transformação em quem o observa, sem que os envolvidos na rude peleja consigam experimentar breve pausa que seja para a reflexão ou para o repouso. (*Painéis da Obsessão*, p. 164).

◆Vampirismo - II◆

Muitos dos espíritos para ali conduzidos eram membros de esdrúxulos cultos que conservavam na Terra, onde terríveis obsessores treinavam-nos para os lôbregos processos de vingança. O vampirismo desenfreado constituia recurso de sustentação dos filiados à grei hedionda, na qual, mediante fenômenos de ideoplastia, de telementalização e hipnose, se consumavam programas das mais vis qualidades, enredando desencarnados entre si e criaturas domiciliadas no corpo, que mantinham comércio mental com essas cruéis extravagâncias. (*Loucura e Obsessão*, p. 55).

◆"Vampiros" no desencarne◆

O que eu observara, no entanto, quando da chegada dos vampiros para absorver as últimas energias do cadáver recém-desencarnado e sugar os elementos vitais que permaneciam no sangue expelido, suplantava tudo quanto até então eu conhecia no gênero. Acompanhara essas experiências dolorosas em matadouros, quando hordas ferozes se arrojavam sanguissedentas sobre os animais abatidos ainda com os reflexos condicionados, impondo-lhes tremores. Esse comércio entre as mentes atormentadas e atormentadoras é o resultado dos desmandos de uns e de outros, vítimas e algozes que se mancomunam mediante inditosa vinculação, produzindo paisagens infinitamente constristadoras e gerando redutos coletivos de expiação inimaginável para os domiciliados no corpo físico. (*Painéis da Obsessão*, pp. 164 e 165).

◆Vampirização – Imantação◆

Em razão da prevalência da lucidez e parcial liberdade de que desfrutam os desencarnados, imantam-se com mais facilidade aos complexos receptores humanos, em cujos campos magnéticos detêm as expressões de energia exteriorizadas pela mente e pelas emoções, estabelecendo automático intercâmbio, mesmo que inconsciente para ambos ou especialmente para o transeunte carnal. Emitindo mensagens próprias em ondas específicas relativas à densidade de energia externadas pelo pensamento humano, os espíritos primários, padecentes de carências diversas, são atraídos aos fulcros de irradiação e neles se instalam, passando a vivenciar as sensações e as emoções dos seus hospedeiros e, desse modo, gerando demorados processos de vampirização. Usurpando as forças daqueles que se conectam pelo pensamento, pela emoção e pelos desejos, nutrem-se das suas cargas de energia animal, se revigorando e acreditando em prosseguimento da existência física, logo passando a comandar o comportamento e as experiências. Materializando-se através do mecanismo da ideoplastia grosseira, participam do tempo e do espaço terrestre em que se encontram, volvendo ao estágio ilusório de viandante carnal e tornando-se comensal da existência do obsessor. Fazem recordar moluscos que carregam a concha na qual se resguardam. Tornam-se a carapaça da vítima, e por ela são sustentadas e conduzidas sob a injunção dolorosa do peso de que se constitui, e seguem por toda parte, integrando-se ao seu contexto existencial. (*Reencontro com a Vida*, pp. 168 e 169).

◆Vícios e obsessões◆

Vejamos as questões pertinentes à drogadição, ao alcoolismo e à sexolatria, como fugas espetaculares ao enfrentamentos defluentes da lei de causa e efeito, postergando a saúde moral e se expressando em transtorno de comportamento bipolar, em síndrome do pânico, em alienações mais graves e em obsessões perversas. (*Transtornos Psiquiátricos e Obsessivos*, p. 76).

◆Vigilância contínua◆

A cura das obsessões é delicado capítulo das terapêuticas emocionais, e exige cuidados contínuos e vigilância prolongada. Encontrando-se em débito perante a consciência, o espírito, agora sem a conexão perturbadora, permanece com as matrizes psíquicas receptivas às influências que ocorrem na faixa mental em que se encontra. Esse fenômeno permite que outras entidades levianas ou perniciosas sejam atraídas e passem a viver em conúbio com o devedor, mantendo diferente forma de obsessão com os mesmos impositivos cármicos. Jesus costumava recomendar aos seus pacientes momentaneamente recuperados que tivessem cuidado, não se permitindo licenças morais desagradáveis, de modo a evitar que não acontecessem sofrimentos piores. (*Reencontro com a Vida*, p. 253).

◆Vigilância e oração – Seareiros◆

Utilizando as próprias falhas do caráter de cada um, as suas dificuldades morais, os conflitos e as heranças da conduta pregressa, estimulam-nos ao retorno às paixões, intensificando o cerco e atirando pessoas desequilibradas, que passam a aturdi-los com seus apelos vis, a sua psicosfera mórbida e a sua presença desagradável e tóxica. Infelizmente, não tem sido poucos aqueles que vêm se comprometendo com os distúrbios que se permitem para logo tombarem no remorso, no despertamento tardio e de consequências nefastas. Todo o cuidado é pouco, exigindo maior vigilância dos sinceros obreiros da nova era, que devem se revestir de paciência e de coragem para enfrentar os desafios perversos que se apresentam, dourados uns, afligentes outros, sempre com a mesma finalidade de distraí-los e afastá-los das fileiras do dever. Mais do que nunca se fazem necessárias a compreensão fraternal, a solidariedade dignificadora, o trabalho de renovação interior, o concurso do perdão e da compreensão das falhas do próximo e a necessidade da oração e da paciência. Trata-se de uma guerra, cujas batalhas esses espíritos pretendem vencer uma a uma até o momento final. Olvidam-se, porém, que uma ou outra luta conquistada não consegue lhes dar a palma da vitória, porque, por outro lado, Jesus vela, e as entidades nobres, os guias espirituais da Terra e dos seus filhos encontram-se vigilantes e operando também. (*Sexo e Obsessão*, p. 306).

◆Visitantes desencarnados – Reuniões mediúnicas◆

Invariavelmente, as reuniões sérias de estudo ou socorro mediúnico se convertem em educandários para desencarnados, que são trazidos por seus mentores. São atraídos pela própria curiosidade ou interessados na sua destruição. Sendo a sociedade do mundo espiritual constituída daqueles que viveram na Terra, cá como aí não faltam os ociosos, os de mente viciada, os parasitas, os perseguidores inveterados, os obsessores cruéis e os infelizes de todo o jaez que deambulam solitários ou em magotes, isolados em si mesmos ou em colônias perniciosas, buscando presas irresponsáveis e inconscientes para o comércio da vampirização. Por conseguinte, é necessária muita vigilância e observação, mesmo porque grande parte desses visitadores é trazida para que o exemplo dos encarnados constitua lição viva de despertamento, mudando a direção mental e fazendo com que se interessem pela solução dos afligentes problemas que os infelicitam e maceram, mesmo quando disso não se apercebem ou fingem não experimentar. (*Nos Bastidores da Obsessão*, p. 46).

♦Viver além da morte♦

O ultrapassado conceito "morrer para descansar" é substituído por "viver além da morte" para prosseguir em crescimento infatigável no rumo ao infinito. Treine na Terra a ação que prodigaliza ventura e após a morte do veículo físico prosseguirá em atividade ordeira e confortadora com que sempre se apresentará a vida no seu sentido imortal. (*Reencontro com a Vida*, p. 129).

♦ X ♦

♦"Xipofagia" espiritual♦

Percebi que a entidade que fora trazida e se acoplava ao corpo emaranhava os seus fluidos na exteriorização perispiritual de Valtércio, como se fosse um apêndice desagradável que o corpo sutil arrastava. Recordei dos casos de xifopagia com as suas expressões teratológicas e não pude negar que me encontrava diante de um fenômeno equivalente no campo espiritual, apesar das características próprias de que se revestia. Imaginei a ocorrência da reencarnação e deduzi que esta se faria, em casos desses, através do inevitável acidente genético que está a desafiar os estudiosos interessados. Não havia, porém, tempo para análises, porquanto, nesse momento, Bernardo intentava deslindar as fixações do vingador de sobre os centros de força vital do paciente. Vi que o perturbador, à medida que se deslocava do campo em que se alojava, passou a se debater e, lúcido, imprecava justiça e afirmava a necessidade do desforço. A um sinal quase imperceptível dele, o círculo se desfez na parte posterior da sala, em referência à entrada, onde apareceu uma tela semelhante a dos cinemas terrestres com uma constituição levemente diversa, porque, durante as projeções, conseguia captar as formas das imagens em terceira dimensão, como uma janela aberta diante de acontecimentos que estivesse a observar. Remontemos – informou a irmã Angélica – à origem dos acontecimentos que ora se encontram em superlativa definição e revide. A intensidade da luz diminuiu e aos lados do painel postaram-se dois auxiliares espirituais, que percebi exercerem a tarefa de fornecer energia para a condensação dos registros dos acontecimentos passados. Um pequeno aparelho passou a projetar as cenas que adquiriram o aspecto tridimensional. (*Painéis da Obsessão*, pp. 103 e 104).

♦Z♦

♦Zoantropia e dependência química♦

Não são poucos os casos de zoantropia e de vampirismo entre os nossos pacientes, em especial nos dependentes químicos de drogas aditivas de efeitos terríveis. Muitos desses pacientes, incluindo alcoólicos, após a conveniente desintoxicação cuidadosa, passado algum tempo, ao volverem às suas atividades, não resistem aos apelos externos e principalmente internos do vício, recidivando até se tornarem crônicos. Isto porque, além da dependência natural, que é efeito do hábito danoso, os seus inimigos desencarnados, assim como os beneficiários das suas energias, induzem-nos e os levam à queda pela falta que sofrem das emanações das substâncias que os nutrem através deles. (*Transtornos Psiquiátricos e Obsessivos*, p. 61).

♦Zombeteiros – Vampirismo♦

Em nosso campo de ação pululam companheiros infelizes que se sentem propelidos às atitudes de revolta após o fracasso pessoal, afivelando na alma as máscaras do cinismo e da rebeldia e derrapando na vala escarnecedora com as quais se imunizam momentaneamente contra os sentimentos superiores, únicos a abrirem portas à renovação e caminhos da paz. Ei-los mais doentes do que se supõem, na extravagância em que se comprazem. Não são insistentes, porque irrequietos e ansiosos passam a vampirizar psiquicamente os grupos com os quais se ajustam e se afinam, permanecendo com eles em demorado comércio de forças fluídicas desgastantes. Convidado a observar melhor o quadro com as suas expressões vivas, notei criaturas espirituais de aspecto horrendo, ultrajadas, que se faziam arrastar em correntes umas, em cordas outras. O grupo grotesco estava acompanhado por cães que ladravam em atitude de perturbadora agressividade selvagem. (*Nas Fronteiras da Loucura*, p. 78).

Bibliografia

Entre Dois Mundos – 3ª edição
Editora LEAL

Grilhões Partidos – 13ª edição
Editora LEAL

Loucura e Obsessão – 10ª edição
Federação Espírita Brasileira

Nas Fronteiras da Loucura – 13ª edição
Editora LEAL

Nos Bastidores da Obsessão – 12ª edição
Federação Espírita Brasileira

Painéis da Obsessão – 9ª edição
Editora LEAL

Reencontro com a Vida – 1ª edição
Editora LEAL

Sexo e Obsessão – 6ª edição
Editora LEAL

Tormentos da Obsessão – 2ª edição
Editora LEAL

Tramas do Destino – 10ª edição
Federação Espírita Brasileira

Transtornos Psiquiátricos e Obsessivos – 1ª edição
Editora LEAL

Trilhas da Libertação – 3ª edição
Federação Espírita Brasileira

A Escolha do Amor
DAVDSON LEMELA
Formato 14 x 21 cm • 184 p.

Este é um livro que levanta sérias e valiosas questões sobre o real sentido da doutrinação de espíritos, durante as reuniões mediúnicas. Doze histórias repletas de emoções e episódios dramáticos, narradas pelos próprios desencarnados, demonstram de que forma a regressão de memória às vidas passadas, aplicada a eles, pode se transformar em uma preciosa ferramenta utilizada na reversão de processos obsessivos — muitas vezes seculares — em corações extremamente endurecidos que acabam por render-se e convencer-se pela escolha do amor.

Ao conhecer a dor e o desfilar trágico de cada história, o leitor não conseguirá deixar de emocionar-se com as narrativas, carregadas de sentimentos exacerbados, em que os personagens transformaram-se em algozes implacáveis, impingindo sofrimento a tantos quantos se interpõem em seu caminho a fim de embaraçar os seus projetos de vingança.

Davidson Lemela, psicólogo espírita com larga experiência na área de terapia de vida passada, aponta a ingenuidade em que muitos incorrem ao acreditar que apenas algumas palavras melífluas, ou simples receitas de bom comportamento, são suficientes para remover um ódio que perdura séculos. "É preciso muito mais do que isso", afirma o autor. Na condução dos diálogos com os espíritos mentalmente perturbados, Lemela consegue demonstrar de forma clara que só amando verdadeiramente esses irmãos desventurados será possível fazer brotar perdão e amor em corações já despedaçados pelo ódio.

A Escolha do Amor — Reeducando espíritos pode mudar antigos conceitos e inspirar novas posturas, contribuindo para a verdadeira reabilitação e evolução de muitos seres.

Entre os Espaços da Existência
ANNA GURGEL
Formato 14 x 21 cm • 192 p.

Há inúmeras formas de descrever a vida etérea. Poucas, no entanto, são tão interessantes e detalhadas quanto a que nos faz Paulo, homem erudito e vaidoso que durante toda uma vida escondeu o médium sensitivo que poderia ter sido, e que desembarca agora numa dimensão intermediária do plano astral para desapegar-se do ego e cumprir a tarefa de nos relatar o que se esconde por trás do véu das existências, ou melhor, como realmente é *continuar a existir no éter*. "Eu me vi duplicar, e a sensação foi estranha. Tanto aquele eu que permanecia deitado na cama de hospital, quanto aquele eu que estava de pé, no meio do quarto, sentiam a mesma perplexidade absurda. Um sentia que se apagava; o outro percebia que ganhava forças. E eu tentava dizer: Calma gente, estou aqui! Não sinto nada", conta-nos Paulo sobre a percepção da dualidade no exato momento do desencarne, em que desperta para a imortalidade com sucessivas surpresas. A mais curiosa delas é a "volta no tempo", num tempo sem referencial no nosso plano, que ele nos revela com riqueza de detalhes. É assim que é deslocado para uma existência anterior em que, morto num campo de batalha, fora socorrido antes por um soldado inimigo – seu próprio pai –, e descobre então que antigas tramas e velhos ressentimentos precisam ser revividos, para que finalmente compreenda e avalie conflitos ocorridos entre personagens da vida que acaba de deixar.

Surpreendentes são as narrativas do instrutor encarnado que vai dar aulas a Paulo e seus companheiros de colônia espiritual. Isso mesmo, um encarnado! Um monge tibetano que se desliga do corpo para levar a espíritos do plano astral sua profunda sabedoria. E ainda há o emocionante momento do retorno de Paulo ao antigo lar terreno, com os detalhes de como esse procedimento acontece; a primeira mensagem psicografada e os aspectos curiosos do contato com sua médium escrevente; e as sutilezas da comunicação mental e o fortalecimento de ambas as partes – encarnado e desencarnado –, após cada contato.

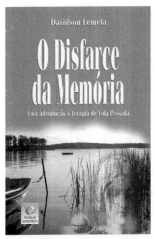

O Disfarce da Memória
DAVDSON LEMELA
Formato 14 x 21 cm • 216 p.

Ao transcrever algumas das histórias de seu arquivo pessoal em *O Disfarce da Memória*, Davidson Lemela expõe dramas pungentes de pessoas em conflito e como elas conseguiram encontrar um caminho para o alívio de suas dores ao se depararem com situações vivenciadas no passado, durante a TVP. Os resultados positivos obtidos em terapia autenticam a eficácia dessa abordagem psicoterápica, colocando-a na vanguarda de um novo modelo clínico e de uma nova proposta de cura.

O Disfarce da Memória descreve ainda as últimas evidências que comprovam a hipótese da reencarnação, com base no trabalho de inúmeros cientistas e de academias renomadas de todo o mundo, mostra a TVP como modalidade terapêutica que se firma em bases científicas, e propõe que os problemas psicológicos e físicos estão associados a fatores traumáticos que vão além do nascimento e da vida intra-uterina, ou seja, são originários de experiências vividas em outras existências. Portanto, onde nada mais cura, onde a dor não encontra alívio e a loucura não dá tréguas, surge a TVP para abrir os portões do inconsciente e revelar os segredos mais profundos do passado, com suas angústias, medos e culpas.

A reencarnação, como pressuposto básico da TVP, é uma das idéias mais revolucionárias desde o descobrimento do inconsciente, por Freud, e da teoria da evolução das espécies, de Darwin. E, embora não seja uma panacéia capaz de resolver tudo, revela-se um poderoso e eficiente instrumento para a solução de problemas que parecem não ter solução em existência atual.

Fisiologia da Alma
RAMATÍS / HERCÍLIO MAES
Formato 14 x 21 cm • 352 p.

Nesta obra, Ramatís desvenda o mecanismo oculto que desencadeia, a partir dos corpos sutis do ser humano, as enfermidades do corpo físico. A origem e causa das moléstias, detida pelo conhecimento iniciático milenar, é transposta em linguagem clara e acessível, que abre extraordinários horizontes de compreensão do binômio saúde-enfermidade.

A etiologia, as raízes cármicas, o tratamento e a cura do câncer são analisados desde sua verdadeira origem no mundo oculto das causas e em suas relações com a extinta Atlântida.

Analisando a homeopatia, Ramatís elucida o verdadeiro processo de atuação das doses infinitesimais, a amplitude de sua atuação nos corpos sutis e na raiz dos processos patológicos, suas infinitas possibilidades terapêuticas ainda não inteiramente exploradas, e as condições requeridas para o êxito integral do tratamento homeopático.

O capítulo "A Alimentação Carnívora e o Vegetarianismo" já se tornou um clássico sobre o tema, tendo desencadeado uma nova visão e postura comportamental em milhares de leitores, que assim se preparam para credenciar-se à cidadania terráquea do Terceiro Milênio.

A atuação do álcool e do fumo, como agentes patogênicos nos corpos energéticos e físicos, é analisada por Ramatís sob a ótica do mundo oculto, incluindo as consequências que se seguem à morte física, e o processo simbiótico dos "canecos vivos".

OBSESSÃO E DESOBSESSÃO DE A a Z
foi confeccionado em impressão digital, em dezembro de 2024
Conhecimento Editorial Ltda
(19) 3451-5440 — conhecimento@edconhecimento.com.br
Impresso em Luxcream 70g, StoraEnso